Camilla T. Crespi wurde in Prag als Tochter einer amerikanischen Mutter und eines italienischen Diplomaten geboren. Sie wuchs in Europa und den USA auf und verbrachte viele Jahre in Rom, wo sie im Filmgeschäft arbeitete. Sie hat bereits einige Krimis geschrieben und lebt heute in New York.

Von Camilla T. Crespi ist außerdem erschienen:

Mord auf dünnem Eis (Band 67083)

Deutsche Erstausgabe April 1997
Copyright © 1997 für die deutschsprachige Ausgabe
Droemersche Verlagsanstalt Th. Knaur Nachf., München
Das Werk einschließlich aller seiner Teile ist urheberrechtlich
geschützt. Jede Verwertung außerhalb der engen Grenzen
des Urheberrechtsgesetzes ist ohne Zustimmung des
Verlages unzulässig und strafbar. Das gilt insbesondere
für Vervielfältigungen, Übersetzungen, Mikroverfilmungen
und die Einspeicherung und Verarbeitung in
elektronischen Systemen.
Titel der Originalausgabe: »The Trouble With Going Home«
Copyright © 1995 by Camilla Trinchieri
Originalverlag: HarperCollins Publishers, New York
Umschlaggestaltung: Agentur Zero, München
Umschlagillustration: Cornelia Niere, München
Satz: Ventura Publisher im Verlag
Druck und Bindung: Clausen & Bosse, Leck
Printed in Germany
ISBN 3-426-67107-7

5 4 3 2 1

Camilla T. Crespi

Rom sehen und sterben

Krimi

Aus dem Amerikanischen von
Sonja Hauser

Für meine Schwester Franca,
die dafür sorgt,
daß ich immer wieder zurückkehre

An dieser Stelle möchte ich mich bei Larry Ashmead dafür bedanken, daß er so fabelhaft ist, und bei Carolyn Marino dafür, daß sie eine so wundervolle Lektorin ist. Mein Dank geht an Charlotte Abbott, weil sie mein Buch betreut hat, an Amy Cohen weil sie mich hinaus in die große weite Welt geschickt hat, an Ellen Geiger, weil sie auf mich auf-paßt, an Donatella Giannini für ihre Großzügigkeit, an Guglielmina Clarici, Barbara Lane und Dr. Jan Mashman für ihr Wissen und an Judith Keller, Maria Nella Masullo und Sharon Villines für ihre spitzen Stifte.

Personen in der Reihenfolge
ihres Auftretens:

SIMONA GRIFFO: Eine New Yorker Immigrantin wird von Familie und Vergangenheit wieder in ihre alte Heimat zurückgezogen.

TAMAR DEATON: Eine liebesbedürftige amerikanische Kunststudentin haucht ihr Leben auf einem römischen Gehsteig aus.

CARLO LINETTI: Simonas Exmann zwischen allen Frauen.

OLGA GRIFFO: Simonas Mutter zögert, die Last dessen, was sie weiß, zu teilen.

MIRELLA MONTI: Olgas beste Freundin verbreitet Liebe, Wissen und Verwirrung.

NONNA MONTI: Mirellas zweiundneunzigjährige Mutter hat Vergangenheit und Zukunft fest im Griff.

LUCA MONTI: Mirellas einziger Sohn, ein ideologisch linksorientierter Romantiker.

COMMISSARIO PERILLO: Der italienische Kommissar sieht aus wie ein Gemälde und verhält sich wie ein Freund.

PRINCIPE MAFFEO: Der letzte Sproß der Brandeschi-Familie sitzt möglicherweise auf einem morschen Ast.

ARTHUR HENSEN: Der amerikanische Geschäftsmann

	glaubt, daß man mit Geld alles kaufen kann.
ORESTE PAGANI:	Ein ehemaliger Widerstandskämpfer, der bereit ist, noch einen Krieg für Nonna Monti zu führen.
LEA SERINI:	Als Drogenberaterin muß sie an eine zweite Chance glauben.
STAN GREENHOUSE:	Simonas New Yorker Liebhaber will sie zurückhaben.
WILLY GREENHOUSE:	Stans vierzehnjähriger Sohn vermißt mehr als nur Simonas Kochkünste.
GABRIELE GRIFFO:	Simonas Vater hat das Gefühl, ausgeschlossen zu sein.
SOWIE:	verschiedene Katzen, Hunde, internationale Kunststudenten, Lehrer, Töchter, Mütter, Schwestern und die immer regen Einwohner Roms, der Ewigen Stadt.

1

Geh nach Rom, gleichsam ins Paradies.
PERCY BYSSHE SHELLEY, *Adonais*

Die junge Frau zog meine Aufmerksamkeit auf sich.

Der Motorroller war vor mir vorbeigezischt – zwei Köpfe und langes, dunkles Haar –, doch die junge Frau auf dem Gehsteig schaute mich an, nachdenklich, nicht verblüfft, wie ich erwartet hätte.

Sie war gerade ausgeraubt worden. Ich hatte gesehen, wie ein mit Jeansjacke bekleideter Arm ihr die große Tasche entriß.

Die Hände nach der gestohlenen Tasche ausgestreckt, war die junge Frau auf den Gehsteig getaumelt. Im nachhinein betrachtet, merke ich, daß meine Erinnerung mich trügt. Sie sei schnell zu Boden gefallen, hatten Augenzeugen der Polizei gesagt. In fünf oder zehn Sekunden.

Eine schlaflose Nacht und der Jetlag hatten meine Sinne getrübt. Mein Exmann Carlo half da auch nicht. Er hatte mich am Flughafen überrascht und holte nun meinen Koffer aus dem Kofferraum seines Wagens. Der Mann, der mir früher einmal viel Freude gemacht und mir dann schreckliche Schmerzen zugefügt hatte, verwirrte mich nur noch mehr.

»Tamar!« hörte ich ihn rufen. Carlo ließ den Koffer fallen und hastete zu der jungen Frau. Ihr Kopf ruhte auf der Bordsteinkante, der Rest ihres langen, schmalen Körpers lag ausgestreckt auf der Straße, genau an der Stelle, an der Carlo den Wagen hatte abstellen wollen.

Eine Frau rief: »Mein Gott, holt doch jemanden!« Ihr Aufschrei holte mich in die Realität zurück.

Carlo beugte sich über das Mädchen, und die Frau rannte über die Straße zu einer Bar.

Ich wirbelte herum, um einen Blick auf das Nummernschild des Motorrollers oder zumindest auf die Räuber zu erhaschen. Ich schaute die lange Allee hinunter, die zum Vatikan führte, die ungewöhnlich heiße Aprilsonne in den Augen. Es war viel zu warm. Das Dröhnen des Verkehrs und die Abgase hüllten meinen Kopf ein.

Die Diebe waren weg.

Ich drehte mich wieder um. Mittlerweile hatte sich eine Gruppe von Schaulustigen versammelt, die kopfnickend, zungenschnalzend, diskutierend so nahe bei der jungen Frau standen, daß sie sie verdeckten.

Carlo fuchtelte mit den Armen herum, um sie wegzuscheuchen wie die Hühner.

Der Botenjunge von der Bar rannte mit einem vollen Schnapsglas zu uns herüber. Die bernsteinfarbene Flüssigkeit ergoß sich über seine Hand.

Eine Katze hob den Kopf von einem halb von Zeitungen verdeckten Spaghettihaufen.

Die Frau, die vorher geschrien hatte, holte zwei prall gefüllte Einkaufstüten unter einem jungen Lindenbaum an der Ecke hervor.

»Ich hab den Notarzt gerufen.« Sie warf mir einen Blick

zu, während sie an Carlos mitten auf der Straße abgestelltem Wagen vorbeiging. Sie war klein und grauhaarig und hatte freundliche, runde Wangen sowie einen sizilianischen Akzent. »Ich muß gehen.« Hinter ihr hupte ein Fiat 500 viel zu laut für seine Größe. »Mein Sohn wartet aufs Mittagessen.«

Ich nickte verständnisvoll. Sie überließ mir die Sache. Der ungeduldige Fiat flitzte an ihr vorbei, als sie davonging. Ich nahm dem Jungen aus der Bar das Glas, das jetzt nur noch halb voll war, aus der Hand.

»Tamar, Tamar«, wiederholte Carlo mit gequälter Stimme. Ich kniete neben ihm nieder und hielt der jungen Frau am Boden den Brandy hin. Sie reagierte nicht. Ich nahm ihre Hand, fragte mich, woher mein Exmann das Mädchen kannte. Carlo wischte das Glas ab und trank es aus. Die Kälte von Tamars Hand verwirrte mich so sehr, daß ich nichts dazu sagte.

»Gleich kommt Hilfe«, versuchte ich sie zu beruhigen, zog meine Jacke aus und legte sie über ihre Brust, völlig unnötigerweise in der Hitze. Tamar sah mich mit schweren Lidern an. Wahrscheinlich hat sie große Schmerzen, dachte ich, ohne die Wahrheit zu ahnen. Ihre Haut war gelblich geworden, die Lippen weiß. Ihre blauen Augen flackerten, ohne etwas zu sehen, während sie das Kinn hob.

»Nicht bewegen!« sagte ich. Vermutlich war sie bei ihrem Sturz mit dem Kopf auf der Bordsteinkante aufgeschlagen. Hilflos streichelte ich ihr weiches, ovales Gesicht. Dabei fielen mir die jeweils drei Löcher an ihren Ohrläppchen auf, ein weiteres in ihrer Nase, die hennagefärbten Haare mit den ungefähr fünf Zentimeter langen

13

schwarzen Wurzeln. Sie war sicher nicht älter als neunzehn.

Tamar leckte sich die Lippen. Carlo beugte sich ächzend näher zu ihr heran. Er ist noch nie gut mit Notfällen zurechtgekommen.

»*Doni!*« Tamars Stimme war erstaunlich kräftig; sie hatte einen deutlichen amerikanischen Akzent.

»Geschenke?« fragte Carlo, eine Übersetzung des italienischen Worts, das sie gesagt hatte. »Sie haben Geschenke gestohlen? Ja?« Er legte seine Hand unter ihre Schulter.

Die Geste wirkte vertraut und ganz natürlich. Ich weiß noch, daß ich sofort dachte: »Ein Liebespaar!« Und ich erinnere mich außerdem an meine Eifersucht in dem Moment.

Tamar schloß die Augen.

»Haben Sie die Diebe erkannt?« flüsterte ich ihr ins Ohr. Sie roch nach Terpentin. »Heißt einer von ihnen Doni?« Ihre kalte, mit grüner Farbe verschmierte Hand wurde schlaff in der meinen.

»Sie hat das Bewußtsein verloren«, sagte ich und sah Carlo an.

Er verlor das Gleichgewicht nach hinten, landete auf einem fettigen Pizzapapier, betrachtete seine Hand. Dieselbe Hand, die er unter Tamars Schulter hatte gleiten lassen. Sie war voller Blut.

»*Gesù Maria!*« Die Stimme meiner Mutter lenkte mich von der roten Flüssigkeit ab. Als ich die Worte hörte, mit denen sie alle kleineren und größeren Mißgeschicke des Lebens kommentierte, gab es meinem Herzen einen Stich, als wäre ich immer noch ein kleines Mädchen und wüßte nicht, ob ich selbst oder der verschüttete Wein ihren Aufschrei bewirkt hatte.

Meine große, kräftige Mutter marschierte zu uns herüber, die Augen auf Tamar gerichtet.

»Sie ist überfallen worden«, murmelte ich. Irgendwie fühlte ich mich schuldig dabei. Carlo gab ein Geräusch von sich, das ich nicht deuten konnte. Mamma leckte sich mißbilligend die Lippen.

»Sie hat das Bewußtsein verloren«, sagte ich noch einmal. Endlich nahm Mamma Notiz von mir. Ich war hergekommen, um herauszufinden, warum sie vor zwei Wochen plötzlich ihr Zuhause und meinen Vater verlassen hatte. Wir hatten uns seit fünfzehn Monaten nicht mehr gesehen, und jetzt schaute sie mich genauso an wie vor vier Jahren, als ich ihr mitgeteilt hatte, ich würde nach Amerika gehen: mit einer Mischung aus Enttäuschung und Zorn.

»Siehst du denn nicht, daß das Mädchen tot ist?« fragte sie.

Ich brach in Tränen aus.

Diesen Empfang in Rom werde ich nie vergessen.

2

Ich begab mich in eine mittägliche Aufführung, von der ich mir Spaß, Witz und Entspannung erwartete, wenn das Auge der Männer sich vom Abschlachten ihrer Mitmenschen erholt. Das genaue Gegenteil war der Fall.

Lucius Annaeus Seneca,
Moralische Briefe

Sie ist erstochen worden«, sagte meine Mutter an jenem Abend nach dem Essen und spießte ein Baumwollfleckchen mit einer Häkelnadel auf, die kaum dicker war als ein Zahnstocher. Sie umhäkelte wieder einmal eine ihrer Bettdecken – Doppelbettgröße, fiel mir auf, und ich dachte voller Qual an die Trennung meiner Eltern. Wir hatten keine Gelegenheit gehabt, miteinander zu reden. Tamar Deatons Tod war das Thema des Tages. Ein Polizeiinspektor war in Mirella Montis Wohnung gekommen, in der meine Mutter bleiben wollte, bis sie wußte, was sie mit ihrem Leben anstellen wollte. Mirella war ihre beste Freundin. Tamar war kaum fünf Meter von dem Eingang zu Mirellas Haus entfernt umgebracht worden. Ispettore Rolfi vom örtlichen Polizeirevier wollte Informationen, um *»chiarire le cose«*, die Sache aufzuklären.

Als der Ispettore in Mirellas hellem Wohnzimmer saß –
die Balkontüren waren offen und gaben den Blick frei
auf die knospenden Platanen und den schwachen Verkehr auf dem Viale Angelico –, fragte er Carlo immer
wieder, woher er Tamar kenne, als hoffe er, so über eine
Antwort zu stolpern. Carlo erklärte geduldig. Drei Tassen
des unerläßlichen Espresso standen auf Vasaris *Leben der
Maler*. Nur der Ispettore nippte an seiner Tasse. Ich
unterdrückte meinen Drang zu rauchen, der mich zu
Hause immer überkommt.

Carlo hat eines jener Jungengesichter, die förmlich danach schreien, liebkost zu werden. Er war sichtlich erschüttert über den Tod des Mädchens. Seine vollen Lippen, die ich einmal wunderbar weich gefunden hatte,
zuckten, als er redete. Während er sich in die dunkelgrü-
ne Couch voller weißer Hundehaare und Akten sinken
ließ, strich er sich verkrampft durch die lockigen, ergrau-
enden Haare.

»Tamar war eine arme Seele. Sie brauchte eine starke
Hand.« Dann wandte er sich mir zu, und seine kastanien-
braunen Kulleraugen weckten schmerzliche Erinnerungen in mir. »Sie war wie eine Schwester für mich.«

Nach sechs gar nicht so unglücklichen Jahren hatte ich
mich von Carlo scheiden lassen, weil er seinen Penis nach
dem Gleichheitsprinzip einsetzte. In einer lauen Okto-
bernacht hatte mir jemand schonend beigebracht, daß
dieses Prinzip schon seit sechs Jahren galt, also seit Beginn unserer Ehe.

»Natürlich, wie eine Schwester«, sagte ich jetzt und unterdrückte ein verächtliches Schnauben. Ich hatte keine
Lust, meine familiären Probleme vor dem Ispettore aus-

zubreiten, der verzückt schnupperte, als die Düfte aus der Küche meiner Mutter durch die doppelte Glastür in Mirellas Wohnzimmer drangen. Mamma kochte gerade *risotto con carciofi*, Reis mit Artischocken, eine meiner Lieblingsspeisen.

»Wie haben Sie sie kennengelernt?« fragte Ispettore Rolfi noch einmal, als der Duft von in Butter brutzelnden Zwiebeln an unsere Nasen drang.

Carlo wiederholte: »Auf einer Party.« Er hatte die Verbindung zu meiner Mutter aufrechterhalten – was mir immer noch nicht recht war – und Tamar durch sie und Mirella kennengelernt.

»Tamar brauchte die starke Hand eines älteren Mannes.« Carlo versuchte, weise zu wirken, indem er die Schultern straffte und die Augen zusammenkniff. Mir wurde fast schlecht, so vertraut waren mir diese Gesten. »Sie war ein Pflegekind und hatte fast keine Freunde in der Schule.« Tamar war eine amerikanische Kunststudentin, die unter Mirella in La Casa dell'Arte studierte, einer Schule, die von einem amerikanischen Geschäftsmann gefördert wurde und amerikanischen College-Studenten ein einjähriges, gemischtes Programm aus angewandter Kunst und Kunstgeschichte bot. In der letzten Woche war Tamar so unruhig gewesen, daß Mirella ihr angeboten hatte, bei ihr zu wohnen, wo sie regelmäßiges Essen bekäme und sich erholen könne, um ihre Abschlußprüfung zu bestehen. Der Ispettore wußte das von Mirella und erzählte es jetzt uns.

Draußen auf dem Flur rief Mirella bei der Schule an. Ich hörte ihr Schluchzen und die gedämpften Beruhigungsversuche meiner Mutter.

Der Ispettore warf einen Blick auf seine Uhr, schnupperte noch einmal und fragte mich, ob er meinen Espresso haben könne. Es gab keine weiteren Fragen mehr. Wie gesagt, er war vom örtlichen Polizeirevier und beschäftigte sich gewöhnlich mit Handtaschendiebstählen, verlorenen Brieftaschen und entlaufenen Hunden. Mord gehörte nicht zu seinem Dienstplan. Er war froh, daß er sich nicht mit Signorina Deatons Eltern in Verbindung setzen mußte.

»Ich kann kein Englisch, was ich sehr bedauere, allerdings nicht jetzt.«

»Vielleicht ist das *la Polizia Giudiziaria.*« Der Ispettore erhob sich halb und schlürfte Carlos Espresso. Hinter der Wohnzimmertür drang Mirellas verärgerte Stimme hervor. »Oh, *dio!* Ich komme morgen vorbei. Warum hast du das Öl jetzt gebracht?« Eine Jungenstimme entschuldigte sich leise. Der Ispettore setzte sich wieder. Die drei Tassen waren leer.

»Man wird Sie ins Revier rufen«, erklärte der Ispettore uns mit ernster Stimme. Ich hörte das Klimpern von Schlüsseln. Trotz der einladenden Düfte war mit einer Essenseinladung nicht zu rechnen. Der Ispettore, ein pummeliger junger Mann mit starkem römischem Akzent, erhob sich und zupfte an seiner zu engen Hose. Um den Schritt herum hatten sich Ziehharmonikafalten eingegraben. Er schüttelte zuerst ein Bein aus, dann das andere, und kaschierte diese Geste, indem er sich mit zusammengekniffenen Augen im Raum umsah. Ein massiver Eichentisch stand neben einem ramponierten Stutzflügel, und auf beiden lagen stapelweise Noten und alte Ausgaben von *La Repubblica*, der beliebtesten römischen

Tageszeitung. Muscheln drängten sich auf einem Regal über dem Sofa. Die Wände waren bedeckt mit Schülerzeichnungen von klassischen Figuren, Selbstporträts in Öl und Mirellas ländlichen Stilleben. Der Ispettore nickte anerkennend in Richtung eines Gemäldes über dem Klavier. Es stellte eine Schale mit roten und gelben Paprikaschoten dar.

»Die sehen sehr eßbar aus«, sagte er und machte sich auf den Weg zur Tür. »Aber ich habe ja auch einen Bärenhunger«, fügte er als allerletzten Versuch hinzu. Mirella drückte die Tür auf, preßte die Prüfungen an ihre Brust und schob Gorbi, ihren großen Dalmatiner, aus dem Weg. Der Hund hatte einen tropfenförmigen schwarzen Fleck auf der Stirn, der an Gorbatschows Geburtsmal erinnerte.

»Bitte entschuldigen Sie das Chaos hier«, sagte sie, als wir den Ispettore zur Haustür brachten, atemlos.

Sonnenlicht strömte durch das Fenster am anderen Ende des Flurs herein, an dem Mirellas Schreibtisch, über und über beladen mit Büchern und Akten, stand. Ein Magnolienzweig sah aus, als sei er aufs Fensterbrett gemalt. Es überraschte mich, daß meine Mutter die Wohnung Mirellas im Verlauf ihres zweiwöchigen Aufenthalts nicht in eine ordentliche Gruft verwandelt hatte.

Der Ispettore tat Mirellas Entschuldigung mit einer Handbewegung ab, schnüffelte noch ein letztes Mal in Richtung Küche und beäugte dann mich und Carlo ausgehungert und niederträchtig.

»Sie könnten große Probleme bekommen«, sagte er, eine Hand auf der offenen Tür. »Bleiben Sie lieber in der Stadt.«

»Was für Probleme?« fragte Mirella mit gerunzelter Stirn.
»Wahrscheinlich war das ein mißglückter *scippo*. Tamar
hat sich sicher gewehrt. Gibt es denn keine Zeugen dafür,
daß sie sich gewehrt hat? Sie haben ihr ihre Kunsttasche
weggerissen.« Mirella sah mich an. Dabei traten ihr die
Tränen in die Augen. »Sie hatte wirklich Talent. Man darf
sich nicht wehren. Ich bin schon dreimal überfallen
worden.« Die Prüfungsarbeiten begannen, ihr aus der
Hand zu rutschen.
Gorbi bellte, das Maul rosafarben wie ein neuer Radier-
gummi. Der Ispettore machte einen Satz; er bewies seinen Mut in einer völlig ungefährlichen Situation. Ich
packte die Papiere.
»Handtaschendiebe bringen ihre Opfer nicht um«, sagte
der Ispettore barsch. »Jedenfalls nicht hier in Rom.« Er
sah mich an. Als ich ihm erzählt hatte, daß ich in New
York lebte, hatte er mich mit großen kaffeebraunen
Augen angeschaut, und zwar nicht gerade anerkennend.
Mirella zog Gorbi am Halsband zurück und ging aus der
Tür. »Er ist harmlos.«
Mit einem Seitenblick auf den Hund ging der Ispettore.
Er mußte die Marmortreppe vom vierten Stock ins Erd-
geschoß benutzen, weil Mirella nicht in der Lage gewesen
war, sich an den astronomischen Kosten für den nagel-
neuen Aufzug zu beteiligen.
Mittlerweile war es fast zwei Uhr, und meine Mutter
bestand darauf, daß wir uns zum Essen hinsetzten. »Ein
Todesfall bedeutet nicht, daß der Körper aufhört, sein
Recht zu verlangen«, sagte sie.
Mirella versuchte noch einmal, Tamars Pflegemutter in
den Staaten anzurufen. Sie hatte keinen Erfolg.

»Sie haben sich nicht besonders verstanden«, sagte Mirella und kraulte dabei Gorbis Ohr. »Sie hatte keinen Vater, nicht mal einen Pflegevater.«

Carlo blieb, wohl in dem Glauben, daß man ihn eingeladen hatte, und bei näherer Betrachtung war seine Vermutung richtig. Meine Mutter glaubt immer noch, Carlo sei ein sensibler, mißverstandener Mann. Sie war damals gegen meine Scheidung gewesen.

»Was soll das heißen: Wir können nirgendwohin gehen?« fragte Carlo, während er mit einem Messer, das eine grausige Mordwaffe abgegeben hätte, dicke Scheiben von einem Laib Brot herunterschnitt. »Wir sind doch keine Verdächtigen.« Eine Biene brummte um eine knospende Glyzinie über seinem Kopf.

Es war so erstaunlich warm für Anfang April, daß Mirella darauf bestanden hatte, auf der Terrasse zu essen, eine Treppe über ihrer Wohnung. Wir waren mit großen Plastiktüten, die ich ihr von The Pottery Barn mitgebracht hatte, hinaufgegangen. Mirella hatte mich eine Woche zuvor in New York angerufen, um mir zu sagen, daß meine Mutter jetzt bei ihr wohne – je früher ich nach Rom käme, desto besser. Das war unser kleines Geheimnis.

Offiziell sah die Geschichte folgendermaßen aus: Da sich in der Wohnung meiner Eltern in Rocca di Papa, einem Ort in den Albaner Bergen südöstlich von Rom, in den sie sich zurückgezogen hatten, nachdem mein Vater in Ruhestand gegangen war, niemand gemeldet hatte, hatte ich Mirella angerufen, um herauszufinden, wo sie steckten, und *ecco fatto* – meine Mutter war ans Telefon gegangen. Natürlich war das alles sorgfältig geplant gewesen, denn Mirella hatte mir genau gesagt, wann sie nicht zu Hause sein würde, so daß meine Mutter gezwungen wäre, den Telefonhörer abzunehmen.

Meine Mamma behauptete, mein Vater befinde sich in einem der Bäder, um eine Mineralwasserkur zu machen. Sie sagte mir nicht, in welchem. Da ich ihr nicht glaubte, versuchte ich es von New York aus in ihrer Wohnung und am Morgen noch einmal vom Fiumicino-Flughafen aus. Ich hatte kein Glück.

Ich achtete nicht auf die Gespräche während des Essens. Meine Augen brannten, weil ich zu wenig geschlafen hatte. Die gleißende römische Sonne und die Geräusche von der Straße unter unserem Haus riefen verloren geglaubte Gefühle in meinem Körper wach. Meine Knochen fühlten sich an, als seien sie in einem Koffer gereist. Carlos Anwesenheit empfand ich als Beleidigung. Ich kannte diese Tamar nicht; es ärgerte mich, daß sie vor meiner Nase gestorben war, kaum daß ich eine Stunde zu Hause gewesen war, und ich war eifersüchtig, weil meine Mutter sie offenbar gut hatte leiden können. Nein, meine Mutter weinte nicht – sie weint nie; sie sagt, sie habe genug vom Wasser, da sie in Venedig aufgewachsen sei –, aber sie sah blaß aus und erschüttert und ignorierte mich, ihr einziges Kind, das sie am liebsten in den Arm genommen und gefragt hätte: Was ist los? Warum hast du Gigi, meinen Vater, verlassen? Ich war gerade achtunddreißig geworden, doch der Gedanke erzeugte kindischen Zorn in mir, Überraschung, Selbstmitleid und das Gefühl, betrogen worden zu sein. Ich hatte keine Sensibilität mehr übrig, weder für Tote noch für Lebende.

»Könnten wir nicht einfach so tun, als sei das nicht passiert?« jammerte ich. »Wenigstens während dem Essen?« Mein Egoismus bringt mich bisweilen immer noch ins Wanken. Ich hatte keinerlei Gefühl für das, was meine Mutter und Mirella wahrscheinlich durchmachten.

»Nein, wir können sie nicht vergessen«, sagte meine Mutter und stellte Teller voller Essen vor mich hin. »Wir können essen, was nicht bedeutet, daß wir sie vergessen. Tamar war eine zerbrechliche Seele, die es nicht verdient hätte, zu sterben. Und ich bin wütend über die Verbrechen in dieser Stadt. In der Welt!« Sie setzte sich hin, nicht ans Kopfende des Tisches, wo ich sie immer gesehen hatte, sondern neben mich, und ihr großgewachsener Körper warf einen Schatten auf meinen Teller. Ich hätte mich gern über diese ungewohnte Sitzordnung gefreut, doch sie beunruhigte mich eher. Carlo reichte ihr das Brot und hielt dann sein Handy ans Ohr, ein Spielzeug, an dem Italiener besonders großes Vergnügen finden.

»Tamar hatte wirklich großes Talent.« Mirella huschte auf der Terrasse herum und zupfte trockene Blätter von Rosenstöcken, Geranien und einem Spalier mit Winden, deren Blütenblätter sich schon zu schließen begannen. »Sie war meine beste Schülerin. Und sie hatte kein Geld.« Sie schob mit den Füßen Zweige und Schmutz hinter zwei nagelneue Korbflaschen mit Olivenöl.

»Mirella, bitte«, sagte Mamma. »Der Reis wird kalt.«

Mirella gehorchte, stopfte die trockenen Blätter in die Tasche ihres weiten Wollkleides und setzte sich auf den nächstgelegenen Stuhl. »*Scusami.*« Sie lächelte uns alle freundlich an und drückte Gorbis Kopf auf ihren Schoß.

Ich hatte mir schon öfter vorgestellt, wie es gewesen wäre, die sanfte, freundliche Mirella als Mutter zu haben. Wir waren beide chaotisch und geistesabwesend und hätten uns leicht zwischen den Regalen eines Supermarkts verlieren können. Aber wir hätten einander auf eine körperliche Weise gern gehabt, die meiner Mutter fremd war.

Mirella war eine schlanke, langhalsige Frau mit dichtem, schulterlangem, drahtigem grauem Haar, das sie mit Spangen zu zähmen versuchte. Besonders auffällig an ihrem Gesicht waren die bernsteinfarbenen Augen mit grünen Rändern, die mich an venezianisches Glas erinnerten, eine Adlernase, die der Büste eines römischen Kaisers gut zu Gesicht gestanden hätte, und ein Lächeln, mit dem sie alle Menschen gewann, nur nicht ihren Mann, der sie vor achtundzwanzig Jahren verlassen hatte.

»Tamar war bettelarm«, sagte meine Mutter und beobachtete dabei, wieviel ich aß – herzlich wenig. »Ihre Kleidung war erbärmlich.«

Mammas Willkommensessen umfaßte eine handgroße Salami von Fini in Bologna, einen Kuhmilchmozzarella, einen großen Teller *puntarelle con aglio e acciuga* – ein knackiger Salat, der eine gewisse Ähnlichkeit mit Löwenzahn und nur zwei Monate lang Saison hat, dazu das traditionelle Dressing aus Knoblauch und Sardellen, mit Olivenöl geschlagen – und ihr berühmtes Artischockenrisotto.

Ich drückte das Risotto mit der Gabel flach, um von den kühleren Rändern zu essen, wie ich es als Kind immer getan hatte.

»Simona«, tadelte mich meine Mutter, allerdings mit angenehm überraschter Stimme. Ich mußte lachen.

»Es ist köstlich«, sagte ich und saugte das Risotto von meiner Gabel wie Muttermilch.

Sie nickte. Wenn meine Mutter kocht, erübrigt es sich, das Wort »köstlich« auszusprechen.

»Sogar die Handtasche, die sie ihr entrissen haben, war wertlos«, sagte sie. »Und warum haben sie Tamar umgebracht? Es ergibt einfach keinen Sinn.«

Ich nahm noch einen Bissen und drückte ihren Ellbogen, um ihr zu zeigen, daß ich sie liebte. Sie hatte nicht gewollt, daß ich kam. Sie könne es momentan nicht brauchen, daß ich mich einmische, hatte sie mir am Telefon mit müder Stimme gesagt. Trotzdem war ich gekommen, und zur Begrüßung hatte sie meine Lieblingsgerichte gekocht. Bei meiner Mutter geht Liebe durch den Magen. Von ihr bekommt man Essen, aber auch Aspirin, wenn's nötig ist. Sie hat mich süchtig nach Eßbarem gemacht.

»*Povera Tamar!*« Mirella beugte sich über Gorbi, um seine Nase zu küssen. Der Hund schloß verzückt die Augen, das Weiß seines gefleckten Fells so hell wie die Laken, die zum Trocknen auf der einen Seite der langen, breiten Terrasse hingen. »Luca wird am Boden zerstört sein.« Luca war ihr verhätschelter dreißigjähriger Sohn, der noch immer bei ihr wohnte.

»Wo steckt er?« fragte ich. Ich war so mit mir selbst beschäftigt gewesen, daß ich ihn und Mirellas Mutter völlig vergessen hatte. »Und Nonna Monti?« Nonna wohnte ebenfalls bei ihr; das letzte Mal hatte ich sie bei der Feier ihres neunzigsten Geburtstags gesehen. »Geht's ihr gut?« Wie hatte ich sie nicht sofort beim Betreten von Mirellas Wohnung vermissen können? Nonna hatte mir damals, als es mir schlechtging und ich glaubte, nicht einmal den Tiber überqueren zu können, ins Ohr geflüstert: »Geh nach Amerika.«

»Nonna ist einfach nicht unterzukriegen«, sagte meine Mutter. Sie klang ein wenig neidisch. »Luca hat sie nach Poggio delle Rose gefahren, wo sie einmal im Monat zwei ehemalige Schülerinnen besucht. Du erinnerst dich vielleicht, die Tarelli-Schwestern. Sie waren bei ihrem Geburtstagsfest auch da.«

Wieder traten Mirella Tränen in die Augen. »Luca hat Tamar geliebt.« Aufgeregt schlug sie die Hand vor den Mund.

»Er ist jung«, sagte Mamma und lenkte sich ab, indem sie die Salami hauchdünn schnitt.

»Ich bin fünfundvierzig«, verkündete Carlo und ließ das Handy in seine Tasche gleiten. Er saß am Kopfende des Tisches, wo er während unserer Ehe immer gesessen hatte, und versuchte, mich mit einem sorgenvollen Blick aus seinen dunklen Hundeaugen zu beeindrucken, den Gorbi wahrscheinlich demütigend gefunden hätte. Auch er war gegen unsere Scheidung gewesen.

Nach dem Essen gingen wir zum Aufräumen in die Küche. Carlo sagte, er sei gerade dabei, einen schlechten Mafiafilm zu schneiden und müsse zurück in den Schneideraum. Er küßte mich so schnell auf beide Wangen, daß ich ihn nicht daran hindern konnte. Dann lächelte er und sah dabei verdammt attraktiv aus.

»*Ci vediamo.*« Bis später. Er winkte uns zu.

»Nein«, antwortete ich und machte die Tür sofort hinter ihm zu. Meine Mutter schlug vor, ich solle ein Nickerchen halten, um mich ein wenig zu erholen. Wieder sagte ich nein. Ich wollte mit ihr reden. Sie versprach mir, daß wir am Morgen miteinander reden würden, nur wir zwei.

»Meine persönlichen Probleme sind angesichts von Tamars Tod zweitrangig«, sagte sie. »Sie war noch so jung. Wenn ich ihre Mutter wäre, würde ich das nicht überstehen.«

»Du bist *meine* Mutter.«

»Das weiß ich sehr wohl.« Ich wußte nicht so recht, was sie damit meinte, aber ich redete mir ein, daß es etwas Positives bedeutete.

»Ich gehe mit Mirella zu La Casa.« La Casa war die Schule, La Casa dell'Arte. »Ich muß sie ein bißchen aufmuntern.« Mamma zog Handschuhe an. Sie trug bereits einen muskatnußfarbenen englischen Pullover und einen braunen Tweedrock. Wie die meisten Italiener ihrer Generation liebt meine Mutter englische Mode. Allerdings hat sie einen besseren Geschmack als die Queen. Es freute mich, daß sie die beiden goldenen Bienenbroschen trug, die mein Vater ihr geschenkt hatte.

»Nein, nein, mir geht's gut«, widersprach Mirella. »Bitte bleib hier bei Simona.«

Mamma warf ihr einen Blick zu, und ich begriff trotz meines Jetlag, daß meine Mutter einfach noch nicht bereit war, mit mir zu reden. Ich fühlte mich ausgeschlossen, küßte ihre kühle Wange und bot ihr an, fürs Abendessen einzukaufen.

»Nein, das ist schon alles erledigt.«

Ich schlug vor, mit Gorbi spazierenzugehen.

»Das wäre toll«, sagte Mirella und nahm mich kurz in den Arm. »Der Hundepark ist gleich gegenüber, du erinnerst dich doch noch, oder?«

»Schlaf lieber ein bißchen«, ermahnte mich meine Mutter.

Sobald sie die Tür zugemacht hatte, rief ich bei meinem Vater in Rocca di Papa an. Wie konnte er dort Mineralwasser rülpsen, wenn Gefahr bestand, daß sein ganzes Leben zerbrach? Wenn ich den Verdacht hätte, daß mein Partner, mit dem ich seit zweiundvierzig Jahren verheiratet bin, mich verlassen möchte, würde ich mich hinter einem Wagen oder einem Baum verstecken und jede seiner Bewegungen beobachten.

Ich ließ es klingeln, weil ich dachte, mein Vater jäte sein geliebtes Gemüsebeet. Es klingelte zehn-, zwanzig-, dreißigmal. Gerade wollte ich auflegen, da ging eine Frau ran. Das Herz pochte mir gegen die Rippen.

»Ich würde gern mit Console Gabriele Griffo sprechen«, sagte ich förmlich, weil ich meine Identität nicht preisgeben wollte.

»Tut mir leid«, antwortete die Frau zögernd. »Il Console ist nicht da. Darf ich fragen, wer Sie sind?« Sie klang gebildet, ohne jegliche Spur eines Dialekts oder fremden Akzents. Also war sie keine Haushälterin.

»Wann kommt er zurück?«

Zögernd antwortete sie: »Er macht Urlaub in Spanien.« Ich legte verblüfft auf. Sie hatte gelogen, da war ich mir sicher. Zuerst die Kur, und jetzt Spanien. Er war sicher in Rocca di Papa. Ich hatte sogar den Eindruck gehabt, im Hintergrund das schwere Atmen eines Mannes zu hören. Vermutlich hatte mein Vater über den zweiten Apparat mitgehört.

Ich hatte ihn schon einmal bei so etwas ertappt, als meine Mutter telefonierte. Wir lebten damals gerade in Boston.

29

Ich absolvierte mein erstes Semester an der Barnard-Universität und war gerade zu den Weihnachtsferien nach Hause gekommen. Meine Mutter saß im Schlafzimmer und sprach am Telefon mit Mirella. Das behauptete sie damals jedenfalls. Mein Vater lauschte über den Apparat in der Küche. Als er mich sah, legte er den Hörer vorsichtig auf. Er wirkte so verlegen, daß ich ihm keine Fragen stellte. Die Geschichte fiel mir erst jetzt wieder ein.

Er hatte also eine andere Frau. So einfach war das, so banal. Meine Mutter wurde betrogen, genau wie ich. Und mein Vater – ich ertrug den Gedanken daran nicht. Er war widerlich.

Ich ging ein bißchen mit Gorbi spazieren und kehrte dann ins Wohnzimmer zurück, wo ich die Fensterläden schloß. Ich hatte mich für das Sofa entschieden, auf dem auch Tamar geschlafen hatte, und das Angebot, mir das Zimmer mit Mirella zu teilen, ausgeschlagen. In der Wohnung waren so viele Menschen, daß ich zumindest in der Nacht ein Plätzchen für mich allein wollte. Ich zog den Büstenhalter aus und streckte mich auf der Couch aus. Gorbi drückte sich unter das Beistelltischchen, wo er kaum genug Platz zum Zusammenrollen hatte. Draußen schwoll der Verkehr an; alle fuhren nach der langen Mittagspause wieder zurück zur Arbeit. Hier klang der Verkehr anders als in New York. Das Knattern von Motorrollern, das hohe Rauschen von schnellen Autos, keine Sirenen. Das alles lullte mich ein.

Ich träumte von Tamar und verdrängte meinen Vater tiefer in mein Unterbewußtes. Ihr blasses, schmales Gesicht sah mich an, nur ein paar Sekunden, nachdem sie erstochen worden war. Doch jetzt hatte sie in jedem Ohr drei Zigeunerohrringe und durch die Nase einen einzelnen Goldkreolen. Sie kam auf mich zu. Ich wich zurück, sagte nein, als habe sie mich um etwas gebeten. Tamar wirkte vorwurfsvoll. Der Motorroller dröhnte mir in den Ohren. Carlo nahm sie in die Arme.

Als ich aufwachte, brauchte ich eine Zigarette.

3

Zu den vielleicht süßesten Reizen Roms gehört es, daß es die Phantasie mit dem langen Schlaf der Toten versöhnt … Dadurch wird der Schmerz erträglicher.

GERMAINE DE STAËL,
Corinna, oder Italien

Sie ist erstochen worden«, sagte meine Mutter und fügte mit ihrer Häkelnadel einen Spitzenkringel an den Saum der Decke. »Findest du das nicht auch ungewöhnlich?« Sie biß den weißen Baumwollfaden ab und ließ die Häkelnadel in die Tasche ihrer Jacke gleiten.

Ich saß jetzt ein paar Stunden später auf demselben Sofa, auf dem ich geträumt hatte, ein Abendessen aus sämiger Gemüsesuppe und Kalbsschnitzel mit Zitronensauce hinter mir, und hörte zu, wie meine Mutter mit Mirellas Sohn Luca und seiner Großmutter Nonna Monti über Tamars Tod redete.

Luca beugte sich mit zusammengepreßten Lippen auf seinem Stuhl vor. Er hatte die lange, kräftige Nase seiner Mutter, doch sein Gesicht war weniger kantig als das ihre, und seine Haare – alle gleich lang und auf halber Höhe des Ohres abgeschnitten – glänzten kastanienbraun. Die großen, dunkelbraunen Augen hatte er vom Vater geerbt. Sie sind das einzige, was mir von Mirellas Mann in Erinnerung geblieben ist. Als ich ihn das erste Mal gesehen hatte – ich war damals sechs –, hatte ich auf seine Augen gedeutet und gesagt: »*Bonbon di cioccolata.*« Alle hatten gelacht, und ich hatte mich über die allgemeine Aufmerksamkeit gefreut.

Lucas Gesichtsausdruck hatte sich während des ganzen Essens nicht verändert.

Wenn er Tamar tatsächlich geliebt hatte, zeigte er es nicht. Mirella hatte ihm die Neuigkeit unter vier Augen in ihrem Schlafzimmer am Ende des Flurs mitgeteilt. Dann hatte sie es Nonna gesagt, nachdem sie sie in ihren Sessel neben dem Klavier im Wohnzimmer gesetzt hatte.

»Der Tod sitzt auf meiner Schulter wie eine häßliche Krähe«, sagte Nonna mit einem Achselzucken. In den zwei Jahren, die ich sie nicht mehr gesehen hatte, war sie geschrumpft. Ihre pergamentartige Haut, die um ihre spitze Nase Falten warf, war gelb und hart. Ihr Atem roch ranzig. Doch ihr Geist war, wie meine Mutter sagte, nicht unterzukriegen.

Ich dachte daran, daß mein Vater mit einer anderen Frau zusammen war; dann verlegte ich mich auf Lucas Probleme. Luca wirkte mißmutig, ging kaum aus sich heraus.

»Wie viele Prüfungen hast du noch?« fragte ich ihn. Er studierte seit ungefähr zehn Jahren Architektur an der überfüllten römischen La-Sapienza-Universität, was nur wenig über dem Durchschnitt liegt. Ich versuchte, das Gespräch in unverfänglichere Gefilde zu lenken.

Luca hob fünf Finger.

»*Fantastico!*« rief ich fast aus. »Dann bist du also in einem Jahr fertig.«

Nonna schnalzte mit der Zunge. Ich hielt ihre Hand – sie liebte »die Berührung junger Haut«. Und ich spürte gern ihre trockene, starke Hand.

»Daß Tamar umgebracht worden ist, ergibt das irgendeinen Sinn für dich, Luca?« fragte meine Mutter, die Lesebrille auf der Nase. Wenn etwas Sinn ergab, war das für sie fast so etwas wie ein religiöses Dogma.

»Sie hat nicht so ausgesehen, als könnte sie was Interessantes in ihrer Tasche haben. Sie hat sich nicht auffällig gekleidet. Und trotzdem haben zwei *delinquenti* sie nicht nur ausgeraubt, sondern sie auch noch umgebracht. Das war kein normaler *scippo!*« Mamma sah sich im Raum um, während sie die fertige Decke über ihren Knien zusammenlegte. Es kam ihr nicht in den Sinn, daß sie Luca weh tun könnte. Vielleicht waren ihre Gedanken auch bei meinem Vater und dieser Frau.

Mirella beschäftigte sich mit den Papieren auf dem Eßtisch, der auch als Schreibtisch diente. »Endlich habe ich Tamars Pflegemutter erreicht. Sie macht sich lediglich Sorgen darüber, wer Tamars Überführung nach Cleveland bezahlt. ›Ich werd mit Sicherheit nicht nach Rom fliegen‹«, versuchte Mirella das amerikanische Englisch der Frau nachzuahmen. »›Ich hab ihr gesagt, sie soll bei mir bleiben. Was ist denn passiert, ist sie von der Mafia erschossen worden?‹«

»*Terribile!*« Mirella schüttelte eine alte Zeitschrift aus. »Mrs. George Deaton hat vorgeschlagen, wir sollen sie hier begraben lassen. Mrs. George Deaton! Hat sie denn keinen eigenen Vornamen? Warum geben amerikanische Frauen ihren Namen auf?« Mirella schüttelte den Kopf. »Außerdem glaube ich nicht, daß es einen Mr.

George gibt.« Sie hob den Blick. Eine Nadel fiel ihr aus den Haaren. »Die Studenten sind so aus der Fassung wegen *povera* Tamar, daß sie das Fest abgesagt haben. Arthur meint, wir sollten eine Versammlung einberufen.« Mirella sprach den Namen »Artuur« aus. »Ich kann die Hälfte der Prüfungen, die ich benoten soll, nicht finden.«

Nonna ließ grunzend meine Hand los. »Sie sind auf dem Bidet im Bad, wo du sie hast liegenlassen.«

»Gott sei Dank.« Mirella schloß die Augen. »Manchmal ist das Bad der einzige ruhige Ort hier in der Wohnung.«

»Wer ist Arthur?« flüsterte ich.

»*Un idiota!*« Nonna zündete sich eine Pall Mall an, die ich ihr auf Mirellas Bitte vom Duty-free-Shop am John-F.-Kennedy-Flughafen mitgebracht hatte. Sie rauchte pro Tag immer nur eine Zigarette.

»Was meinst du?« fragte Mamma Luca. »Hatte Tamara irgendwas Besonderes in dem Beutel?«

Luca lehnte sich auf seinem Stuhl zurück. »Ihr Name war Tamar. Tamara hat ihr nicht gefallen.« Seine Stimme zitterte.

»Mamma«, sagte ich und erhob mich. »Warum gehen wir nicht ein bißchen mit Gorbi spazieren?« Der Hund hob den Kopf, als er seinen Namen hörte, schien aber völlig zufrieden zu sein, daß er auf Mirellas Füßen ausgestreckt daliegen durfte.

»Nein, ich werde weder mit dem Hund noch mit dir spazierengehen, Simona.« Meine Mutter nahm die Brille ab und sah mich mit wütendem Gesicht an, das jetzt viel älter wirkte als fünfundsechzig. Sie hatte abgenommen seit dem letzten Jahr. Mamma war noch immer massig,

35

aber die Haut im Gesicht war schlaff geworden. Ihr Hals hatte so viele Falten, daß er aussah wie ein Tuch. Ihre Augen schienen über dunklen Tränensäcken dahinzudriften. Endlich begriff ich: Sie litt.

»Ich will rausfinden, was hinter diesem Mord steckt«, sagte sie, »und wenn ich dabei ein paar Leute verletzen muß, bitte ich im voraus um Entschuldigung. Meint ihr denn vielleicht, die Polizei wird Rücksicht nehmen und nicht alle möglichen intimen Dinge fragen, die sie nichts angehen? Und wenn sie dann unser Leben weiß Gott wie lange durcheinandergebracht hat, wird sie dann eurer Meinung nach die Mörder finden? Unser Land geht vor die Hunde, unsere verehrten Politiker nehmen Milliarden von Lire als Bestechungsgelder an und treffen geheime Absprachen mit der Mafia …« Sie sah jeden von uns stirnrunzelnd an, als wolle sie feststellen, ob wir die Widersprüche dessen, was sie sagte, begriffen. Sie lebte ausgesprochen zurückgezogen und hatte Angst, daß die Polizei ihr mit persönlichen Fragen auf den Leib rücken könnte.

»Also wird sich die Polizei nicht allzuviel aus einer unglücklichen amerikanischen Kunststudentin machen«, führte ich den Satz für sie zu Ende.

»Genau!«

»Beruhige dich, Olga«, mischte sich Nonna ein. »Die Römer sind bestechlich, seit Romulus und Remus damals die arme Wölfin leergesaugt haben. Wir werden daran nichts ändern.« Sie griff bedächtig in ihre Rocktasche. »Ich würde sagen, die Ereignisse des Tages erlauben noch eine weitere Zigarette.«

»Nein!« Mirella hastete an Nonnas Seite und riß ihr die

Packung Pall Mall aus der Hand. »Du hast es mir versprochen!«

»*Dio Cristo!*« Luca erhob sich so unvermittelt von seinem Stuhl, daß dieser umfiel, und stapfte aus dem Raum. Mirella warf mir die Packung Zigaretten zu und rannte ihm, Gorbi auf den Fersen, nach.

Mamma wirkte überrascht über Lucas plötzlichen Ausbruch. »Das Mädchen ist ermordet worden. Wir müssen Sinn in die Sache bringen.«

»*Delinquenti!*« wiederholte Nonna, die wäßrigen Augen starr auf die Packung Pall Mall in meiner Hand gerichtet. »Das Land hier ergibt keinen Sinn – warum sollte man den Tod einer *sgualdrina* begreifen?«

»Tamara war keine Nutte«, sagte meine Mutter barsch. Dann wandte sie sich an mich. »Simona, du hast doch in Amerika schon mit grausigen Verbrechen zu tun gehabt. Vielleicht kannst du uns ja hier helfen, herauszufinden, warum sie gestorben ist.« Aus ihrem Mund klang das, als ginge es darum, ein Omelett zu braten.

Nonna lachte. »Ablenkung, das ist der Trick. Wie wär's jetzt mit einer Zigarette?«

»Können wir uns nicht unterhalten, Mamma?« fragte ich und ging zu ihr hinüber. »Können wir uns nicht zurückziehen und einander die Dinge sagen, die ausgesprochen werden müssen?« Würde ich ihr erzählen, daß sich eine Frau in ihrem Haus in Rocca di Papa aufhielt und ans Telefon ging? Ich wußte es nicht. Ich legte die Hand auf den Arm meiner Mutter.

Sie entspannte sich ein wenig. »Dein Empfang hier war nicht sonderlich schön. Das tut mir leid. Aber ich bin noch nicht bereit, über mich selbst zu sprechen. Auch morgen beim Frühstück nicht. Aber du sollst wissen, daß ich dir das hier nicht aufzwingen wollte.« Sie nahm mich kurz in den Arm. »Wirklich nicht.« Dann strich sie ihre kurzen, grauen Haare völlig unnötigerweise zurecht.

»Mamma, du hast doch nichts getan! Warum glauben Frauen eigentlich immer, alles sei ihre Schuld?« Ich hatte das nach dem Scheitern meiner Ehe ebenfalls getan, mehr als ein Jahr danach noch. Und jetzt meldete sich der Schmerz wieder zu Wort, allerdings für meine Mutter.

Mir war klar, daß sie nicht über die Sache sprechen wollte. Zwei Wochen, nachdem ich meinen Mann mit meiner besten Freundin in meinem eigenen Schlafzimmer erwischt hatte, hatte ich mir alle Filme, die gerade liefen, angeschaut, die gruseligen sogar zweimal. Ich brauchte einen Monat, bis ich es meiner Mutter sagen konnte. Offenbar hatten wir die gleichen Verdrängungsgene.

»Wenn ich schon nicht rauchen kann …«, sagte Nonna in bewußt hilflosem Tonfall, »wo sind dann meine *tarocchi*? Ich brauche meine *tarocchi*!«

»Mamma, du hast nichts getan!«

»Meine Karten. Simona, hol mir meine Karten. Sie sind in meinem Schlafzimmer.«

Ich winkte ab. »*Subito*. Gleich.« Dann gab ich meiner Mutter einen Kuß.

»Es ist alles so neu«, sagte Mamma leise. Es brach mir das Herz.

»Rede mit mir. Laß mich dir helfen. Ich hab bloß eine Woche.« Ich hatte in der Werbeagentur, in der ich arbeitete, wegen eines Notfalls um Urlaub gebeten.

»Dann fährst du vor Ostern schon wieder zurück?«

»Am Montag morgen. Am Sonntag bin ich noch bei dir.«

»*I miei tarocchi!*«

Meine Mutter zuckte die Schultern. »Hol ihr die Karten oder laß sie die ganze Packung rauchen.«

Nonna klatschte in die Hände. »Ich hab genau gehört, was du gesagt hast. Willst mich wohl unter die Erde bringen, was?«

»Wann, Mamma?« fragte ich.

»Am Dienstag. Ich habe am Morgen einen Termin, und danach essen wir zusammen zu Mittag.«

Ich lachte, glücklich darüber, daß ich nun ein Ziel hatte. »Also abgemacht, am Dienstag.«

»Wieso abgemacht? Mütter lassen nicht mit sich handeln. Die geben Befehle.« Lächelnd nahm Mamma mir die Zigaretten aus der Hand und warf sie in Nonnas Schoß. »Ich will dich nicht unter die Erde bringen, ich möchte nur, daß du den Mund hältst.«

Nonna entblößte zwei Reihen funkelnder falscher Zähne. »Ich hab dich immer gut leiden können, Olga. Du sagst, was du denkst. Also: Sag dem Mädel die Wahrheit, dann ist die Sache erledigt. Ich will keine Zigarette.« Sie ließ die Packung in ihre Jackentasche zurückgleiten. »Eine am Tag reicht. Ich möchte meine Tarotkarten. Sie liegen unter dem Kissen, Simona.«

»Was für eine Wahrheit?« fragte ich. »Du hast meinen Vater verlassen. Das hast du zumindest am Telefon gesagt.«

Mamma scheuchte mich zur Tür wie ein Hirtenhund ein verirrtes Lämmchen. »Ich hab gesagt, ich brauche ein bißchen Zeit zum Nachdenken, und wenn du Nonna die

Karten nicht gibst, sieht die Wahrheit so aus, daß ich
verrückt werde!« Sie schob mich in dem Moment aus
dem Wohnzimmer, als es klingelte. Wir zuckten beide
zusammen.

»Olga will wissen, wer das Mädel umgebracht hat?« rief
Nonna. »Meine Karten werden's euch sagen.«

Wieder klingelte es. Gorbi kam bellend aus Lucas Schlafzimmer gesprungen. Meine Mutter hielt mich einen Augenblick am Arm fest und wischte sich mit dem Finger
die Oberlippe ab. Dann sagte sie mit ihrer schönsten
Gastgeberinnenstimme: »Würdest du bitte hingehen?«
Gorbi drehte sich an der Tür vor Aufregung um die
eigene Achse.

Ich tat, was sie mir sagte, weil ich – wie sie – dachte, es sei
mein Vater. Ich war bereit, mich auf ihn zu stürzen, ihn
zu schlagen, ihn zu küssen, ich weiß nicht, was. Ich zog
den Hund zurück und machte die Tür auf.

Ein Mann lächelte mich an. Nicht mein Vater. Er war
Mitte Dreißig und hatte ein rundes Milchgesicht mit rosa
Wangen, müden, fast schwarzen Augen und einem roten,
sinnlichen Mund.

Er beugte sich herunter, um Gorbi zu streicheln, seiner
selbst sicher, und streckte mir dann die Hand hin. In der
anderen hielt er Schlüssel und ein Autoradio. »*Commissario Perillo della Polizia Giudiziaria.* Und wer sind Sie?«

»Simona Griffo.« Wir gaben uns die Hand. Ich hörte
meine Mutter erleichtert seufzen. Gorbi leckte an dem
Radio des Mannes und klopfte mit dem Schwanz gegen
meine Beine.

»*Ah … bene!*« Der Beamte schlüpfte in die Wohnung und
schloß die Tür hinter sich. »Sie sind eine der Hauptzeu-

ginnen, aber zuerst würde ich mich gern mit Luca Monti unterhalten.« Er sah meine Mutter fragend an; offenbar hielt er sie für Lucas Mutter. Sie betrachtete ihn mit eisigem Blick.

Commissario Perillo lächelte; dabei wurden seine rosafarbenen, feisten Wangen noch röter. »Entschuldigen Sie, daß ich so spät komme.« Er sprach langsam und bedächtig, fast wie ein Ausländer. Wahrscheinlich, so dachte ich, versucht er, den sizilianischen Akzent zu kaschieren, der trotz seiner Bemühungen durchzuhören war. Er kam mir irgendwie bekannt vor, auch wenn ich nicht wußte, woher.

»Warum wollen Sie mit meinem Sohn sprechen?« Mirella kam aus Lucas Schlafzimmer und schloß die Tür hinter sich. »Er war heute zusammen mit meiner Mutter in Poggio delle Rose.« Sie blieb stehen, als wolle sie die Tür bewachen. Rockmusik dröhnte aus dem Raum.

»Sie haben Ispettore Rolfi erklärt, er sei der Freund der Verstorbenen gewesen, Signora«, sagte Perillo. »Also muß Ihr Sohn ziemlich viel über sie wissen.«

Meine Mutter mischte sich ein: »Dann ist der Fall also tatsächlich ungewöhnlich.«

»Tamar war auch meine Freundin«, sagte Mirella und kam mit schnellen, nervösen Schritten auf uns zu. Ich mußte unwillkürlich an eine Vogelmutter denken, die das Nest in der Hoffnung verläßt, den Falken wegzulocken. »Fragen Sie doch mich.«

»Ist Ihr Sohn nicht zu Hause?« Der Beamte mußte die Stimme heben, um die Musik aus Lucas Zimmer zu übertönen.

»Mein Sohn ist müde und durcheinander. Kann das

41

nicht warten?« Sie blieb kurz vor ihm stehen und musterte sein Gesicht mit kühlem Blick.

»Bitte«, sagte Mamma und hätte beinahe die Hand auf den Arm des Commissario gelegt. »Es war ein schrecklicher Tag.« Auf ihren elenden Gesichtsausdruck konnte man eigentlich nichts erwidern.

»Natürlich«, sagte Perillo. »Es ist spät.«

Ich massierte meiner Mutter den Rücken und spürte, wie er sich unter meinen Händen verkrampfte.

»Sagen Sie ihm, er soll morgen früh um zehn Uhr in mein Büro kommen.« Perillo runzelte die Stirn und sah Mirella unter seinen schwarzen, wunderbar gekämmten Augenbrauen an. »Sie können dann um halb elf kommen. Dann haben Sie genug Zeit für die Messe.«

»*Grazie.*« Sie entspannte sich sichtlich.

Dann wandte der Commissario sich mir zu. »Wenn ich schon mal da bin, Signora Griffo – nur ein paar Fragen, die ich …« Plötzlich schwieg er und betrachtete das Ölgemälde hinter mir.

»Das habe ich schon mal gesehen.« Er wirkte verwirrt.

»Ich habe Botticellis Porträt von Giuliano de' Medici kopiert«, sagte Mirella, stolz auf ihr Werk. »Allerdings habe ich das Gesicht meines Sohnes gemalt. Die Nasen haben eine deutliche Ähnlichkeit.«

»Verstehe«, sagte Perillo und sah dabei aus, als verstehe er überhaupt nichts. Dann musterte er wieder mich. »Signora Griffo, ich habe mich bereits in meinem Büro mit Ihrem Mann unterhalten.«

»Mit meinem Exmann«, berichtigte ich ihn. »Er ist für immer aus meinem Leben verschwunden.« Das fügte ich für meine Mutter hinzu.

Die hing gerade ihren eigenen Gedanken nach. »Sie führen Ihre Ermittlungen am Palmsonntag durch, also ist der Fall wichtig.«

»Signora Griffo?« Der Commissario deutete auf die offene Wohnzimmertür.

»Ich habe bereits heute morgen dem örtlichen Ispettore alles gesagt, was ich weiß, aber wenn Sie eine Wiederholung wünschen, sollten wir's hinter uns bringen.« Ich ging voraus.

Perillo folgte mir nicht. Sein Blick ruhte auf Mirella, die ihn immer noch anstarrte, als sei er ein verloren geglaubter Verwandter.

»*Bacco!*« rief Mirella plötzlich aus. »Der Gott des Weines.«

Perillo lachte und schüttelte sein lockiges schwarzes Haar. »Allerdings fehlt das Weinlaub im Haar.«

Meine Mutter sagte: »Ja, genau: Caravaggio. Sie ähneln tatsächlich seinem Porträt des Bacchus.«

»Das habe ich schon öfter gehört«, brüstete sich Perillo. »Ich bin eigens nach Florenz gefahren und in die Uffizien gegangen, um mich zu vergewissern. Ich bin nicht ganz so jung wie Caravaggios Modell, aber hoffentlich ein bißchen männlicher.«

»O ja«, sagte Mirella lächelnd. »Viel männlicher.«

»Ich bin müde«, sagte ich, weil ich hoffte, endlich ins Bett zu kommen.

»Und ich sterbe hier noch vor Langeweile, *cavolo!*« rief Nonna aus dem Wohnzimmer. *Cavolo* ist ein Euphemismus für *cazzo*.

Das erste Wort bedeutet »Kohl«, das zweite »Penis«. Nonna behauptet, sie seien beliebig austauschbar, weil beide Blähungen verursachten.

»Bringt den Mann hier rein!«

Perillo trat ins Wohnzimmer, nickte Nonna zu und ließ den Blick über das Durcheinander aus Gemälden wandern. Dann deutete er auf Mirellas Stillleben mit roten und gelben Paprikaschoten. »Da kriegt man richtig Hunger.«

Nonna fuchtelte mit dem Arm herum. »Es ist das einzig Wertvolle hier im Zimmer, abgesehen von meiner Wenigkeit natürlich. Sie sehen überhaupt nicht aus wie Bacchus. Ihnen fehlt die Blüte der Jugend! Meine Tochter sieht sogar noch in der Kloschüssel Gemälde.«

»Nonna!« Mirella schlug die Hände vors Gesicht. Gorbi versuchte, Mirellas Beine zu bespringen, knallte aber dabei die Tür gegen die Wand. Nonna klapperte mit den Zähnen. In Lucas Zimmer dröhnten elektrische Gitarren.

»Wir könnten auf einen Kaffee hinunter zu King's gehen«, schlug ich vor.

Perillo tätschelte den Kopf des Hundes. »Mir wäre Giolitti lieber.«

Ja! »Bei Giolitti gibt's das beste Eis beiderseits des Atlantiks!«

»Also, dann essen wir ein Eis«, sagte Perillo. »Mein Wagen steht drunten.«

Ich holte schnell Nonnas Tarotkarten, während Mirella den Commissario zum Flur zurückbegleitete und ihn drängte, ihr Modell zu sitzen. Sie würde ihn im Stil von Caravaggio malen, sagte sie, ganz Schatten und Licht.

»Ich kann gut kopieren.« Sie malte Trompe-l'œils und Porträts in allen möglichen Stilrichtungen, um ihr Lehrergehalt aufzubessern, weil ihre Bilder nicht genug Geld für den Lebensunterhalt der ganzen Familie einbrachten. Nonna drohte hin und wieder, daß sie den Batzen Geld, den sie angeblich ihr eigen nannte, der Kirche vererben würde, wenn nicht alle sie richtig behandelten. Niemand glaubte ihr. Meine Eltern halfen Mirella in schwierigen Zeiten aus.

Als ich auf dem Weg ins Wohnzimmer wieder durch den Flur kam, hörte ich, wie meine Mutter sich wiederholte: »Das ist sehr ungewöhnlich, stimmen Sie mir nicht zu? Das Opfer eines Handtaschenraubes zu ermorden? Das ist ein besonderer Fall. Tamara war sehr arm.«

Im Wohnzimmer beugte ich mich herab, um Nonna einen Kuß zu geben. Sie sah aus, als schliefe sie.

»Da täuschen Sie sich leider«, sagte Perillo im Flur.

Nonna packte mich am Hals. »Dieser Polizist ist ein Feigling. Wie alle Männer. Und mach dir keine Sorgen wegen deiner Mutter. Die Karten sagen, daß alles gut wird. Nur das zählt. Und du halte dich fern von Carlo.«

»Gute Nacht«, sagte ich und gab ihr noch einen Kuß. Sie hatte mich bereits vergessen, weil sie damit beschäftigt war, die zerschlissene Seide, die ihre geliebten *tarocchi* umhüllte, auseinanderzuschlagen.

»Wollen wir gehen?« fragte Perillo und schloß die Wohnzimmertür hinter mir.

Er lauschte weiterhin auf meine Mutter. »Natürlich ist der einfache *scippo* – das heißt, nur Handtasche und Würde werden geraubt – die Norm. Aber es hat dabei auch schon früher Todesfälle gegeben.«

Mamma sah skeptisch drein. »Aber das war purer Zufall.«

»Vor zehn Jahren hatten wir einen U-Bahn-Räuber, der mit einem Rasiermesser Trageriemen von Taschen und auch Menschen aufschlitzte. Jack the Ripper hieß er bei uns.«

»Ich glaube Ihnen nicht«, erklärte meine Mutter.

Ich hakte mich bei Perillo unter und dirigierte ihn zur Tür hinaus.

4

*Die Welt Roms fällt in sich zusammen,
doch wir halten den Kopf hoch erhoben,
statt das Haupt zu neigen.*

HEILIGER HIERONYMUS,
Brief 60

Ihr Vater lebt nicht mehr?« fragte Perillo, als er sich auf einen Metallstuhl in der Bar sinken ließ, einem L-förmigen Raum mit rostfarbenem Marmorboden und Kühlregalen, hinter deren durchsichtigen Türen Eiscremetorten zu sehen waren. Er hatte bereits am Tresen bestellt, wo man ihn mit viel Trara begrüßte.

Ich stellte meinen Stuhl so hin, daß ich mit Blick auf die Glastür und die beleuchtete Eiche draußen saß. Es war mittlerweile zu kühl geworden, als daß man noch draußen auf dem Gehsteig hätte Platz nehmen können. Die einzigen anderen Gäste waren eine vierköpfige Familie, die ruhig ihre Schlagsahne verzehrte.

»Mein Vater lebt sehr wohl.« Ich dachte lieber nicht daran, wie lebendig er war. Die Frauenstimme am anderen Ende der Leitung hatte sehr jung geklungen. »Wie kommen Sie darauf?«

»Ihr Mann …«

Ich knurrte.

»… Exmann hat mir die Zusammensetzung des Monti-Haushalts erklärt und dabei auch Ihre Mutter erwähnt.«

»*Salve, Commissario*«, sagte ein Kellner.

Perillo hob eine Hand zum Gruß. »Ciao, Mario.« Dann wandte er sich wieder mir zu. »Starke Frauen interessieren mich. Meine eigene Mutter ist eher hingebungsvoll wie Signora Monti.«

»Wollen wir über Tamar und das Wenige reden, das ich gesehen habe? Ich wiederhole noch mal alles. Ich war müde, und die Diebe waren so schnell, daß ich beinahe nichts gemerkt hätte. Ich hab den Motorroller an mir vorbeiflitzen sehen und jede Menge dunkle Haare. Ich glaube, die Haare gehörten dem Typen, der hinter dem Fahrer saß. Es sah aus, als flattere das Haar frei im Wind. Jedenfalls erinnere ich mich so dran.« Ich schwieg, als der Kellner ein Metalltablett auf dem winzigen runden Tisch vor uns abstellte. Perillo nahm sich seinen Espresso. »Ich habe ihr Gesicht nicht gesehen, tut mir leid.«

»Haben Sie eine Ahnung, was für eine Marke der Motorroller war?« fragte er und füllte vier Löffel Zucker in die weiße Tasse, die ungefähr halb so groß war wie eine Kinderfaust.

»Ich kann nicht mal 'nen Cadillac von 'nem Jaguar unterscheiden. Außerdem flitzen in New York zum Glück nicht ständig Motorroller um einen rum. Ich hab die Marken alle vergessen. Vespa, Lambretta, Honda …«

»M-a-n-a-t-a-n.« Perillo konzentrierte sich auf die Aussprache und lächelte dann. »Vor zwei Jahren bin ich mit meiner Mutter fünf Tage hingefahren. Ihr haben die Coffee Shops am besten gefallen, die anscheinend alle

Griechen gehören. Gebackener Käse und Speck. Das kocht sie mir jeden Donnerstag zum Mittagessen. Statt *gnocchi*, die mir zu schwer im Magen liegen. Sie hält das für ein griechisches Mittagessen.«

Gnocchi, kleine Klöße aus Mehl und Kartoffelbrei, gehören zum allwöchentlichen Speiseplan des Römers. Donnerstags *gnocchi*, freitags Fisch und samstags Kutteln.

»Ihr Mann …«

Ich hob den Löffel voll Brombeersorbet und zielte damit auf seine olivgrüne Hose.

»Carlo Linetti«, korrigierte sich Perillo. »Carlo Linetti meint, es könnte eine Lambretta gewesen sein. Er hat uns auch eine Farbe genannt. Erinnern Sie sich an eine Farbe?«

»Ich hab Ihnen doch gesagt, daß ich mich nur noch an die flatternden Haare erinnere.« Ich steckte einen Löffel Sorbet in den Mund und fragte mich dabei, ob Perillos Ähnlichkeit mit Caravaggios *Bacchus* der Grund dafür war, daß er mir so bekannt vorkam. Ich konnte mich nicht erinnern, wann ich das letzte Mal eine Reproduktion dieses Gemäldes gesehen hatte. »Und vertrauen Sie Carlo nicht. Er blufft gut. Als der Motorroller vorbeiflitzte, hatte er den Kopf meines Wissens im Kofferraum seines Wagens, eines Fiat Spider. Die Marke kenne ich.«

Carlo hatte immer einen Fiat Spider gefahren.

»Wenn Carlo den Motorroller gesehen hätte«, sagte ich, »hätte er auch Tamar gesehen. Sie haben einander gekannt, das hat er Ihnen sicher gesagt.«

Perillo führte die weiße Tasse nicht ganz bis zum Mund. Seine großen schwarzen Augen wirkten, als habe er gerade etwas Merkwürdiges entdeckt. Hinter ihm hastete eine gutgekleidete Frau herein und fragte unseren Kellner, wie eine Bestellung für die Geburtstagsparty ihres Jungen in der folgenden Woche abliefe.

»Was ist los?« fragte ich.

»Sie interessieren sich also immer noch für Carlo Linetti.«

»Ich habe einen höchst attraktiven Geliebten in New York, herzlichen Dank. Vielleicht ziehe ich sogar zu ihm, wenn ich wieder dort bin.« Ich hatte keinerlei Absicht, irgendwohin zu ziehen außer in mein Atelier in Greenwich Village. Als Greenhouse mich gefragt hatte, ob ich zu ihm ziehen wolle, hatte ich Panik bekommen. Ich wußte nicht so genau, warum. »Stanley Greenhouse«, fügte ich hinzu und genoß es, wie seltsam der Name im Italienischen klang. Ich erwähnte nichts davon, daß Greenhouse bei der New Yorker Mordkommission arbeitete.

»Mir ist der Gesichtsausdruck des Mädchens aufgefallen.« Ich leckte Brombeersorbet aus den Mundwinkeln. »Sie hat nachgedacht. Sie hat nicht geschrien oder überrascht dreingeschaut, sondern ganz eindeutig nachgegrübelt.«

»Und die Identität der Killer?«

Ich zuckte die Schultern. »Carlo hat Ihnen sicherlich erzählt, daß sie vor ihrem Tod etwas gesagt hat, nicht wahr? ›Doni.‹«

Perillo bestellte sich noch einen Espresso, diesmal Kaffee Hag ohne Koffein. »War das vielleicht ein Männername? Möglicherweise Tony? Schwer zu sagen. Es könnte auch der Teil eines längeren Satzes gewesen sein. Oder eine Endung. Beispielsweise *droni* für *ladroni*.«

Das bedeutet große Diebe. »*Droni* hat ein R, und das hat sie nicht ausgesprochen.«

»Die Amerikaner haben immer Schwierigkeiten mit unserem gerollten R.«

»Sie hat *doni* gesagt.«

»Sie sind ganz die Tochter Ihrer Mutter.«

»Ich weiß nicht, wie stark ich bin«, sagte ich, »aber stur bin ich, soviel steht fest. Und ein bißchen neugierig. Warum kommt ein Polizeibeamter an einem Samstag abend um zehn zu Mirella? Hat meine Mutter recht? Ist irgend etwas Ungewöhnliches an diesem *scippo*, ich meine, abgesehen von der Tatsache, daß das Mädchen umgebracht wurde?«

»Wie gesagt, ich wohne gleich in der Nähe, in der Via Ruffini. Direkt neben dem örtlichen Polizeirevier.«

»*Me ne racconti un'altra.*« Sollte heißen: Erzählen Sie mir was anderes.

Perillo lächelte. Seine Lippen waren fast schon obszön sinnlich. Sie erinnerten mich an eine rote Pflaume. »Das Opfer war amerikanische Staatsbürgerin. Die Botschaft interessiert sich für den Fall. Außerdem war Tamar Deaton mit einem reichen Geschäftsmann befreundet, der viel Handel mit unserem Land treibt.«

»Was bedeutet, daß er Freunde an höchster Stelle hat?«

»Hoffentlich nicht.« Er lachte. »Heutzutage heißt die höchste Stelle *Regina Coeli.*« Roms größtes Gefängnis wird Himmelskönigin genannt.

Ich lächelte höflich. »Ich habe die Nachrichten in der *New York Times* mitverfolgt.« Italien wurde von einem Riesenskandal erschüttert, dem die Zeitungen den Spitznamen *Tangentopoli* – Stadt der Bestechung – gegeben hatten. Oben in Mailand untersuchten die *Mani Pulite* – die sauberen Hände – die Mauscheleien der führenden politischen Parteien, welche Regierungseinrichtungen und Politiker für lukrative Verträge wieviel von wem kassiert hatten. Unten in Palermo, Sizilien, hatten die *pentiti* – reuige Mafiosi, ein Begriff, der mich an die Inquisition erinnert – die Ermittler auf die Spur von Giulio Andreotti, des wahrscheinlich prominentesten italienischen Politikers, gesetzt und behauptet, er habe Verbindungen zur Mafia und sogar die Ermordung eines vorwitzigen Journalisten angeordnet. In Rom, dem Regierungssitz, deuteten die Politiker mit Fingern aufeinander, bestritten, verwickelt zu sein, und dabei waren ihnen Lügen und Angst vom Gesicht abzulesen. Ich war in der Stunde des höchsten Ruhms nach Italien zurückgekehrt. Eigentlich war ich froh über die Entwicklungen, denn vielleicht wuchs ja neues Leben aus dem Schutt.

Perillo warf einen Blick auf mein halb gegessenes Sorbet. »Warum haben Sie sich kein Eis bestellt? Das wollten Sie doch, oder?«

»Mir schmeckt's. Ich bin bloß müde.« Ich hatte die herrlichen Bottiche mit Walnuß-, Bananen-, Schokoladen-, Sahne- und Kaffeeeis betrachtet, doch dann hatte ich mich an die Worte meines Arztes erinnert.

»Sagen Sie mir, warum Sie sich die Geschichte mit dem Eis anders überlegt haben.«

»Ist das wichtig?«

»Für mich, ja. Bitte verzeihen Sie mir, daß ich so neugierig bin.« Er rutschte ein wenig näher zu mir heran und streckte einen Finger in die Luft. »Die menschliche Natur. Die ist wichtig für meinen Beruf. Sie wollten das Eis, das habe ich ganz deutlich an Ihrem Gesicht gesehen. Sie sind vor Gier ja fast in die Bottiche reingekrochen. Und dann haben Sie sich mit wütendem Gesicht wieder aufgerichtet. Sie waren zu wütend, als daß es nur ums Gewicht gehen könnte, stimmt's?« Er lächelte mit zusammengekniffenen Augen. »Außerdem sind Sie sogar ein bißchen zu dünn für meinen Geschmack. Eine rundliche Frau hat viele Reize. Es geht nicht nur um die Kalorien, stimmt's? Mehr brauchen Sie mir nicht zu sagen.«

»Sie haben recht«, antwortete ich. »Mehr möchte ich dazu auch nicht sagen.«

Vor einem Monat hatte ich eine weiche Geschwulst von der Größe eines Golfballs in meiner Brust entdeckt, die sich als Zyste entpuppte. »Sie brauchen sich keine Gedanken machen«, hatte der Arzt mir nach meiner ersten Mammographie gesagt, doch ich habe eben Zysten in der Brust. Was bedeutet, daß sich möglicherweise in einer dieser Zysten klammheimlich Krebszellen spalten, die man erst findet, wenn es zu spät ist. Jedenfalls war ich nach zwei Wochen, in denen mir das Atmen wie eine Kunst erschien, die ich nie gelernt hatte, der festen Überzeugung, daß ich fröhlich auf immer und ewig weiterleben würde, wenn ich einmal im Jahr eine Mammographie machen ließe, alle vier Monate zur Vorsorge ginge, kein Koffein mehr zu mir nähme, Vitamin E zuführte, viele Karotten und dunkelblättriges Gemüse konsumierte sowie meinen Fettkonsum drastisch reduzierte. Deshalb Sorbet und kein Eis. Zum Glück hatte ich schon vor drei Jahren zu rauchen aufgehört.

»Ich glaube nicht, daß meine Eßgewohnheiten etwas mit Tamars Tod zu tun haben.«

»Natürlich nicht.« Perillo holte einen winzigen Taschenkalender heraus und notierte sich sorgfältig ein paar Zeilen. »Danke. Ich bin immer wieder fasziniert vom menschlichen Verhalten.« Dann ließ er den Kalender in der Tasche verschwinden, und sein Blick wanderte wieder zu meinem Becher, in dem sich jetzt nur noch ein dunkelroter, vor sich hinschmelzender Ballen Sorbet befand. Seine Nase zuckte. »Signorina Deaton ist in weniger als einer Minute verblutet.«

Ich schob meinen Becher weg. »Ich habe das Blut erst gesehen, als Carlo die Hand unter ihrer Schulter herausgezogen hat. Wie konnte sie verbluten?«

»Das Messer hat ihre Lungenarterie durchtrennt. Dadurch ist Blut in die Lunge geraten.«

»Die Obduktion ist aber ganz schön schnell gegangen.«

»Wenn wir einen guten Grund haben, können wir ziemlich effizient arbeiten.« Fast hätte ich das Gesicht verzogen. »In diesem Fall hatten wir keinen Platz in der Leichenhalle. Die Waffe war mindestens sechsundzwanzig Zentimeter lang.« Er hob den Löffel. »Darf ich?«

»Sie können den Rest haben.« Er machte sich über mein Sorbet her. Hatten eigentlich alle italienischen Polizisten immer Hunger?

»*Grazie.*« Er ließ das Sorbet in seinen Espresso gleiten und leckte den Löffel ab.

»Es muß doch fast unmöglich sein, jemandem von einem fahrenden Motorroller aus ein Messer zwischen die Rippen zu rammen. Sechsundzwanzig Zentimeter tief!«

»Das habe ich auch schon überlegt. Glauben Sie, daß Carlo und Tamar ein Liebespaar waren?«

Mir sträubten sich die Haare. »Worauf wollen Sie hinaus?«

»Vielleicht ist die junge Frau ja erst umgebracht worden, als sie auf der Straße lag.«

»Unmöglich. Das hätte ich gesehen.« Was für ein absurder Gedanke.

Perillo musterte mein Gesicht. »Sie haben selbst gesagt, daß Sie müde waren. Aber machen Sie sich wegen Ihrem Carlo keine Sorgen. Wenn der junge Mann mit den langen Haaren, den Sie uns beschrieben haben, sich in der Anatomie und der Handhabung von Messern auskennt, war der Mord vom Motorroller aus nicht unmöglich, sondern nur schwierig. Ein Zeuge hat mir gesagt, daß der Motorroller ein paar Sekunden lang verharrt hat, was wahrscheinlich bedeutet, er hat lange genug gehalten, um das Mädchen umzubringen. Der Zeuge hat das mit einer Biene verglichen, die sich kurz auf einer Blüte niederläßt.«

Aber Blumen überlebten das. Er nippte an seinem Kaffee. »Carlo bestreitet natürlich, ein Verhältnis mit der Verstorbenen gehabt zu haben, aber vielleicht hat er Ihnen ja etwas gesagt?«

»Nein, das hat er nicht, Commissario.« Ich schoß von meinem Stuhl hoch. Allmählich hatte ich genug von Carlos »Verhältnissen«. »Ich weiß nichts über meinen Mann, und es wird Zeit, daß ich ins Bett komme. Eigentlich wollte ich mein Sorbet selber bezahlen, aber da Sie die Hälfte davon gegessen haben, können Sie das übernehmen. Danke. Wenn Sie wollen, daß ich eine Aussage unterschreibe, brauchen Sie mir bloß zu sagen, wo Ihr Büro ist, dann bin ich morgen früh um Punkt neun Uhr dort.« Dann traf es mich wie ein Schlag, und ich sank wieder auf den Stuhl. »*Cavolo*, ich hab ihn meinen Mann genannt.«

»Das kompromittiert Sie noch lange nicht. Sagen Sie, ist Ihr Mann gewalttätig?«

»Lassen Sie Carlo aus der Geschichte raus. Der kippt um, wenn er sein eigenes Blut sieht. Er bringt seine Geliebten nicht um, sondern betrügt sie, und außerdem: Was würde er mit der Tasche wollen?«

»Ich spiele mit dem Gedanken, daß man sie nicht wegen der Tasche umgebracht hat.«

»Warum nicht?«

»Ihre Mutter hat im wesentlichen recht. Normalerweise erstechen *scippatori* ihre Opfer nicht. Wenn das Opfer stirbt, liegt das meist daran, daß es mit dem Kopf auf der Bordsteinkante aufschlägt oder von dem Motorroller oder dem Auto mitgeschleift wird. Ja, heutzutage verwenden die Leute auch Autos. Ein Arm schießt aus dem Fenster heraus, und wenn man seine Tasche nicht losläßt, landet man unter den Reifen. Die junge Frau hat nicht ausgesehen, als hätte sie auch nur tausend Lire dabei. Und außerdem sind Sie zur gleichen Zeit aus einem Wagen ausgestiegen – mit einer hübschen Lederhandtasche.« Er nahm meine Coach-Tasche – die ich mir vom Weihnachtsscheck meiner Eltern geleistet hatte – vom Rücken meines Stuhls und ließ sie in meinen Schoß fallen.

»Darauf sollte man auch in Gegenwart eines Commissario achten.« Er sah ein wenig bedauernd drein.

»Als ich aus dem Wagen gestiegen bin, war der *scippo* bereits in vollem Gange.«

Perillo fuchtelte erregt mit seinem Löffel in der Luft herum.

»Und warum haben die Kerle sich nicht die Tasche einer gutgekleideten älteren Dame geschnappt, die direkt neben Signorina Deaton stand und darauf wartete, daß es Grün würde? Das war übrigens eine teure Fendi-Tasche, ein Geburtstagsgeschenk ihres Sohnes. Finden Sie es nicht auch merkwürdig, daß die Diebe sich Signorina Deaton aussuchten und nicht die andere Dame, die mit Essenseinkäufen beladen war und ein viel leichteres Ziel abgegeben hätte als eine kräftige junge Frau? Signorina Deaton war einsfünfundsiebzig.«

»Vielleicht sind sie durch ihre Größe auf sie aufmerksam geworden.«

»Bedeutet das nicht, daß ein Commissario, der seinen Beruf ernst nimmt, Signorina Deatons Leben, ihre Freunde, ihr Zuhause, genauer unter die Lupe nehmen sollte?« Er ließ den Löffel auf die Untertasse zurückklappern. Sein blaues Hemd war jetzt mit Kaffeetropfen übersät. »Man muß ernste Fragen stellen.«

»Und da fangen Sie bei Carlo an?«

Perillo nickte, offenbar stolz auf sich selbst. »Er ist als erster zu mir gekommen, das muß man sich merken.« Er klopfte auf die Tasche mit dem Kalender. »Er behauptet, Tamar Deaton seit mehr als drei Monaten gekannt zu haben, dem Ispettore gegenüber hat er jedoch gesagt, seit einem Monat. Warum? Sein Verhältnis zu Signorina Deaton ist mir nicht so ganz klar.«

»Carlo ist wahrscheinlich genauso verwirrt wie Sie. Frauenkörper belasten sein Gehirn. Er ist durcheinander wegen Tamars Tod. Er hat vermutlich was verwechselt, als er gesagt hat, wie lange er sie kennt. Das ist nur natürlich.« Warum verteidigte ich Carlo?

Perillo leckte sich die Lippen. »Vielleicht.«

Schadenfroh deutete ich auf die Flecken auf seinem Hemd. Perillo schaute darauf und stöhnte auf.

»Wenn Sie Mineralwasser draufgeben, verschwinden die Flecken sofort wieder, Commissario. Das habe ich in Amerika gelernt.«

»Nein, nein. Meine Mutter nimmt immer Salz.« Er winkte einem Kellner. Es gab kein Salz mehr, also bot man ihm Zucker an. Am Ende sah Perillo aus wie ein mit Puderzucker bestäubter Krapfen.

»Carlo ist nicht Ihr Killer.«

»Drogen?« Er leckte sich die Finger ab.

»Was meinen Sie mit Drogen, Commissario?« Am liebsten hätte ich ihm den Zucker vom Leib geschüttelt.

»Hat Ihr Exmann Ihres Wissens« – er sprach ganz langsam, als verstehe ich seine Sprache nicht – »jemals etwas mit Drogen zu tun gehabt, als Benutzer oder als Händler?«

Ich saß völlig verblüfft da.

»Beides?« fügte er mit einer Handbewegung hinzu.

»Hören Sie auf, auf Carlo herumzuhacken!« sagte ich schließlich. Meine Reaktion überraschte mich, nicht Perillos Fragen. Ich stellte fest, daß ich das starke Bedürfnis verspürte, meinen Exmann zu beschützen. In diesem Augenblick betrachtete ich ihn als einen Mann, der noch immer zu mir gehörte. Alles, was mein Leben in Rom ausgemacht hatte, kehrte zurück: der Wunsch nach einer Zigarette, meine Mutter, Mirella, Nonna und Carlo, der Mann, der lange Zeit die Liebe meines Lebens gewesen war. Ich fühlte mich verantwortlich, wie ich es in meinem vierjährigen Singledasein in New York nie gewesen war. Perillo musterte mich neugierig.

»Tamar hat versucht, sie zu verscheuchen«, sagte ich.

»Die Kerle waren high – Heroin. Einer von ihnen hat sie mit einem Messer gezwungen, die Tasche loszulassen. Wäre das nicht das wahrscheinlichste Szenario?«

»Sie sind eine Amerikanerin geworden. Sie glauben, daß der direkte Weg auch der richtige Weg ist. Sie vergessen, daß wir Italiener Spezialisten in der Wissenschaft der *dietrologia* sind, wir schauen hinter jedes Wort und jede Tat. Tamar Deaton war durchlöchert wie ein Sieb, und damit meine ich nicht die Wunde, die das Messer verursacht hat. Zum Zeitpunkt ihres Todes befanden sich keine Drogen in ihrem Körper, aber es liegt auf der Hand, daß sie drogensüchtig war.« Sein Blick wurde traurig.

»Als ich noch mit ihm zusammen war, hat Carlo keine Drogen genommen, und ich glaube auch nicht, daß er jetzt welche nimmt. Er ist zu selbstsicher und zu glücklich über die Art und Weise, wie die Welt mit ihm umgeht.«

»Nun, wenn Sie das glauben, sind Sie keine gute Menschenkennerin. Sein Blick schweift ab, wenn er spricht, und seine Finger zucken.«

»Das ist nur seine überschüssige Energie. Ihm geht's gut.«

»Immer noch? Seine Karriere als Cutter läuft nicht sonderlich gut, und soweit ich weiß, wollte er sich nicht von Ihnen scheiden lassen.«

»Immer noch.« Ich fragte mich, wieso Carlo sich mit

einem Polizeibeamten über unsere Ehe unterhalten hatte. Versuchte er, Mitleid zu heischen? Ging seine Karriere den Bach runter? Er liebte seinen Beruf, und er liebte das Kino.

Perillo erhob sich. »Ich fahre Sie zurück.«

»Nein, danke, ich kann einen Spaziergang vertragen.«

»Natürlich, es war ein schwieriger Tag.« Er streckte mir die Hand hin. »Danke. Und morgen früh sollten Sie ausschlafen oder in die Kirche gehen. Meine Mutter liebt die Palmsonntagsmesse über alles. In unserer Wohnung hängen überall die Olivenzweige der vergangenen Jahre. Sie und ich, wir werden uns ein andermal weiter unterhalten. Nächstes Mal werden Sie eine Aussage unterzeichnen. Vielleicht bringe ich Sie sogar dazu, mir mehr über die Sache mit dem Eis zu erzählen. Das *gianduia* hier ist unübertrefflich.«

»Ich liebe Vanille und Schokolade, und obenauf viel Sahne.« Wir schüttelten einander die Hand. Er setzte sich wieder und holte sein Notizbuch heraus.

»*Un altro caffè Hag*«, rief er und machte eine Geste, als schreibe er etwas auf.

»*Sì, sì*, Sie kriegen schon eine Rechnung, Commissario, keine Sorge.« Die Frau hinter der Kasse strickte einen roten Pullover. »Wir wollen schließlich nicht in der *Regina Coeli* landen, weil wir Sie mit Sorbet bestochen haben.« Sie zwinkerte mir zu, als ich an ihr vorbeiging.

Ich drehte mich noch einmal um. »Carlo würde nie einem anderen Menschen ein Haar krümmen.«

Perillo hob den Blick von seinen Notizen. Ich stellte mir vor, wie er aufschrieb: »Zeugin braucht einen Spaziergang.«

Er entließ mich mit einer Handbewegung. *»La notte porta consiglio.«* Die Nacht bringt Rat.

Als ich in die kühle römische Nacht hinaustrat, mein Körper wie in Watte gepackt durch den Schlafmangel, wußte ich nicht so recht, welchen Rat der Commissario mir wünschte. Ich wußte nur, daß ich meinen Exmann gerade mit derselben Überzeugung verteidigt hatte wie eines Nachts, als ich meiner Mutter erklärte, mein Mann würde mich nie betrügen.

5

Ich glaube nicht, daß man diesen Müßig-
gang Zeitverschwendung nennen kann.
HENRIK IBSEN, *Briefwechsel*

Mirella wohnt auf der Seite des Ti-
ber, auf der sich auch der Vatikan befindet, in einem
ziemlich zentralen Bezirk mit dem Namen Delle Vittorie – von den Siegen. Dieser Name rührt daher, daß
dort einmal Armeebaracken untergebracht waren, und
viele Straßen in dem Viertel sind nach Generälen des
Ersten Weltkriegs benannt. Heute ist es vor allem Anwälten gut bekannt; das liegt an den vielen Gerichtssälen,
die sich dort befinden. Reiseführer schweigen sich darüber aus, weil es dort keine Kirchen voller Kunstschätze
und keine Antiquitäten zu sehen gibt.

In Delle Vittorie befinden sich ein paar gute Geschäfte,
ein ausgezeichnetes Restaurant namens Micci, das die
besten Rigatoni mit Auberginen außerhalb Siziliens
kocht, viele Häuserblocks mit großen, manchmal auch
eleganten Palazzi vom Ende des letzten Jahrhunderts
sowie ein paar breite Alleen. Das Viertel wird hauptsächlich von der Mittelschicht bewohnt. Es ist behaglich und
ein wenig langweilig, und bis zu jenem Morgen hätte ich
es auch als sicher bezeichnet.

Ich ging zurück zur breiten Piazza Mazzini mit dem

kleinen Park, an dem tagsüber gelbe Taxis und Umzugs-
wagen auf Kundschaft warten, und blieb im hellen Licht
eines eleganten Schaufensters stehen. Zu müde, um klar
denken zu können, bekam ich plötzlich Angst. An welchen Ort war ich nur zurückgekehrt? Als ich mich nach
der Trennung von meinem Mann nach New York abgesetzt hatte, hatte ich mich auch von meiner familiären
Verantwortung gelöst. Ich war zu weit weg, um mich mit
den Problemen zu beschäftigen, die meine Eltern möglicherweise hatten. Wenn ich ungefähr einmal im Monat
zu Hause anrief, erklärte mir Mamma immer, alles sei in
Ordnung, allen gehe es gut, ich solle mir keine Sorgen
machen. Manchmal erwähnte sie den Namen Carlos. Er
hatte sie zum Essen ausgeführt. Er hatte ihr zum Namenstag am elften Juli etwas geschenkt, was ich natürlich
vergessen hatte. Ich drückte mich am Telefon stets davor,
weiter in ihre Angelegenheiten hineingezogen zu werden.

In jenen kurzen Gesprächen, in denen meine Mutter
mich immer wieder auf die Kosten hinwies und mir sagte,
ich solle doch lieber schreiben, nahm mein Vater Gigi oft
den Hörer des anderen Apparates in die Hand und pfiff
die ersten paar Töne von *Eine kleine Nachtmusik*. Als Baby
war ich mit dieser Musik in den Schlaf gewiegt worden.

»*Mi manchi*«, sagte er jedesmal.

»Ich vermisse dich auch, Gigi«, sagte ich dann. »Und
Mamma auch.« Aber eigentlich vermißte ich sie nicht.
Anfangs war ich zu sehr damit beschäftigt, mir selbst leid
zu tun, und dann, als ich begann, mich im New Yorker
Leben zurechtzufinden, verbannte ich sie als Teil meines
transatlantischen Lebens über den großen Teich. Sie

gehörten einer Vergangenheit an, über die meine neuen amerikanischen Freunde nur wenig wußten und mit der sie auch nur wenig anfangen konnten. Ich fuhr einmal im Jahr zurück, um meine Eltern zu besuchen, aber mein Vater wußte, daß ich in Rom noch immer unruhig war. Nach ein paar Tagen, in denen ich alle meine alten Freunde wiedertraf, fuhr Gigi mit mir und der ganzen Familie weg. Wir reisten in die Provence, ein andermal an die Amalfi-Küste, nach Österreich und in die Schweiz. Diese fröhlichen Ferien hatten nichts mit dem Alltagsleben zu tun. Sobald ich wieder in New York war, traten meine Eltern in den Hintergrund.

Und jetzt war ich in Rom, um mich mit ihren Problemen zu beschäftigen. Das machte mir angst. Die Frau, die ans Telefon meines Vaters gegangen war, erschreckte mich. Tamars Tod erschreckte mich. Perillo und seine Fragen erschreckten mich. Carlo erschreckte mich.

Ich brauchte Schlaf.

Ich verließ das Schaufenster, in dem apricotfarbene Seidenblusen ausgestellt waren, und ging hastig an einer Reihe von Eichen vorbei. Auf der breiten Straße waren überall Autos geparkt. Unter einem Auspuff schrie eine rollige Katze. Ein schwarzes Fellknäuel huschte an mir vorbei. Ein Kellner stapelte Stühle vor dem Antonini, einer schicken Bar, in der es ein paar der besten und teuersten *spuntini* – Snacks – der Stadt gab.

»*Buonanotte*«, rief er mir zu.

»*Buonanotte.*« Ich ging an dem Blumenstand an der Ecke vorbei, an dem ich Nonna vor vier Jahren, nach dem Kauf meines Tickets nach New York, einen Strauß Pfingstrosen gekauft hatte. Auf der anderen Straßenseite befand sich der überdachte Markt, wo ich den Lammbraten für das Abschiedsessen, das Mirella für mich gab, gekauft hatte. Ich atmete tief durch, beschwor die süßen Düfte von Blüten und Früchten, von Käse und Brot herauf, die jeden Morgen über der Straße hingen. Vor meinem geistigen Auge sah ich den einbeinigen Kriegsveteranen in der Ecke Stühle flechten. In Gedanken durchwühlte ich die Tischdecken und die Unterwäsche des Verkaufsstandes daneben. Mein altes Leben hatte mich wieder.

»Bis morgen früh«, sagte eine tiefe Männerstimme.

»Ciao, Gorbi.«

»Ciao, Nikki.«

Ich blieb stehen, als ich Mirellas Stimme hörte. Ein Eisentor schwang knarrend auf. Ein großer Hund schlüpfte hindurch und schnupperte an meiner Hand. Ich konnte kaum erkennen, daß Nikki ein Deutscher Schäferhund war, denn die Straßenlaternen reichten bis in die Baumkronen.

Der Mann schloß das Tor hinter sich und überquerte pfeifend die Straße. Der Hund sprang ihm nach. Ich öffnete das Tor und rief: »Mirella?« Dann betrat ich ein unkrautübersätes, niedergetretenes Stück Erde, das sich, von einer Mauer eingefaßt, über den ganzen Häuserblock erstreckte und von unterschiedlichen Organisationen des Viertels für sich beansprucht wurde. Schon seit Jahren trugen die Hunde der Gegend den Sieg davon. Mirellas Haus befand sich auf der anderen Straßenseite, hinter den Platanen der Viale Angelico, der himmlischen Straße, die früher die Pilger zum Petersdom geführt hatte.

Gorbi drückte sich mit einem glitschigen Tennisball im

Maul gegen meine Knie und bettelte, daß ich ihn so weit warf, wie ich konnte.

»Ciao, Simona. Danke, daß du Bacchus aus dem Haus gelockt hast.« Mirella saß mitten auf dem Kiesplatz auf etwas, das aussah wie ein alter, durchgesessener dunkler Sessel. Nur ihr Gesicht und ihre Hände waren zu erkennen. »Nonna kann wirklich unmöglich sein.«

Ich zog den Ball aus Gorbis Maul und warf ihn ganze sieben Meter weit. Ich hätte schwören mögen, daß er enttäuscht aussah.

»War's schlimm?« fragte Mirella.

»Nein, es war mir nur irgendwie zuviel.« Ich setzte mich neben sie auf einen ähnlichen Stuhl. »Aua.« Mein Hintern landete auf Kies.

»Paolo, das ist der Mann, dem du grade begegnet bist, der Besitzer von Nikki, hat uns die Sessel besorgt. Der staubt gern altes Zeug ab.« Ihre Stimme klang fast zärtlich.

»Ein Verehrer?« Meine Mutter wünschte sich seit Urzeiten einen Mann für Mirella, die seit achtundzwanzig Jahren nur mit Nonna und Luca zusammenlebte.

»Ich habe bereits einen Verehrer«, sagte Mirella.

»Aha!« Ich atmete tief durch. Mirella trug Granatapfelparfüm aus einer Apotheke in Florenz, die es schon seit der Renaissance gab. Zu meinem zwölften Geburtstag hatte sie mir Spitzentaschentücher mit diesem Duft geschenkt. »Und wer ist das?«

»Wir treffen uns morgen alle oben auf dem Bauernhof zum Palmsonntagsessen. Das war Nonnas Idee. Ich würde am liebsten absagen, aber Nonna will nichts davon hören. Er wird dir gefallen.« Sie legte ihre Hand auf meinen

66

Schoß. »Deine Mutter wollte noch aufbleiben, bis du zurückkommst, aber sie war müde.«

Jenseits der Mauern um den Hundepark floß der nächtliche Verkehr mit sanftem Dröhnen vorbei. Eine kühlere Brise wehte vom Meer herüber. Ich schloß die Augen und lehnte mich zurück. Die Gerüche und die Geräusche Roms. Ob mir das gefiel oder nicht: Ich war zu Hause.

»Olga ist überzeugt davon, daß Tamar nicht wegen ihrer Tasche umgebracht worden ist.«

»Der Meinung ist Bacchus auch«, sagte ich. »Ich glaube, daß sie sich beide täuschen. Wir wissen nicht, was sie in der Tasche hatte.« Ich richtete mich auf. »Können wir über meine Eltern reden?«

»Olga hat mir das Versprechen abgenommen, daß ich das nicht tun würde.« Ich spürte, wie eine Hand mir die Haare aus der Stirn wischte. »Laß ihr ein bißchen Zeit. Sie ist noch nicht soweit – weder für dich noch für irgend jemanden sonst.« Die Hand hörte mit ihren Bewegungen auf. »Was hat der Commissario gesagt?«

Vermutlich hatte meine Mutter das Recht, als erste von der Frau am Telefon zu erfahren, wenn sie es nicht ohnehin schon wußte. Außerdem merkte ich, daß ich mich schämte. »Perillo hat Fragen über Carlo und Tamar gestellt. Ich weiß nichts. Ich habe seit Jahren nichts mehr mit Carlo zu tun. Waren die beiden eng befreundet?«

»Sie hat ihn bewundert. ›Carlo hat mir dieses gesagt, Carlo hat mir jenes gesagt‹, so ging das die ganze Zeit. Vielleicht hat sie für ihn geschwärmt. Luca hat ihre Freundschaft jedenfalls nicht sonderlich gefallen.«

»Auf wessen Fest haben sich die beiden kennengelernt?«
Carlo hatte Ispettore Rolfi nichts Näheres darüber erzählt.

Mirella erklärte mir, daß Carlo einen Dokumentarfilm über italienische Museen geschnitten habe, den ein gewisser Arthur Hensen finanziert hatte. Dieser Hensen war Amerikaner, leitender Mitarbeiter der Hensen Group International und Eigentümer von La Casa dell'Arte, wo Mirella unterrichtete und Tamar die Kurse besucht hatte. »Artuur«, wie sie ihn unbeirrbar nannte, hatte in La Casa ein Fest anläßlich der Fertigstellung des Films veranstaltet.

»Ein wichtiger Beamter vom Kultusministerium war da. Er hat den Abend toll gefunden. Ein anderes Wort ist ihm nicht eingefallen. Carlo hat Tamar an dem Abend kennengelernt. Sie haben sich auf Anhieb verstanden.«

»Wann war das?«

»Vor einem Monat. Tamar hat den ganzen Abend mit der Videokamera aufgenommen. Wir haben alle großen Spaß gehabt. Es ist dir wahrscheinlich sehr schwergefallen, dich von Carlo zu trennen. Er ist einfach so charmant. Tamar hat das sehr hübsch ausgedrückt: ›Er gibt mir das Gefühl, wichtig zu sein‹, hat sie gesagt.«

»Ja, das kann er wirklich. Bei allen.«

»Tut mir leid, Simona. Ich wollte nicht … Ich glaube wirklich nicht, daß Tamar das sexuell gemeint hat.«

»Das ist eine alte Geschichte, mach dir keine Gedanken darüber. Merkwürdig ist nur, daß Carlo Perillo gesagt hat, er hätte Tamar schon seit drei Monaten gekannt.«

Mirella rutschte unruhig auf ihrem Sessel herum. »Nein, das kann ich mir nicht vorstellen. Er hat sie auf der Party kennengelernt. Es war deutlich zu sehen, daß sie sich das erste Mal begegnet sind.«

Wer log da? War das wichtig?

»Tamar hat sich so große Mühe gegeben, es allen recht zu machen«, sagte Mirella. »Man mußte sie einfach mögen oder doch zumindest Mitleid mit ihr haben.«

»Nonna hat sie eine Hure genannt.« Ich stellte mir vor, wie schön es wäre, eingehüllt in Mirellas Stimme und ihr Granatapfelparfüm einzuschlafen.

»Nonna schockiert gern die Leute, und außerdem ist sie eifersüchtig. Sie glaubt, außer Nonna und Mirella braucht Luca keine Frauen in seinem Leben.«

Das klang nicht nach der Nonna, die mich gedrängt hatte, nach Amerika zu gehen, aber schließlich war ich auch kein Enkelsohn. »Perillo hat gesagt, Tamar sei drogensüchtig gewesen.«

Mirella hob den Kopf. »Tatsächlich?« Sie klang merkwürdig hoffnungsvoll.

»Allerdings hat man keine Spuren von Drogen in ihrem Körper gefunden.«

»Und woher wußte Perillo dann …? Ach so, die Einstiche.« Mirella sank seufzend in ihren Sessel zurück. »Das Drogenproblem in dieser Stadt ist sehr groß. Die Reichen und die Mittelschichtskinder sind die schlimmsten. Ihnen stehen alle Wege offen, aber … Es ist einfach schrecklich. Mit Luca habe ich wirklich Glück. Er ist ein guter Junge, aber er ist zornig wegen Tamars Tod. So geht er mit allen Dingen um, die ihm nicht behagen. Er faßt alles als persönliche Beleidigung auf. Das hat er von seinem Vater. Ich wollte nicht, daß der Commissario ihn so sieht. Der kommt sonst vielleicht auf die Idee, daß

69

Luca nicht trauert. Ich weiß, daß Nonna und ich ihn verhätschelt haben. Er ist genauso hübsch wie sein Vater.«

Ich hatte mich nie für Luca erwärmen können. Er war zu mißmutig, ging kaum jemals aus sich heraus, und seine linken Schmähreden trieben mir das Wasser in die Augen. Wenn ich mir um ihn Gedanken machte, dann nur wegen Mirella.

»Perillo hat etwas von einem amerikanischen Geschäftsmann erwähnt, der sich für Tamars Tod interessiert.«

»Das ist Artuur!« Mirella zupfte mich am Arm. »Der ist wirklich sehr großzügig und herzlich wie die meisten Amerikaner.«

»Also ist er dein Verehrer.«

»Ich glaube schon. Ja. Er lebt seit einem Jahr in Rom, und in der ganzen Zeit ist er … nun, ausgesprochen nett zu mir gewesen. Artuur konnte Tamar gut leiden. Er hat einmal sogar gesagt, er würde vielleicht versuchen, Tamar zu adoptieren. Sie hat ihn bewundert.«

Gorbi bellte vom anderen Ende des Parks herüber, wo er herumbuddelte. Sein weißer Körper mit den dunklen Flecken glänzte in der Dunkelheit.

»Artuur hat auch die Kurse für sie bezahlt. Gorbi! Bitte! Die Nachbarn.«

»Sagt dir das Wort *doni* etwas?« fragte ich. »Das hat Tamar gesagt, bevor sie gestorben ist.«

»Oh, tut mir leid, Simona. Sch! *Zitto* Gorbi!«

Ich hob den Kopf. »Was tut dir leid?«

»Dein Geburtstagsgeschenk. Der achte März. Ich hab dir schon seit Jahren nichts mehr geschenkt. Tamar hat angerufen und mir gesagt, sie würde es dir von La Casa mitbringen. Wahrscheinlich war es in ihrer Tasche. Tamar wollte dir auf Italienisch sagen, daß sie dein Geschenk dabeihatte.«

»Wie lieb von dir, Mirella.« Ich war gerührt. »Aber ich glaube nicht, daß Tamar in dem Moment an Geschenke gedacht hat.«

Gorbi hörte auf zu bellen und trottete mit hocherhobenem Kopf auf uns zu, eine Trophäe im Maul. »Gibt's einen Tony oder einen Doni in der Schule?«

Mirella richtete sich auf. »Ja, ein Name. Das ist ein guter Gedanke. Letztes Jahr hatten wir drei Tonys, und dieses Jahr haben wir fünf Bills und einen Tony, der nach der Weihnachtspause nicht mehr aufgetaucht ist. Tut mir leid wegen dem Geschenk.« Sie winkte den Hund heran. »Tamar hat eine hübsche Skizze von einem neuen Foto gemacht, das Olga mir geliehen hat. Darauf siehst du aus wie eine Madonna von Leonardo.«

Ich mußte lachen. »Na so was!«

Ich sehe ganz nett aus, wenn ich lächle, das muß ich ziemlich unbescheiden zugeben. Ich habe ein ovales Gesicht, olivenbraunen Teint, jede Menge dunkelbraune, schulterlange, widerspenstige Haare, mittelbraune Augen, die beim Essen, in romantischen Situationen und beim Sex aufblitzen. Ich bin einssechzig, wenn ich den Hals recke. In Italien habe ich das richtige Gewicht, für amerikanische Verhältnisse wiege ich fünf bis zehn Pfund zuviel, je nachdem, wie negativ ich mich selbst einschätze, wenn ich darüber nachdenke.

»Tamar muß sehr talentiert gewesen sein«, sagte ich.

»Sie war die beste Schülerin, die ich je gehabt habe, und ich wünschte … Gorbi, was ist denn das?« Mirella streckte die Hand nach Gorbis Maul aus, um ihm sein gerade gefundenes Spielzeug wegzunehmen. Sie schrie auf.

Ich sprang auf. »Hat er dich gebissen?«

»Nein, ich weiß nicht. Nein.« Sie sah ihre Hand an. Gorbi ließ seinen Fund stolz in ihren Schoß fallen. Mirella erschauderte, und ich beugte mich hinüber, um besser zu sehen. Auf dem blauen Wollrock lag ein langes, blutiges Messer.

6

… wahrscheinlich hat eine starke Hand schon vor langer Zeit das römische Temperament mit einer Vorliebe für »Streiche« – je einfallsreicher, desto besser – versehen.

HENRY JAMES, *Italian Hours*

Ich bringe das Messer nicht zur Polizei!« versuchte Mirella am nächsten Morgen beim Frühstück die Kaffeemühle zu übertönen. »Die denken doch sonst, wir hätten sie umgebracht.« Sie trug einen beigefarbenen Hosenanzug und ausgelatschte Filzpantoffeln, und die grauen Haare hingen ihr ins Gesicht. Unter den Augen hatte sie grünliche Ringe und Tränensäcke, weil sie nicht viel geschlafen hatte.

Wir alle hielten das Messer für die Tatwaffe. Es war genau siebenundzwanzig Zentimeter lang. Ich hatte es selbst abgemessen und dabei tunlichst nicht berührt.

»Genau das werden sie denken, wenn du's nicht machst.« Ich biß in eine Scheibe weißer *focaccia*, die meine Mutter mir hergerichtet hatte, bevor sie zur Palmsonntagsmesse gegangen war. In Rom sagen wir *pizza bianca* dazu. Die Schnitte war ausgetrocknet, denn meine Mutter war bereits verschwunden, als ich aufwachte.

»Der Tiber ist der richtige Ort für dieses Messer. Da liegt schon genug Müll drin.« Nonna nuckelte, ein wenig über

73

ihren Stuhl gebeugt, an Orangenschnitzen. »Hast du die Möwen gesehen? Wir haben jetzt sogar Möwen in Rom. Das kommt von dem Dreck im Tiber.« Ihr Gebiß hatte sie in der Tasche ihres Bademantels. Draußen weckte der Hirtenstar eines Nachbarn mit seinem fröhlichen Pfeifen alle Hausbewohner auf. Unsere Fenster führten auf einen sonnigen Innenhof mit Palmen, Feigenbäumen und einer riesigen Magnolie, die das Gangfenster einrahmte. Aus der Ferne hörte ich Kirchenglocken.

Die Küche war ein großzügiger, freundlicher Raum mit alten, achteckigen, schwarz-roten Fliesen, die holprig den Boden bedeckten, mit einer langen, grauen Marmorspüle gleich neben dem Fenster, in der sich die abgespülten und getrockneten Teller vom Vorabend stapelten, und mit alten Schränken, auf denen sich ganze Generationen von gelblich-weißen Farbschichten befanden. Am Herd splitterte das weiße Email an den Ecken ab, der Kühlschrank hingegen war neu. Auf dem schmalen Fensterbrett stand der Winterkräutergarten – Basilikum, Rosmarin, Oregano und ein paar Büschel Estragon. Die Wände hatte Mirella mit der hügeligen, olivenbestandenen Weinberglandschaft von Nonnas *casale* bemalt, ihrem kleinen Hof oben in Magliano Sabino.

Mirellas Sohn Luca saß in der Küche unter einer an die Wand gemalten, vollreifen purpurfarbenen Rebe. »Mamma, das Messer kann man in jedem Upim oder Standa kaufen.« Er trank Milchkaffee aus einer Tasse so groß wie ein Motorradhelm. »Wieso bist du dir so sicher, daß es dir gehört?«

»Der Griff.« Mirella nagte an ihrer Unterlippe. Sie stand beim Herd und war gerade damit beschäftigt, noch eine kleine Kanne Espresso zu kochen. »Der ist angebrannt. Das war Nonna, an Weihnachten, erinnerst du dich nicht mehr?«

»Immer sind die Mütter schuld.« Nonna ließ einen ausgesaugten Orangenschnitz in Gorbis offenes Maul fallen. »Du hast's im Ofen vergessen, ich hab's gerettet, bevor's vollends geschmolzen wäre. Ohne mich würde Mirella wahrscheinlich noch ihren Kopf vergessen. Aber das macht sie nur noch liebenswerter für mich. Ich bin gern unentbehrlich.«

Mirella straffte die schmalen Schultern. »Der Griff hat außerdem eine Kerbe, weil Gorbi dran rumgenagt hat.«

»*Sicuro*«, sagte Nonna. »Der hat's für einen angebrannten Braten von dir gehalten. Und jetzt wirf das Ding in den Tiber!«

Luca lehnte sich auf seinem Stuhl zurück, die Hände um seine riesige Tasse gewölbt. Er trug noch immer Pyjama und Bademantel. »Das hätte jeder klauen können. Hier geht's ja zu wie an der Stazione Termini; es wimmelt ständig von Leuten in der Wohnung. Außerdem wissen wir überhaupt nicht, ob Tamar mit diesem Messer umgebracht worden ist. Es ist ein blutiges Messer, mehr nicht. Ein paar Häuser weiter gibt's auch einen Metzger.«

»Deine Freunde!« Mirella setzte sich mit besorgtem Gesicht auf einen Hocker. Gorbi ließ verloren den Kopf über den Rand seines Korbs in der Ecke hängen.

»Mein Gott, Luca«, sagte Mirella, »du glaubst doch nicht …«

»*Cristo*, Mamma, hab doch ein bißchen Vertrauen. Außerdem sind meine Freunde schon seit zwei Wochen nicht mehr dagewesen, nicht mehr, seit Olga hier eingezogen ist.« Er wirkte verärgert.

Nonna musterte ihn mit scharfem Blick. »Du meinst, seit dieser schmutzige Amerikaner hier aufgetaucht ist.«

Mirella wedelte mit einem Topflappen herum, der ihr dabei herunterfiel. »Ich habe durchaus Vertrauen, Luca *tesoro*, aber wer sonst …« Die Kaffeekanne auf dem Herd fing zu blubbern an. Mirella griff danach und schrie auf.

»Ich mach das schon.« Ich nahm den gehäkelten Topflappen in die Hand und zog die Kaffeekanne vom Gas. »Der Commissario wird fragen, wer alles hier in der Küche war und sich das Messer nehmen konnte.« Es war jetzt Viertel nach neun. Luca mußte in fünfundvierzig Minuten in Perillos Büro sein.

»Wann habt ihr das Messer zuletzt gesehen?« Ich hatte bereits am Vorabend versucht, Mirella ein paar Fragen zu stellen, doch sobald sie das Messer gesehen hatte, war sie nicht mehr in der Lage gewesen, etwas Vernünftiges zu sagen. Auf dem Nachhauseweg hatte ich sie daran hindern müssen, es in den Müllcontainer zu werfen. »*La notte porta consiglio*«, erklärte ich Mirella, genau das also, was Commissario Perillo mir gesagt hatte. Die Nacht hatte nur erschreckende Gedanken gebracht.

»Luca, erinnerst du dich noch, wann du es das letzte Mal gesehen hast?« Ich füllte Nonnas Tasse nach.

Luca stippte das eine Ende seines *cornetto* in den Milchkaffee. Sein Gesicht wirkte angespannt und müde. »Wieso sollte ich mich an ein Messer erinnern?«

»Tja, ich erinnere mich schon noch.« Nonna nickte mit ihrer spitzen Nase in meine Richtung. »Das Mädchen hat am Freitag auf dem Klavier einen ziemlichen Verhau damit angerichtet. Sie hat Kreppapier für das Schulfest zerschnitten, das gestern abend stattfinden sollte und von Mirella abgesagt worden ist.«

Mirella wirbelte herum. »Das Mädchen ist tot! Und am liebsten würde ich das Mittagessen heute auch ausfallen lassen. Der Gedanke an Essen ist einfach obszön.«

Lucas Gesicht wurde aschfahl.

Nonna schenkte keinem von ihnen Beachtung. »Wahrscheinlich hat sie das Messer mitgenommen, um damit ein paar Katzen den Bauch aufzuschlitzen. Es gibt fast keine Katzen mehr in Rom. Ist euch das schon aufgefallen? Früher hab ich mindestens dreißig gefüttert; jetzt hab ich bloß noch zwei. Irgend jemand rottet sie aus. Wenn's nach mir ginge – ich würde den Politikern den Bauch aufschlitzen!«

Ich sah Mirella an. Gorbi leckte ihre verbrannten Finger. »Wir haben das Abendessen am Freitag gemacht, am Tag, bevor du gekommen bist«, sagte sie. »Wahrscheinlich hab ich das Messer da verwendet. Oder deine Mutter. Sie hat Kalbsbraten gemacht. Es ist das einzige Messer, das richtig schneidet.« Sie zuckte bei ihren eigenen Worten zusammen.

Nonna steckte ihr Gebiß in den Mund. »Tamar hat das Messer mitgenommen und es irgend so einem *delinquente* gegeben!«

»Hör auf, an ihr rumzunörgeln!« rief Luca und ließ die Vorderbeine seines Stuhls auf den Boden knallen. »Sie ist tot!«

»Sch, Luca«, flüsterte Mirella. »Hab ein bißchen Respekt.«

»Ich veranstalte das Mittagessen heute«, sagte Nonna. »Es ist mein Hof. Ich treffe dort die Entscheidungen. Ich erwarte, daß ihr alle kommt.«

Luca beugte sich zu Nonna vor. »Du bist alt, gemein und eifersüchtig«, sagte er mit kaum hörbarer Stimme.

Nonna nippte an ihrem Kaffee.

»Tu nicht so, als ob du nichts hörst«, sagte Luca ziemlich böse. »Du hast verdammt scharfe Ohren, Nonna. Du lauschst hinter Türen. Mir machst du nichts vor.«

»*Basta,* Luca!« Mirella zog ihn zurück.

Luca wand seinen Arm aus ihrem Griff und verließ den Raum. Soweit ich sehen konnte, liebte er dramatische Abgänge. Nonna hob lächelnd die Tasse an die Lippen. Sie freute sich über die allgemeine Aufmerksamkeit.

»Mirella, wer war bei dem Abendessen da?« Ich ertappte mich dabei, daß ich hoffte, Carlo sei nicht unter den Gästen gewesen.

»Alle. Du wirst sie alle heute noch auf dem Hof treffen.« Dabei tätschelte sie Nonna mit unglücklichem Gesicht den Arm.

»Der Hof ist das einzige, was wir noch haben.« Nonnas Blick glitt über die bemalten Wände.

»Carlo?«

»Ja, Carlo auch«, antwortete Mirella. »Tamar wollte, daß er dabei ist«, fügte sie hastig hinzu. Wahrscheinlich schwindelte sie mir etwas vor, weil sie wußte, daß es mir nicht paßte, wie meine Mutter immer noch an ihm hing. »Es war Artuurs Geburtstag. Der zweiundsechzigste.«

Nonna schlug mit der Hand auf den Tisch. »Heute ist mein Fest!« Dabei sah sie ein bißchen verblüfft aus, wie

78

das bei alten Leuten oft der Fall ist. Wahrscheinlich rührt das nur daher, daß sie versuchen, besser zu sehen, aber ich werde den Verdacht nicht los, daß sie erstaunt darüber sind, wie schnell ihnen die Zeit durch die Finger rinnt.

»Carlo ist nicht eingeladen«, sagte Nonna. »Aber du schon.«

»Danke.«

Mirella sah mit zusammengekniffenen Augen auf ihre Armbanduhr und erhob sich. »Luca, es wird Zeit!« Dann begann sie, den Tisch abzuräumen. »Artuur ist zwei Jahre jünger als ich. In unserem Alter macht das nicht viel Unterschied, meint ihr nicht auch?«

»Und außerdem ist er Jahrhunderte reicher«, fügte Nonna hinzu, bevor ich etwas sagen konnte. »Und das macht sehr wohl einen Unterschied. Der wird dir eine neue Waschmaschine kaufen.«

»Du hast ihn doch nicht darum gebeten, oder?« Mirella sah sie mit großen, haselnußbraunen Augen drohend an. »Nein, das hast du nicht!«

»Laß mich das machen, Mirella.« Ich nahm ihr Lucas Tasse aus der Hand. Würde Commissario Perillo glauben, Carlo habe das Messer gestohlen? »Ich mache sauber.« Warum machte ich mir Gedanken darüber, was Carlo tat oder nicht tat?

»Hatte Tamar ein Geschenk für Arthur in ihrer Tasche?« fragte ich.

Ohne Beschäftigung sah Mirella verloren aus. »Keine Ahnung. Warum?«

»Wenn Tamar nur ein Geschenk in der Tasche hatte, hätte sie ›dono‹ im Singular gesagt.«

»Wer weiß schon, was sie gesagt hat.« Nonna hob einen
Arm, um uns zu signalisieren, daß wir ihr aus dem Sessel
helfen sollten. Gorbi flitzte bellend aus der Küche. »Sie
hatte einen grauenhaften Akzent. Ja, ich habe ihn um
eine Waschmaschine gebeten. Um eine AEG, das sind die
besten.« Ein Schlüssel wurde laut im Haustürschloß her-
umgedreht.

»Wie konntest du nur?« Mirella sank in sich zusammen.
Der Schlüssel drehte sich weiter, und Gorbi bellte weiter.
Römische Türen strotzen nur so vor stabilen Schlössern,
die Diebe abschrecken sollen. Deshalb kann es ziemlich
lange dauern, bis man aufgesperrt hat. Pech, wenn man
dringend auf die Toilette muß.

»Jemand muß sich um euch kümmern«, sagte Nonna
und hakte sich bei uns unter. »Ihr selber könnt das nicht
so gut.«

Schließlich erschien meine Mutter mit einem Pappkar-
ton voller Backwaren in der Küchentür. Gorbi ließ sich
nach großem Trara zu ihren Füßen nieder. »Mirella, du
solltest dich noch mal kämmen, bevor wir zur Polizei
gehen. Ich hab den Wagen unten vor der Tür abgestellt.«
Sie stellte den Karton mit den Backwaren in sicherem
Abstand von Gorbi auf den Kühlschrank und löste Mirella ab, die zusammen mit mir Nonna gestützt hatte. Mirella rannte, die Filzpantoffeln auf dem Boden platschend,
in ihr Zimmer.

»Du bleibst also nicht hier bei mir?« Ich half meiner
Mutter, Nonna ins Wohnzimmer zu führen.

»Zur Polizei würde ich niemanden allein gehen lassen.«
Sie wußte Bescheid über das Messer und wich mir wieder
einmal aus.

80

Wir setzten Nonna in ihren Sessel, und Mamma legte ihr die Sonntags-*Repubblica* auf den Schoß.

»Kein Olivenzweig?« fragte Nonna meine Mutter.

»Ich bin nicht in der Kirche gewesen.«

»Nein?« Ich kam mir vor wie ein enttäuschtes Kind.

Sie preßte die Lippen zusammen. »Gott und ich haben uns im Moment nicht allzuviel zu sagen.«

»Ich hab gedacht, du bist in die Santa Maria sopra Minerva.« Als ich aufgewacht war und sie nirgends gefunden hatte, hatte ich angenommen, daß sie in die Kirche in der Via Monterone, im Herzen von *Vecchia Roma*, dem alten Rom, gegangen war, wo wir früher gewohnt hatten. Mein Vater hatte die Siebenzimmerwohnung vor zehn Jahren verkauft, als er sich nach Rocca di Papa zurückgezogen hatte. »Du lebst jetzt bei Carlo«, hatte er wenige Monate, bevor meine Ehe zerbrochen war, gesagt. »Es hat keinen Sinn, leere Zimmer zu behalten.«

»Völlig richtig«, hatte ich erwidert, weil ich wußte, daß er das Geld brauchte, um seine Beamtenpension ein wenig aufzubessern. Meine Mutter hatte nichts gesagt, doch ich merkte, daß sie ziemlich durcheinander war deswegen. Immer wenn sie sich sonntags in Rom aufhielt, ging sie zurück in die Kirche, wo sie sich vor die Carafa-Kapelle mit den anmutigen Fresken von Filippino Lippi setzte. Danach kaufte sie an einer Ecke der nahegelegenen Piazza Sant'Eustachio Pralinen und überquerte den kleinen Platz mit dem Kopfsteinpflaster, um sich den besten Kaffee Roms in der Bar Sant'Eustachio zu gönnen.

Als wir uns während des Frühstücks über das blutige

Messer unterhielten, hatte mich der Gedanke daran, daß meine Mutter ihr römisches Sonntagsritual absolvierte, beruhigt.

Anscheinend erriet sie meine Gedanken. »Ich bin letzten Sonntag gegangen. Die Carafa-Kapelle ist von oben bis unten mit Plastik verdeckt. Die renovieren.«

»Eine Renovierung könnte ich auch vertragen!« Nonna schaltete das Radio ein, wo gerade die Nachrichten liefen.

Mamma lächelte. »Der Kaffee dort ist immer noch der beste.«

»Andreotti hat soeben schriftlich erklärt, daß die Anschuldigungen gegen ihn völlig unbegründet und absurd sind.« Die tiefe Stimme des Sprechers zitterte vor Erregung. »Jetzt muß der Senat entscheiden, ob die Beweise ausreichen, um die Immunität des Mannes aufzuheben, der siebenmal Premierminister dieses Landes gewesen ist, und ob die Richter in Palermo ihre Ermittlungen weiterführen dürfen.«

Nonna lachte. »Das macht genausoviel Spaß wie damals bei den Roten Brigaden.«

Meine Mutter dirigierte mich zurück in den Flur. »Hilf ihnen.« Ihr Gesicht wirkte sanft und müde. Und hilfsbedürftig.

»Ich bin da, um dir zu helfen.«

»Danke, aber der Tod des Mädchens ist wichtiger. Wir sind jetzt alle Verdächtige.« Sie berührte leicht meine Wange, eine Geste, die ich gern verlängert hätte. Plötzlich glaubte ich zu verstehen.

»Du möchtest eine Klärung.«

Sie erstarrte; plötzlich sah sie aus, als habe sie Angst. »Ich hab Geschichten mit offenem Ende noch nie leiden können.«

»Ich weiß.« Ich nahm sie in den Arm. Wovor hatte sie Angst? Vor meinem Vater? Vor der Polizei? Ich bekam eine Gänsehaut und hielt sie noch fester. »Ich versuch's, Mamma.«

»Mirella! Luca!« rief sie und wand sich aus meiner Umarmung. »Vergeßt nicht, das Messer mitzunehmen!«

7

*Sie hatte die Geschichte immer schon ge-
liebt, und hier steckte die Geschichte im
Pflaster der Straße und den Atomen des
Sonnenscheins.*

HENRY JAMES, *Bildnis einer Dame*

Was wird der blöde Commissario machen?« fragte Nonna, sobald die Haustür sich geschlossen hatte, und fingerte an einem ihrer Korallenohrringe herum.

»Er wird einen Test machen lassen, um zu sehen, ob das Blut von Tamar stammt. Es könnte ja sein, daß es gar nicht von ihr ist.« Ich hielt ihr zur Ablenkung die Tarotkarten hin.

»Als ob morgen die Sonne nicht aufgeht.« Sie begann, die Karten zu mischen. Ich ging zum Telefon im Flur hinaus.

»Ich weiß, was in Tamars Tasche war!« rief Nonna. Ich wählte die Nummer meines Vaters. »Augenblick, Nonna.« Gorbi wandte winselnd den Kopf in Richtung Tür.

»Komm rein zu mir«, brüllte Nonna. »Ich kann in meinem Alter nicht mehr so schreien.« Im Radio liefen in voller Lautstärke die neuesten Popsongs.

Es ging niemand ans Telefon. Als ich Mirellas Autoschlüssel auf dem Tisch entdeckte, legte ich auf.

»Leonardo«, sagte Nonna.

Ich wollte einen kurzen Ausflug in die Albaner Berge machen, um zu sehen, ob mein Vater zu Hause war, konnte aber Nonna nicht allein lassen. Also streckte ich den Kopf ins Wohnzimmer. »Wer bleibt bei dir, wenn Mirella arbeitet?«

»Niemand.« Die Tarotkarten lagen mit den Bildern nach oben auf dem Beistelltischchen. Obenauf befand sich der Page der Kelche. »Ich komme wunderbar zurecht. Siehst du?« Nonna stand ohne Stock auf und ging, den Kopf schräggelegt, langsam ein paar Schritte auf und ab. »Ich geh jeden Tag die vier Stockwerke rauf. Das hält mich gesund.«

Ich lächelte. »Warum hast du dann in der Küche die Hilflose gespielt?«

»Siehst du den Pagen der Kelche?« Nonna deutete auf das Beistelltischchen. »Aufrecht bringt er Glück.«

»Aber er steht auf dem Kopf.«

Ihre wäßrigen Augen glänzten. »Dann wird bald ein Betrug aufgedeckt.«

Ich lachte. »Du bist unverbesserlich.«

»Und niemals hilflos«, fügte sie hinzu. »Und jetzt komm rein und hör mir zu.« Sie setzte sich gebeugt auf das Klavierbänkchen, die beringten, arthritischen Finger auf den Elfenbeintasten.

Ich verharrte an der Tür. Um diese Zeit, bevor alle ihren Sonntagmorgenausflug machten, könnte ich in einer Stunde wieder von Rocca di Papa zurück sein.

»Leonardo«, sagte Nonna. »Diese *sgualdrina* hat ihn gefunden.« Mit zögernden Fingern griff sie das neue Lied im Radio auf – Whitney Houstons »I Will Always Love

You« – und sang dazu. Auf Italienisch klang das merkwürdig.

»Hey, das ist richtig gut«, sagte ich und setzte mich neben sie aufs Klavierbänkchen. Ich konnte sie nicht allein lassen, jedenfalls nicht, ohne zuerst mit Mirella gesprochen zu haben. »Was für ein Leonardo?«

»Früher, bevor meine Finger eingerostet sind, hab ich alle Lieder nach dem Gehör nachgespielt. Luca hat recht. Ich habe wirklich scharfe Ohren. Deswegen weiß ich über den Leonardo Bescheid.«

»Wovon sprichst du?«

Nonna schloß den Deckel der Tastatur. »Verdammtes Klavier! Made in Korea! In diesem Haus gibt's nie genug Geld.« Sie stützte die Ellbogen auf dem Tastaturdeckel ab und sah mit ihren wäßrigen Augen durch mich hindurch. »Mein Großvater hatte einen Steinway-Flügel. Als kleines Mädchen hab ich ihn mir immer als glänzend schwarzen Panther vorgestellt, und die Tasten als seine Zähne. So viele Zähne wie diese.« Dabei klapperte sie mit dem Gebiß. »Das Tier hat so schöne Musik gemacht. Weißt du, am Anfang des Jahrhunderts hatten wir hundert Morgen Land an der Via Appia. Damals war das alles noch ländlich; es gab nur Bauernhöfe und alte römische Gräber dort und noch keine von diesen Filmstarvillen. Gina Lollobrigida. Marcello Mastroianni. Filme hat's auch noch keine gegeben.«

Sie hatte mir die Geschichte schon einmal erzählt, während des Festes zu ihrem neunzigsten Geburtstag, als Luca aus Mozarts *Figaros Hochzeit* für sie gespielt und gesungen hatte. »*Aprite un po' quegli occhi*«, hatte er mit zögerlichem Bariton gesungen, öffne die Augen ein wenig.

»Ich öffne sie jetzt für die Vergangenheit«, hatte sie damals gesagt. »Die Zukunft ist für Mirella und Luca, und ich mache mir Sorgen. Meine Tochter verliert sich in Öl und Terpentin, und Luca, der Faulpelz, hat Flausen im Kopf. Ich kann ihnen bloß ein gutes Gebiß und die da hinterlassen.« Dabei hatte sie den Kopf schräggelegt, um ihre Korallenohrringe herzuzeigen, die ohnehin kaum zu übersehen waren. Dieses Geschenk ihres Kindermädchens hing seit ihren Kindertagen riesig und schwer an ihren Ohrläppchen.

»Die Vergangenheit sieht besser aus«, hatte sie damals gesagt, als die Geburtstagsgäste sich mit Asti spumante um sie drängten und sich über ihre eigenen Angelegenheiten unterhielten. Ich hatte auf der Armlehne ihres Sessels gesessen und zugehört, während sie von ihrem Großvater erzählte und von dem Reichtum, den er sich durch harte Arbeit und bäuerliche Liebe zum Land verdient hatte. Nonno Vincenzo hatte Lumpen getragen und gehungert, um jede Lira, die er durch seinen Gemüsegarten und die Weinberge verdiente, in *la terra* stecken zu können – das Wort bedeutet Land, Erde und den Schmutz, der damit zusammenhängt. Nachdem Nonno Vincenzo hundert Morgen dieses Landes zusammengekauft hatte, gönnte er sich ein großes, dickwandiges Bauernhaus, das er an der Via Appia baute, und zeugte fünf Söhne, von denen vier an Typhus starben wie seine Frau. Sein einziger verbleibender Sohn, Nonnas Vater, blieb nach der Heirat auf dem Hof, wie es Sitte war. Nonno Vincenzo kaufte seiner einzigen Enkelin, die aus der Ehe seines Sohnes entsprang, als seltenes Zugeständnis an die Kultur einen Steinway-Flügel. Mitten in ihrer Erzählung hatte Nonna einen Schluck Spumante getrunken und das Gesicht verzogen. Mirella war zu ihr gehastet.

»Was ist los, Nonna? Geht's dir nicht gut?«

»Verdammtes billiges Ding!« Dann hatte Nonna weitererzählt, ohne dem verdrießlichen Blick ihrer Tochter Beachtung zu schenken.

»Ich hab immer gedacht, die ganze Via Appia gehört mir«, sagte Nonna jetzt, zwei Jahre später, hob den Deckel der Tastatur wieder und spielte Chopin. »Die Pinien, die alten Gräber. Ich wollte Weinkeller in den Katakomben anlegen. Ich hab sogar von einem Schwiegervater geträumt, der mir ein Grab, so groß wie das von Cecilia Metella, bauen würde. Ich hatte Flausen im Kopf.« Sie machte große Augen, die früher haselnußbraun gewesen waren wie die von Mirella. »Stell dir vor, daß man sich wünscht, vor seinem Schwiegervater zu sterben.«

»Was hast du gemeint, als du gesagt hast, Tamar hat einen Leonardo gefunden?«

Nonna sah mich streng an. Sie ließ sich nicht von ihrer Erzählung abbringen. »Man könnte sagen, ich habe von meinem Vater Dummheit geerbt, und dazu noch ein paar andere schlechte Eigenschaften, zum Beispiel Sturheit. Das steckt alles in den Genen, das hab ich in der Zeitung gelesen. Natürlich bedeutet das, die Schuld auf jemand anders abzuwälzen, aber ich habe gar nichts dagegen, meinem Vater die Schuld für meine schlechten Seiten zu geben. Er hatte nämlich selber eine ganze

Menge, darunter auch Charme, und den habe ich nicht geerbt. Er hat uns verlassen, als ich fünfzehn war und Nonno Vincenzo im Sterben lag. Dann hat er unser Erbe bis auf die letzte Lira verpraßt. Wir haben das Bauernhaus und das Land an der Via Appia verloren. Den Steinway haben sie als letztes abgeholt. Und dann kam der Krieg, der Erste Weltkrieg, über den heute niemand mehr redet.« Sie klappte den Deckel der Tastatur herunter.

»Mein Vater hat mir allerdings auch etwas Nützliches beigebracht – wie man auf Kopfsteinpflaster Fahrrad fährt, in den Rinnen, die die römischen Streitwagen hinterlassen haben. Das ging ganz leicht, und seitdem habe ich mir immer den praktischsten Weg gesucht. Leider ist meine gutmütige Tochter nicht in der Lage, mir das abzuschauen. Trotzdem liebe ich sie, das kann Gott bezeugen. Und jetzt hör mir zu …«

Nonna stützte sich aufs Klavier und schob sich hoch. Ich zog das Bänkchen zurück und ließ sie allein zu ihrem Sessel gehen, wo Nonna sich setzte und die Zeitung auf dem Schoß ausbreitete. Einen Augenblick lang war ich mir sicher, daß sie vergessen hatte, was sie mir sagen wollte. Dann hob sie den Kopf.

»Das Mädchen hat eine verloren geglaubte Zeichnung von Leonardo gefunden. Schau nicht so dumm, ich weiß schon, wovon ich rede. Luca und Tamar haben danach gesucht, seit das Kontenbuch in Principe Maffeos Archiven aufgetaucht ist. Eine Zeichnung von Principessa Caterina, die damals umgebracht worden ist.« Nonna hörte auf, an ihrer speichelfeuchten Unterlippe zu saugen. Ich setzte mich auf das Sofa neben ihrem Sessel und wartete ab.

»Tamar war ganz aufgeregt am Freitag, in Lucas Zimmer. Die haben gezirpt wie die Zikaden im August. Und mir ist allein vom Lauschen der Schweiß runtergelaufen. Sie hat die Zeichnung gefunden, und deswegen hat man sie umgebracht. Frag nur den amerikanischen Krösus und den Principe. Ich würde wetten, daß die dahinterstecken.«

Ich lehnte mich auf dem durchgesessenen Sofa zurück. Höchstwahrscheinlich sah ich immer noch so dümmlich drein wie vorher. Ein Prinz? Eine ermordete Prinzessin? Ein Krösus? Ein verloren geglaubter Leonardo?

»Das glaub ich dir nicht, Nonna.«

»Den Sanftmütigen wird die Erde nicht gehören.« Dann holte sie ihr Gebiß aus dem Mund, um zu signalisieren, daß die Unterhaltung beendet war.

8

Wenn wir Rom kennengelernt haben und wieder wegfahren ... angewidert von den italienischen Tricks, die einem den letzten Glauben an die Integrität geraubt haben, und angeekelt von dem sauren Brot, dem sauren Wein, der sauren Butter und der schlechten Küche ... stellen wir erstaunt fest, daß wir auf rätselhafte Weise unser Herz in der Ewigen Stadt verloren haben ...

NATHANIEL HAWTHORNE,
Der Marmorfaun

Principe Maffeo Brandeschi hielt eine grüne Olive mit Öl, zerhacktem Basilikum und Knoblauchstückchen auf einem Teelöffel. Alle anderen aßen sie mit Fingern. »Tamar hat ein Kontenbuch gefunden, das fast fünfhundert Jahre lang in meinen Archiven aufbewahrt wurde, ja.« Er sprach englisch, damit auch Mirellas Freund Arthur Hensen ihn verstand. »Ein Eintrag darin deutet möglicherweise darauf hin, daß mein Vorfahre Lorenzo Brandeschi Leonardo da Vinci den Auftrag gegeben hat, ein Porträt zu malen, ein Verlobungsporträt seiner Tochter Caterina.« Dem Prinzen gehörte der Palazzo Brandeschi im *centro storico* – dem

historischen Zentrum von Rom. Er vermietete das Erdgeschoß an Mirellas Schule, La Casa dell'Arte. »Ich habe
den Belle Arti noch nichts von dieser Entdeckung gesagt.«

Arthur Hensen nickte zustimmend. »Sie hoffen also, den
Leonardo zuerst zu finden.«

Der Principe betrachtete ihn mit kühlem Blick. »Nein,
ich glaube nur nicht, daß mein baufälliger Palazzo das
Gewicht all dieser Leonardo-Gelehrten aushalten würde.« Er lächelte behäbig, als sei seine Gesichtsmuskulatur
nicht an diese freundliche Bewegung gewöhnt, und sah
uns alle nacheinander an. »Mir wäre es lieb, wenn das
unter uns bliebe.«

Principe Maffeo war weit über Siebzig und sah wie ein
richtiger Prinz aus. Er war groß und hager, hatte graue
Haare, in denen sich immer noch die eine oder andere
blonde Strähne befand und die ihm bis über den Hemd-
kragen reichten, ein langes Kinn, die weiße Haut eines
Mannes, der nur selten aus dem Haus ging, und traurige,
kurzsichtige braune Augen. Ein bißchen wirkte er wie
König Philipp IV. von Velázquez, allerdings ohne Ziegen-
und Schnurrbärtchen. In Italien ist es leicht, alles in
einem künstlerischen Rahmen zu sehen. Mirella sagt
gern: »Die Kunst ist wirklich; alles andere ist Kulisse.« Als
Kind hatte ich eine Muschel im Badezimmer, so daß ich
mir vorstellen konnte, mich wie Botticellis Venus aus dem
Bad zu erheben.

Wir saßen vor Nonnas einzigem Gut, einem kleinen Bauernhaus aus Stein auf einem Hügel, gleich jenseits
von Magliano Sabino, sechzig Meilen nördlich von Rom,
in der Nähe der Grenze, die Latium von den Abruz-

zen trennt. Unter uns befand sich das Tal, durch das die Autostrada nach Florenz und weiter führte. Hinter uns lagen die Sabiner Berge. Die Sonne stand am Himmel, und die Osterglocken blühten in einem Trog neben der verblichenen roten Haustür. Ich zog meinen Pullover aus.

»*Un ricordo*, ein Memorandum«, sagte Arthur Hensen, dessen Olive sich deutlich durch seine Wange abzeichnete. »Das muß man finden, wenn man beweisen will, daß das Porträt in Auftrag gegeben wurde.« Er war klein, kompakt gebaut und hatte einen runden Kopf mit schütteren Haaren, dazu eine Knollennase, die rot war von der vielen Sonne, und eine laute Stimme. »Bei Porträts hat man keine Verträge abgeschlossen, stimmt's, Mirella?« Er sprach ihren Namen »Myrela« aus.

»*Sì*, Artuur, du bist ein guter Schüler«, sagte Mirella und stellte ein Tablett mit *bruschetta* auf den Picknicktisch. Ich machte mir meine Gedanken über ihre Zukunft als Liebespaar.

Principe Maffeo beäugte seine Olive mit traurigem Blick. »Ich hege Zweifel daran, daß Leonardo ein Porträt von Caterina gemalt hat. Als er 1513 nach Rom kam, hat er nicht mehr gern gemalt. Er war krank gewesen, und der Papst hinderte ihn daran, Leichen zu häuten, deren Anatomie er studieren wollte. Sein Aufenthalt in Rom stand unter keinem guten Stern. Und die Prinzessin wurde ermordet.«

Arthur Hensen hob seine große Hand, als wolle er damit nach einer vorüberziehenden Wolke greifen. »Genau wie Tamar. Es gibt sogar eine alte Renaissanceballade über Caterina, stimmt's, Prinz?«

Der Prinz senkte den Blick.

»In der Ballade heißt es«, sagte Hensen, »daß diese Prinzessin Caterina eine ziemlich verwöhnte junge Dame war, wie viele junge Italiener.« Er warf Luca einen scharfen Blick zu.

Luca zündete sich eine Zigarette an. »Balladen sind Fiktion.«

»Ich sage immer: Wo Rauch ist, ist auch Feuer, aber mit dem Gedanken können sich heute die wenigsten Leute anfreunden.« Hensen lächelte mich mit seinem sonnengeröteten Gesicht an. »Der Prinz war so freundlich, Luca in seinen Archiven arbeiten zu lassen, aber Tamar hat schließlich das Kontenbuch gefunden. Die Idee stammte eigentlich von mir. Ich habe vor, den Palazzo zu kaufen und vollständig zu renovieren, so daß er wieder in seinem alten Glanz erstrahlt. Es ist nur gerecht …«

»Noch gehört er Ihnen nicht«, sagte der Prinz.

»Das dürfen Sie nicht, Principe Maffeo!« rief meine Mutter entrüstet aus. »Die Geschichte Ihrer Familie ist damit verknüpft.«

Und was ist mit der Familiengeschichte, die du zusammen mit meinem Vater oben in Rocca di Papa gelassen hast, hätte ich sie am liebsten gefragt. Aber wie konnte ich mir ein Urteil erlauben? Wenn die Frau, die das Telefon meines Vaters abgehoben hatte, seine Geliebte war, wiederholte meine Mutter nur das, was ich vor ihr getan hatte. *Wenn.* Ich klammerte mich an das Wort wie an einen rettenden Strohhalm.

»Principe Maffeo hat bereits mit der Renovierung begonnen«, sagte Mirella. Dabei lächelte sie verlegen, als erzähle sie etwas Unangenehmes.

»Ein paar Verbesserungen hier und da«, sagte Principe Maffeo mit ausdruckslosem Gesicht.

Mirella trank einen großen Schluck Wasser und verschüttete die Hälfte davon auf ihr geblümtes Kleid. »Ich hab einen rauhen Hals, weil ich in meinen Stunden wegen dem Lärm immer so schreien muß.«

»Verkauf den Schotter und verdrück dich mit dem Zaster«, sagte Nonna. Da sie kein Englisch verstand, verfolgte sie die Unterhaltung mit Hilfe von Mirellas Übersetzung.

Hensen lächelte zufrieden. »Nur zu, bessern Sie ruhig aus, Prinz. Ich habe Geduld. Und wenn Sie verkaufen, ist es doch nur fair, zu wissen, was man bekommt, hab ich recht, Prinz?«

»Vielleicht verkaufe ich ja nicht.« Der Prinz ließ die Olive in seinem Mund verschwinden.

Meine Mutter strahlte zustimmend. Sie trug Lippenstift und Rouge, eine Seltenheit bei ihr. Sie hatte den Prinzen hier heraufgebracht. Hensen war selbst gefahren. Meine Mutter war deutlich zu gut angezogen für einen Tag in der römischen *campagna*. Sie hatte ein leichtes, rostrotes Kostüm an, das nagelneu aussah, eine beigefarbene Seidenbluse und ihre Perlenkette. Wie immer wirkte sie ein wenig altmodisch gepflegt, doch heute hatte sie besondere Sorgfalt auf ihr Äußeres verwendet.

Hensen ließ seine Finger in der Olivenschüssel aus Keramik verschwinden, den Blick auf mich gerichtet. »Wissen Sie, daß da Vinci Musiker angeheuert hat, die für die Mona Lisa gesungen und gespielt haben, während sie Modell saß?«

»Sie wissen aber ganz schön viel über Kunst«, sagte ich.

»Sie wird auch mein nächstes Betätigungsfeld.«

»Das ist sie schon«, sagte Mirella. »Schließlich gehört dir La Casa dell'Arte.« Die Ellbogen auf dem Tisch, stützte Mirella das Kinn in ihre Hände. Sie versuchte, sich von ihrem Besuch auf dem Polizeirevier zu erholen. Commissario Perillo hatte Luca nicht festgenommen, was sie am meisten befürchtet hatte. Er war, so hatte sie mir auf der Fahrt zu dem Bauernhof erzählt, überraschend freundlich gewesen und hatte versprochen anzurufen, sobald er die Ergebnisse des Bluttests hätte. Luca hatte dazu bemerkt: »Dem traue ich nicht.«

»La Casa verschlingt nur Geld«, sagte Hensen. »Ich habe Größeres vor.«

»Haben Sie dort Tamar kennengelernt?« fragte ich. »In der Schule?«

Hensen wirkte verärgert. »Hensen Group International vergibt zahlreiche Stipendien für La Casa. Das stärkt unser humanitäres Image. Wissen Sie, ich hätte gern ein Porträt meiner Tochter Debbie gehabt, aber sie hat sich geweigert, Modell zu sitzen. Sie hat gesagt, ich soll das Geld dem amerikanischen Tierschutzverein spenden. Jetzt ist sie stellvertretende Direktorin, und ich bin hier, und sie macht mir immer noch das Leben schwer!« Er lachte verlegen.

»Was sagt das Kontenbuch über Leonardo?« fragte ich Principe Maffeo. Er schmachtete meine Mutter unentwegt an. Am liebsten hätte ich ihn als Tamars Mörder entlarvt, um ihn loszuwerden.

»Der für unsere Belange interessanteste Eintrag ist auf den 26. Februar 1515 datiert.« Unwillig sah er mich an.

»Da heißt es: ›Zweiunddreißig Scudi bezahlt an Messer da Vinci.‹«

»Das könnte durchaus der richtige Preis für eine Skizze sein«, sagte Mirella. »Im Kontenbuch des Vorjahres ist nirgends die Rede von Leonardo, also muß es sich dabei um eine erste Rate handeln. Der Principe hat mir freundlicherweise Einblick gewährt.« Sie griff sich an die Brust. »Der Gedanke daran, daß es einen bisher unbekannten Leonardo geben könnte, macht mich geschwätzig.«

Hensen hob abrupt das Kinn; sein Blick verriet Erregung. »Der Prinz hat ein Porträt von Caterina, das Melzi gemalt hat, ein Schüler von Leonardo, der zusammen mit ihm nach Rom kam. Er war kein guter Maler. Interessant ist allerdings die Datierung des Gemäldes – Januar 1516, also acht Monate nach ihrem Tod. Woher wußte er, wie sie ausgesehen hatte? Ihr Papa hatte schließlich keinen Schnappschuß von ihr.«

»Leonardos Zeichnung.«

»Genau, Simone.«

»Ich heiße Simona. Die zweiunddreißig Scudi könnten die Begleichung einer Schuld gewesen sein«, sagte ich. Es fiel mir schwer, an verlorene Leonardos zu glauben.

Der Prinz hob die langen, schmalen Hände zum Himmel. »Ich wünschte, es gäbe eine Zeichnung von da Vinci. Es ist keine Schande, zuzugeben, daß die Brandeschi-Familie ein wenig Bargeld gebrauchen könnte. Wir sind nicht gerade für unser Glück bekannt.« Er sah meine Mutter an, als könne sie etwas daran ändern.

Meine Mutter besaß nicht die Anmut, zu erröten. Statt dessen bot sie ihm eine Scheibe *bruschetta* an, dick geschnittenes Landbrot, auf dem Grill geröstet, mit einer

Knoblauchzehe, Salz und Extra-Vergine-Olivenöl bestrichen. Das Zeug war so gut, daß der Prinz es sicher als Liebesbezeigung auffaßte. So habe jedenfalls ich immer die Essensangebote meiner Mutter interpretiert. Wer einen bekocht, hat Gewalt über die Seele.

»Mamma, ich hätte auch gern was«, sagte ich laut. Meine Mutter runzelte die Stirn. Der Prinz hatte wie erwartet Manieren, die seinem Titel entsprachen. Er bedeutete meiner Mutter, sie solle zuerst mir von der *bruschetta* geben. Eigentlich sah er überhaupt nicht wie ein Prinz aus. Er besaß weder Autorität noch Anmut, und seine Kleidung war alt – er trug einen verlotterten olivgrünen Pullover und dazu eine ausgebeulte braune Kordhose. Er wirkte wie ein Grundschullehrer im Ruhestand.

Ich bedankte mich bei ihm und wich dem Blick meiner Mutter aus. »Luca, was weißt du über die Zeichnung?«

Er stand zusammen mit Oreste, dem Bauern, drüben bei dem Pizzaofen aus Stein, den Nonna in dem Schweinestall errichtet hatte, der vermutlich aus dem vierzehnten oder fünfzehnten Jahrhundert stammte. Sie holten gerade eine große Form mit Lasagne heraus, die gereicht hätte, halb Rom zu ernähren. Auf dem langen Picknicktisch standen bereits schlanke grüne Flaschen mit selbst gekeltertem Weißwein, der wunderbar nach Reben schmeckte, Holzbehälter mit Salami, dicke Scheiben dunklen Bergschinkens, Ziegenkäse aus der Milch des Vortages und Brot, das Orestes Frau am Morgen in Nonnas Pizzaofen gebacken hatte. Ausnahmsweise war meine Mutter nicht für das Essen verantwortlich. Sie war zu beschäftigt, sich in den schmachtenden Blicken des Prinzen zu sonnen.

Luca gab mir keine Antwort. Er hatte die Lippen wieder einmal um eine Zigarette geschlossen.

»Nonna sagt, sie hat gehört, daß Luca und Tamar sich über die Zeichnung unterhalten haben.« Ich trank noch einen Schluck Wein. In Wein ist kein Fett.

Nonna saß am Kopfende des Tisches in dem schmalen Schatten, den das Haus warf, und kaute an ihrer *bruschetta*. Sie trug den fleckigen Filzhut ihres Mannes, den sie ihren *cappello di battaglia* nannte, ihren Schlachthut. Ihr Mann war vor dreißig Jahren gestorben.

»Nonna erfindet Dinge«, sagte Luca, ohne sie anzusehen.

»Wenn ich sterbe, was bald sein wird«, sagte Nonna, an keine bestimmte Person gewandt, »nehme ich mein Geld mit ins Grab.« Sie lächelte, freute sich über ihre Drohung, die Lippen glänzend vor Fett.

Luca knallte die Lasagneform neben Nonna auf den Tisch. Ich versuchte es noch einmal.

»Hat Tamar die Zeichnung möglicherweise irgendwo im Palazzo Brandeschi gefunden?«

Luca starrte Nonna wütend an. »Du hast kein Geld«, sagte er auf Italienisch.

»Luca!« Mirellas Gesicht fiel in sich zusammen.

»Natürlich habe ich kein Geld mehr übrig!« rief Nonna. »Ich muß es ja für die Miete und fürs Essen ausgeben, damit du dich mit deinen Freunden rumtreiben kannst und nicht mal dran denken mußt, dir eine Arbeit zu suchen.« Nonna warf ihre Brotkruste gegen den Feigenbaum hinter Luca. »Ich denke mir Sachen aus!« Gorbi stürzte sich auf das Brot. »Wieso hat das Mädchen dann am Freitag so gekichert, als ihr zwei euch in deinem

99

Zimmer eingeschlossen habt? Schau mich nicht so unschuldig an, ich hab gehört, wie ihr den Schlüssel rumgedreht habt. Ich hab scharfe Ohren, das hast du selber gesagt!«

Mirella schob mit gesenktem Kopf das Essen auf dem Teller herum. Luca sah uns einen nach dem anderen mit hartem Gesicht an. »Sie ist tot«, sagte er, nun wieder auf Englisch, »und einer von euch hat sie umgebracht. Wegen einer Zeichnung, wegen Geld, ich weiß nicht, warum, aber einer von euch war's!«

Hensen rutschte auf seinem Stuhl herum. »Augenblick mal, mein Junge. Das ist eine ganz schön schwerwiegende Anschuldigung.«

»Wie sonst läßt sich die Sache erklären?« fragte meine Mutter. Oreste stand bei ihr und servierte die Lasagne. »Mirellas Messer hat sie umgebracht. Ich erinnere mich, daß ich am Freitag abend das Kalbfleisch damit geschnitten habe. Als Mirella und ich abgespült haben, war's verschwunden. Erinnerst du dich, Mirella? Ich habe dich gefragt, ob du's aufgeräumt hast.«

»*Cosa?*« fragte Nonna und zupfte an Mirellas Ärmel. »*Olga che ha detto?*«

Mirella schüttelte verständnislos den Kopf. »Nein, ich erinnere mich nicht, Olga. Tut mir leid. Wir wissen nichts über das Messer. Der Commissario muß zuerst das Blut analysieren lassen.«

»*Cosa?*«

Meine Mutter lächelte, ganz mechanisch, das hatte sie als Diplomatengattin gelernt. »*Niente, Nonna. Sciocchezze.* Ich hab nichts Wichtiges gesagt. Mirella hat recht. Wir müssen auf den Bericht warten.« Sie sah sich um. »Ich war damals müde, und ich hab sogar ein bißchen zuviel getrunken. Außerdem war ich aufgeregt, weil Simona gekommen ist.«

Deswegen hast du meinem Exmann gesagt, er soll mich abholen, dachte ich. Die köstliche Lasagne verbrannte mir den Gaumen. »Das Messer könnte in den Abfall gefallen sein.« Wieder versuchte ich, ihr zu gefallen.

»Der Abfall!« Mirella packte Hensen am Arm. »Das hat der Commissario auch gesagt. Seine Mutter hat auf diese Art drei Silbergabeln von ihrem Hochzeitsbesteck verloren.« Sie strahlte mich an.

»Ich auch«, erklärte Mamma, immer noch mit dem mechanischen Lächeln. »So viele Sachen habe ich so verloren.« Meine Mutter verlor nie etwas.

»Andererseits«, sagte ich, »fehlt heute einer der Partygäste.« Ich verabschiedete mich schweigend von meinem Teller. Zuviel Öl und Käse. »Mein Ex, Carlo. Wenn das Messer nicht in den Abfall gefallen ist, gehört er auch zu den Verdächtigen.« Ich glaubte keine Sekunde, daß er sie umgebracht hatte. Ich versuchte nur, die Spannung abzubauen.

»Carlo hat nichts mit dieser Geschichte zu tun!« Mamma sah meinen Teller an. »Warum ißt du nichts?«

»Das hat mit dem Jetlag zu tun, Mamma. Ich hab genug.«

»Netter Kerl, Ihr Carlo!« sagte Hensen. »Hat gute Arbeit geleistet für meinen Dokumentarfilm. Er hat Tamar gemocht! Warum sollte er sie erstechen?«

»Warum sollte irgend jemand sie erstechen?« fragte Mirella mit geballten Fäusten. »Aber wir müssen auf den Bericht warten. Wir müssen einfach. Schließlich besteht immer noch eine geringe Möglichkeit.«

»Daß du im Lotto gewinnst. Das Messer ist die Tatwaffe.«
Nonna beugte sich über die Lasagne, die Oreste ihr
gerade hingestellt hatte. »Vom Abfall in den Müllcontai-
ner, und von da aus in die Hand irgendeines Zigeuners.
Diebsgesindel, alle miteinander.«
Hensen tätschelte lachend Mirellas nackten Arm. Luca
sah vom anderen Tischende aus zu. Offenbar gefiel ihm
das, was er sah, nicht.
»Schön, daß ihr was zu lachen habt.«
Nonna betrachtete die winzige Portion auf ihrem Teller.
»Oreste, ich habe mich nicht in einen Spatzen verwandelt!«
»Tomaten sind nicht gut für Sie«, murmelte Oreste. »Die
Samenkörner bleiben in Ihrem Bauch hängen, und dann
bekommen Sie Magenweh. Meine Frau hat sie geputzt,
aber man kann nie wissen.« Er sah sie mit braungebrann-
tem, gefurchtem Gesicht an, hin und her gerissen zwischen gesundem Menschenverstand und dem Wunsch,
es ihr recht zu machen. Nonna richtete ihren Blick auf
sein Kinngrübchen. *Eh, va beh!*« Er gab ihr noch einen
Löffel.
»Daß das Messer im Müllcontainer gelandet ist, ist durchaus wahrscheinlich«, sagte der Prinz mit unverbindli-
chem Gesichtsausdruck. »Der Mord kann eigentlich nur
zufällig passiert sein.«
»Das würde ich auch gerne glauben«, sagte meine Mutter
leise, aber es war klar, daß sie das nicht tat. »Ich wünschte,
du würdest etwas essen, Simona.«
»Dieser Commissario könnte schon recht haben.« Hensen hatte aufgehört, Mirellas Arm zu tätscheln, und zer-
schnitt die Lasagne in kleine Vierecke, wahrscheinlich,

damit sie schneller abkühlte. »Gut zu wissen, daß er mitdenkt. Sie haben die Kerle auf dem Motorroller gesehen, Simone …«

»Simona mit a wie Liza mit z.«

»Die haben nicht wie ich ausgeschaut, stimmt's, Simona?« Er grinste.

Ich nickte. »Nein. Ich hab lediglich eine Menge Haare gesehen. Die haben wahrscheinlich dem Kerl auf dem hinteren Sitz gehört.«

Hensen deutete lachend auf seine schütteren Haare.

Ich erinnerte mich undeutlich an schlanke, junge Körper. »Die beiden Räuber könnten gut und gerne von einem von euch angeheuert worden sein.« Ich spürte Gorbis feuchte Nase an meinem Knie.

»Simona!« Meine Mutter sah schockiert aus.

»Du hast doch gesagt, ich soll nachdenken.«

Alle fühlten sich unbehaglich, bis auf Nonna, die laut schmatzend Lasagne in den Mund schaufelte. Mirella hatte aufgehört, ihr zu übersetzen, was wir sagten.

Ich ließ eine Schicht Nudeln für Gorbi unter den Tisch fallen. »Das ist genauso plausibel wie die Theorie mit dem Müllcontainer.« Sogar plausibler, dachte ich. Wenn Tamar in ihrer Tasche etwas hatte, wofür es sich lohnte, sie umzubringen. Wenn. Immer wieder dieses »Wenn«.

»Ich helfe Ihnen«, verkündete Oreste auf Italienisch und humpelte zu Nonnas Ende des Tisches. Er bat um Verzeihung dafür, daß er gelauscht hatte. »Ich habe nach dem Krieg mit amerikanischen GIs zusammengearbeitet. Ich spreche nur ein paar Worte.« Alle hörten ihm zu. »Siigaret, siigar, nailon stohking, Spöahm. Aber ich verstehe.«

»Er ist reich geworden durch den Schwarzmarkt«, sagte Nonna und betrachtete ihn mit einem fast schon stolzen Blick. Mirella übersetzte für Hensen. »Ihm gehören fünfzehn Hektar Land. Schweine, Hühner. Olivenbäume, Weinberge. Er hat sogar ein paar Schafe, wenn seine Frau ihn nicht ranläßt.«

»Dieser wunderbaren Familie verkaufe ich nur das Beste, ganz billig.« Er grinste breit, und dabei kamen perfekt überkronte Zähne zum Vorschein. Seine Wangen legten sich in Falten.

Nonna schnaubte verächtlich. »Mir verkaufst du gar nichts. Ich hab meine eigenen Sachen.« Sie klatschte ihm auf den Oberschenkel. »Was spuckt dein Lügenmaul diesmal wieder aus?«

Oreste richtete sich zu seiner vollen Größe von einsfünfundsechzig auf. »Ich werde der Polizei gegenüber schwören, daß ich ein Messer habe, genau wie das von Signora Mirella. Verbrannt, mit dem Abdruck von Hundezähnen am Griff. Und das Messer ist verschwunden. Aus meiner Küche gestohlen!« Er hob den Deckel von einem Topf mit *carciofi alla romana*, kohlgroße gebackene Artischokken, gefüllt mit Minze, Knoblauch und Semmelbrösel.

»Meine Frau wird mir beipflichten.« Oreste war sicher über Siebzig, klein, stämmig und stark, und er arbeitete in Nonnas Weinbergen und Olivenhainen sowie auf seinem eigenen Land am Fuß des Hügels. Er würde, dachte meine Mutter, für Nonna sterben. Diese Vermutung war so romantisch und so untypisch für meine Mutter, daß sie wahrscheinlich stimmte. Warum er Nonna so ergeben war, wußte ich nicht.

»Der Commissario wird glauben, daß ich sie umgebracht

habe. Das werde ich tun. Das ist wie früher in der Resistenza.«

Zwei beringte arthritische Finger griffen in den Topf und zupften an einem Artischockenblatt. »Sei nicht albern, Oreste!« Nonna steckte das Blatt in den Mund und saugte am weichen Ende. »Stell das Essen auf den Tisch.«

9

Eine Nuß wurde von einer Krähe hoch zur Spitze eines Campanile getragen, fiel dort aus dem todbringenden Schnabel und in eine Ritze des Mauerwerks ... die Mauer hatte Mitleid und barg sie an dem Platz, an den sie gefallen war; schon nach kurzer Zeit brach die Schale der Nuß auf, und ihre Wurzeln breiteten sich in den Ritzen der Steine aus und drückten sie auseinander ... Zu spät und vergeblich beklagte die Mauer die Ursache ihrer Zerstörung.

LEONARDO DA VINCI, *Fabeln*

Gesù Maria, che macello!« erklärte meine Mutter und beugte sich herab, um zwischen altem und frischem Laub herumzusuchen. *Macello* bedeutet Gemetzel und ist ein weiteres der Worte, mit denen meine Mutter Katastrophen zu bezeichnen pflegt. Sie war auf der Suche nach wildem Spargel.

»Was für ein *macello*?« Ich war ihr nach dem Mittagessen von Nonnas Hof den Hügel hinauf gefolgt, während fast alle anderen in wackeligen Sonnenstühlen schnarchten.

»Die Laufmasche in deinem Strumpf oder der liebeskranke Prinz?«

Sie richtete sich abrupt mit drei bleistiftdünnen Spargelstangen in der Faust auf. »Das Messer!« Dann hob sie das Bein, um die Laufmasche zu inspizieren. »Es war nach dem Essen verschwunden, und es ist nicht im Müllcontainer gelandet.« Sie befeuchtete einen Finger und rieb Speichel auf das Ende der Laufmasche unterhalb ihres Knies. »Gorbi hat nämlich freundlicherweise den gesamten Inhalt des Abfalls auf dem Küchenboden verteilt. Mirella und ich haben alles wieder aufgewischt. Und ein Messer war nicht dabei. Weder auf dem Fußboden noch irgendwo sonst in der Küche, und außerdem erwartet mich Commissario Perillo morgen früh in seinem Büro. Ich habe keine Ahnung, was ich ihm sagen soll.«

»Wenn du ihm nicht die Wahrheit sagst, meint er, du hättest was damit zu tun. Wie lange kennst du Principe Maffeo schon?«

»Für dich ist alles schrecklich einfach, stimmt's? Du folgst deinem Instinkt und scherst dich nicht das mindeste darum, wem du weh tust. Ich werde Mirella nicht verraten. Soll der dämliche Polizist doch denken, daß ich das Mädchen umgebracht habe.«

»Mamma, du bist diejenige, die immer nur Schwarz-Weiß sieht. Und ich kann's dir nie recht machen! Außerdem möchte ich wissen, warum der Mann dich immer so anschaut!«

»Bist du wütend auf mich?« Der Spargel in ihrer Hand zitterte.

»Ja! *Gesù Maria macello* ja! Ich bin wütend, weil du bei Mirella wohnst statt bei meinem Vater und mir nicht sagst, warum. Ich bin wütend, weil du mich bittest, dir in einem Mordfall zu helfen, nur damit du deine Ruhe vor mir hast. Ich bin …«

»Das ist nicht wahr! Du hast gesagt, du verstehst.«

»… wütend, weil du mich nicht vom Flughafen abgeholt hast. Warum, zum Teufel, hast du Carlo geschickt?«

»Er liebt dich immer noch.«

»Bockmist, Mamma. Es ist vorbei, *finito, basta,* die Sache mit Carlo ist aus. Ich liebe jemand anders.«

»Den New Yorker Polizisten.« Sie ging am Rand des Kastanienwaldes weiter den Hügel hinauf. »Wirst du ihn heiraten?«

»Nein. Er hat mich gefragt, ob ich mit ihm zusammenziehen möchte.« Warum hatte ich Greenhouses Angebot ausgeschlagen? Bei ihm war ich sicher. »Vielleicht mache ich das auch.« Meine Bluse verfing sich an einem Brombeerstrauch. »Wie lange kennst du Principe Maffeo schon?«

»Verkauf dich nicht so billig.« Sie betrachtete den Boden, der mit Veilchen und rosafarbenen wilden Alpenveilchen bedeckt war, beide jeweils nicht größer als ein Fingernagel. »Wenn du selbst nicht weißt, wieviel du wert bist, woher sollte er es dann wissen?«

Ich löste meine Bluse von dem Strauch und stolperte ihr nach. »Mit jemandem zusammenzuleben, den man liebt, ist nicht billig.«

»In deinem Alter schon.« Ich blieb stehen. Sie hatte es wieder einmal geschafft: Ich fühlte mich genauso klein wie die Blumen, die sie niedertrampelte, um ihren kostbaren Spargel zu finden.

Ich sah zum Bauernhof zurück. Zwischen den Weinstöcken entdeckte ich den Kopf des Prinzen, der mit offenem Mund auf einem Liegestuhl ruhte. Mirella las unter dem Feigenbaum Zeitung, Gorbi zu ihren Füßen

ausgestreckt. Nonna hielt im ersten Stock ein Nickerchen.

Ich hatte sie in ihr altes Schlafzimmer hinaufbegleitet,
während Mirella und meine Mutter Oreste beim Abspü-
len halfen. Nonna hatte auf ausgebleichte Fresken gedeutet.

»Wie in Pompeji«, sagte sie. »Männer bespringen Frauen
und Tiere. Und überall Erbsen.« Sie lachte. *Pisello*, Erbse,
ist ein Euphemismus für Penis. »Das gibt schöne Träu-
me.« Ich konnte die Figuren kaum erkennen.

Während ich ihr beim Auskleiden half, erzählte sie mir,
daß der Bauernhof im Ersten Weltkrieg, bevor die Familie ihres Mannes das Anwesen gekauft hatte, zwei Schwestern gehört hatte. Die Schwestern hatten die Fresken
von einem Künstler der Gegend malen lassen. Beide
waren »im Gewerbe« gewesen.

»Wie Tamar«, fügte Nonna hinzu und zog das weiße
Leinenlaken über ihren Baumwollslip. »Eine drogen-
süchtige Hure. Luca hat ihr den Laufpaß gegeben. Er hat
ihr gesagt, er kann sie nicht mehr gebrauchen. Mirella
wollte sie rausschmeißen. Wir sind alle besser dran, jetzt,
wo sie tot ist.« Dann hatte sie die Augen zugemacht und
mich mit einer Handbewegung entlassen.

Was würde meine Mutter von mir denken, wenn ich mit
Greenhouse zusammenzog?

Mamma legte mir eine Hand auf die Schulter. »Weißt du
was? Heute abend mache ich Spaghetti mit Spargel.«
Inzwischen war ihre Hand voll. »Das wirst du doch essen,
oder?«

»Nonna sagt, Mirella wollte Tamar rausschmeißen, und
Luca hatte sich von ihr getrennt. Stimmt das?«

Mamma hat ein altmodisches Gesicht: weiße Haut, die sie immer pudert, schmale Lippen, die immer noch rot sind, weil sie nur selten Lippenstift verwendet, kluge braune Augen, eine hohe, runde Stirn und ein Haaransatz, der ziemlich weit hinten beginnt. Es ist zu asymmetrisch, um schön zu sein. Die Stirn ist zu hoch, das Kinn zu breit und lang, die Augen zu klein. Aber ich habe ein Foto von ihr gesehen, das gemacht wurde, als sie mit Achtzehn auf einem Faschingsball in Venedig war, und auf diesem Foto sieht sie schön aus. Sie trägt ein blaues Satinkleid aus dem neunzehnten Jahrhundert, das ihr schmeichelt. Ihre Taille ist in ein Korsett gezwängt, die Hüften verdeckt der weite Rock, die geraden Haare sind in der Mitte gescheitelt und umrahmen ihr Gesicht so, daß das harte Kinn etwas weicher wirkt. Sie hat einen Fächer in der Hand und den Kopf kokett schräggelegt. Sie sieht glücklich aus, strahlend.

Als ich jetzt ihr angespanntes, besorgtes Gesicht betrachtete, fragte ich mich, was aus dieser Weichheit geworden war. Hatte mein Vater sie ihr genommen? Hatte er sie nicht immer auf Händen getragen?

»Am Freitag morgen hat Mirella Tamara gesagt, daß sie gehen muß«, sagte Mamma.

»Warum?«

Meine Mutter musterte mich mit ihren wachsamen braunen Augen. Sie überlegte, ob sie mir vertrauen konnte oder nicht, und voller Trauer wurde mir klar, wie weit wir uns seit meiner Scheidung, der sie bis zuletzt widersprochen hatte, voneinander entfernt hatten.

»Wenn ich helfen soll, muß ich Bescheid wissen.«

»Natürlich.« Sie klang alles andere als begierig, mir zu

sagen, was los war. »Tamara hat Drogen genommen in der Wohnung. Mirella hat eine gebrauchte Spritze in ihrer Schublade gefunden und Drogen … ich glaube, Heroin.«

»Ist Luca auch in die Sache verwickelt?« Im Hundepark hatte Mirella erstaunt reagiert, als ich ihr gesagt hatte, Tamar nehme Drogen.

»Natürlich nicht!« Der Mund meiner Mutter zuckte. »Aber sie hat einen schlechten Einfluß auf ihn ausgeübt.«

»Luca ist dreißig!«

»Mirella macht sich Sorgen. Heutzutage müssen sich alle Mütter Sorgen machen.«

»Hast du dir um mich auch Sorgen gemacht?« Ich hatte nie mehr als ein paar Joints geraucht, und hinterher war mir immer schlecht gewesen.

»In den vier Jahren, die du in New York auf dem College warst, immer.« Ich hatte das Barnard College besucht, als mein Vater einen Posten in Boston hatte. Außerhalb des Klassenzimmers hatte ich damals einen Crashkurs in Sex und amerikanischen Schimpfwörtern absolviert. Und drinnen hatte ich eine wunderbare Ausbildung bekommen.

»Glaubst du, Mirella wäre zu einem Mord fähig gewesen, wenn sie erfahren hätte, daß Tamar Luca zum Drogenkonsum angestiftet hat?« Ich hakte mich bei ihr unter, als wir den steilen Hügel wieder hinuntergingen.

»Ja, natürlich. Ich wäre jedenfalls dazu fähig.«

Aber Mirella ist nicht wie du, hätte ich am liebsten gesagt. Sie ist viel sanfter. Und schwächer. »Ich glaube nicht, daß Mirella dazu fähig wäre.«

»Sie sieht nur so zerbrechlich aus«, sagte meine Mutter

und blieb stehen, bevor wir in Hörweite der anderen kamen. Sie lehnte sich gegen einen knorrigen Olivenbaum, der aussah, als habe er bereits den Beginn des achtzehnten Jahrhunderts erlebt.

»Ich kann den Amerikaner nicht leiden«, erklärte sie mir mit gesenkter Stimme. »Er tut so, als liebe er Mirella, aber eigentlich ist er nur scharf auf ihr Wissen über Kunst, auf ihre Kontakte zu den Museen und den Ämtern. Sie hilft ihm jetzt schon seit einem Jahr ohne Bezahlung. Nur hin und wieder schenkt er ihr gönnerhaft kleine Sachen. Er baut sein Geschäft auf und geht zurück nach Amerika, und Mirella steht allein da mit ihrer hündischen Liebe. Luca kann ihn nicht ausstehen.«

»Luca ist ja auch Mammas kleiner Junge. Er ist eifersüchtig.«

Mamma strich sich eine Haarsträhne aus dem Gesicht. »Ich traue diesem Signor Hensen nicht.« Sie stützte sich auf meinen Arm, als der Weg steiler wurde.

»Was für ein Geschäft baut er auf?«

»Er möchte die italienischen Museen leiten. Was für eine absurde Idee!«

In meinen Ohren klang das ganz vernünftig. Vielleicht gäbe es dann weniger Diebe und freundlichere Wärter. Und die Museen hätten nicht mehr nur bis zwei Uhr nachmittags geöffnet. Ich sagte nichts.

»Tamara hat ihn erpreßt.«

»Was?« Ich würde sicher noch wochenlang blaue Flecken an den Armen haben, so fest drückte sie mich.

»Ich bin mir nicht sicher, aber ich habe zufällig ein Telefonat mitgehört, das sie am Donnerstag nachmittag von Mirellas Zimmer aus geführt hat. Ich war so wütend

112

darüber, daß sie es gewagt hatte, Mirellas Privatbereich zu verletzen, da habe ich gelauscht. Aber sie hat geflüstert, und ich konnte sie nicht sonderlich gut verstehen.«

Sie sah verstohlen zum Bauernhaus hinüber.

»Die können uns nicht hören. Erzähl weiter.«

»Zuerst hat sie was von der Dokumentarfilmparty in La Casa gesagt, und dann etwas Ähnliches wie: ›Ich weiß, daß du's sehen willst, Art.‹ Da habe ich nicht mehr weiter zuhören können, weil Luca mit Gorbi heimgekommen ist, aber ich glaube, daß …«

»Na, was haben Sie denn da?«

Ich zuckte zusammen. Meine Mutter lächelte diplomatisch. »Mr. Hensen, meinen Spargel. Wilder Spargel, einfach köstlich. Gibt's so was auch in Minneapolis?« Sie zeigte ihm die dünnen Stengel, die sie in der Hand hielt.

»Wenn so was auch unter Eis und Schnee wächst, dann gibt's ihn auch bei uns! Allerdings haben wir wilden Reis, und mir persönlich ist der lieber als wilder Spargel. Ich war mal in dem Geschäft.« Hensen hatte ein rotes Gesicht von der Sonne und wirkte noch ein bißchen verschlafen.

»Und welche Geschäfte treiben Sie jetzt, Mr. Hensen?« fragte ich. Er wirkte vollkommen unschuldig. Tamars »Ich weiß, daß du's sehen willst« konnte sich auf viele Dinge beziehen, die nichts mit Erpressung zu tun haben mußten – vielleicht mit einer ihrer Zeichnungen oder mit einem Artikel, der ihn interessierte. Oder mit ihrem Körper, wenn Nonna recht hatte.

»Art – Kunst, Simona. So heiße ich, und so heißt auch das Geschäft, für das ich mich interessiere.« Er lachte schallend. Eine Raupe rutschte erschreckt von seinem Schuh. »So was Dummes sage ich nur, wenn eine elegante fremdländische Dame mich ansieht, als wäre ich besser nicht aus dem Bauch meiner Mutter geschlüpft.« Er starrte meine Mutter an. Sie sah nicht gerade erfreut aus, und er wirkte verärgert. Wieviel hatte er gehört?

»Ich mag's nicht, wenn mir jemand das Gefühl gibt, minderwertig zu sein, Ma'am. Also – was hab ich angestellt?« Hensen verschränkte die Arme und hob das Kinn. »Hab ich die falsche Gabel erwischt, mit offenem Mund gekaut oder das Obst mit den Händen gegessen? Rieche ich aus dem Mund oder nach Schweiß, oder was ist?«

Meine Mutter sah ihn von oben herab an. Sie nützte ihre Größe und den Hügel, auf dem sie stand, voll aus. »Ich kann Ihrer Vorliebe für wilden Reis nicht zustimmen«, sagte sie in ihrem bedächtigen, ein wenig abgehackten Englisch. »Wilder Spargel ist viel besser.«

Er grinste sie verkniffen an. »Das würde ich Ihnen gern glauben. Warum kommen Sie nicht mit Ihrer Tochter heute abend zu mir zum Essen? Mirella kommt auch. Und die alte Dame und Carlo.« Er hob die Augenbrauen und sah mich an. »Es macht Ihnen doch nichts aus, daß Carlo kommt? Vorbei ist vorbei, nicht wahr? Carlo ist ein guter Kerl und ein toller Cutter.«

Meine Mutter tat so, als müsse sie sich wieder abstützen, und packte meinen Arm. »Wir nehmen gerne an.«

»Wunderbar!« Er lächelte nicht. »Ich habe auch etwas anzukündigen, was Ihre Meinung über meine Wenigkeit vielleicht ändern wird.« Dann ging er den Hügel hinunter, das schüttere Haar fast von den Weinstöcken verdeckt.

»Was wird er wohl ankündigen?« fragte ich.

»Den Vertrag.« Meine Mutter sah verblüfft aus. »Wahrscheinlich hat er das Kultusministerium davon überzeugt, daß er die Museen leiten will. Ich habe ihm gesagt, der Gedanke ist absurd! Aber die werden ihm doch tatsächlich gestatten, unser künstlerisches Erbe zu kommerzialisieren. Wie hat er das nur geschafft?«

»Genau wie du immer alles im Leben schaffst, Mamma. Nie lockerlassen.«

»Ich wünschte, das wäre wahr. Tja, und was soll ich jetzt dem Commissario sagen?«

»Alles. Ich komme mit, wenn du möchtest.«

»Ich komme allein zurecht.«

Wie immer, dachte ich.

Der dichte Rückreiseverkehr nach Rom war genauso schlimm wie von den Hamptons, von Long Island, mit einem Wort: schrecklich. Sonntag ist ein heiliger Tag, besonders für die Römer. Die Glocken von Roms mehr als achthundert Kirchen rufen die Familie – Kinder, Mutter, Vater, Großmutter, Großvater –, nein, nicht in die Kirche, sondern aufs Land nördlich oder südlich der Stadt oder ans Meer. Ihr Ziel ist es nicht, auf einem gesunden Spaziergang die winzigen, rosarandigen Gänseblümchen zu pflücken, die zu dieser Jahreszeit die Felder bedecken, oder sich hinzusetzen und den Ausblick zu genießen, über den Henry James seinerzeit in Verzückung geriet. Ihr Ziel ist ein Tisch in einer überfüllten Trattoria mit Hunden und Katzen und Kindern, die überall herumrennen, während sich die Erwachsenen mit hausgemachten Fettuccine, Brathähnchen, Schweinekoteletts und Osterlamm vollstopfen und dazu literweise Wein und Mineralwasser trinken. Danach macht man ein kleines Nickerchen im Auto oder im Schatten eines Baums, während ein Radiosprecher mit lauter Stimme das Schicksal eines Fußballs verkündet, kleine Mädchen vor Langeweile seufzen und kleine Jungen davon träumen, eines Tages ein Fußballstar zu werden.

Während meine Mutter den Wagen durch kleine Orte und über Nebenstraßen lenkte, um dem schlimmsten Verkehr auf der Autobahn auszuweichen, seufzte ich und träumte. Ich seufzte, weil meine Gegenwart meiner Mutter kein Trost war, und ein sehr jugendlicher Teil meiner selbst träumte davon, das Problem, das meine Mutter dazu veranlaßt hatte, ihr Zuhause zu verlassen, lösen zu können. Ich würde alle Probleme für sie lösen. Und ich würde mit Tamars Tod anfangen, wie sie es sich wünschte.

Ich vergrub mich in den harten Sitz des nagelneuen blauen Panda – ein Wagen, der sich in ein wirbelndes Blatt verwandeln würde, wenn ein Bus vorbeirasen sollte – und zählte eins und eins zusammen. Wie alle anderen war ich überzeugt davon, daß Mirellas Messer die Tatwaffe war. Nach Aussage meiner Mutter war das Messer nicht in den Abfall gefallen, also schloß ich die Möglichkeit eines zufälligen Überfalls aus. Das Messer gehörte Mirella, und es war Freitag abend verschwunden, was bedeutete, daß nur jemand, der an jenem Abend in der Wohnung gewesen war, es weggenommen haben konnte. Dieser Jemand konnte Principe Maffeo sein, Arthur Hensen, Carlo, Luca, Mirella, Nonna oder meine Mutter. Tamar war in jener Nacht nicht zum Schlafen nach Hause gekommen, also konnte sie das Messer, das sie getötet hatte, nicht genommen haben.

Sechs Verdächtige. Ich strich meine Mutter von der Liste und versuchte dasselbe mit Mirella und Nonna, doch dann bemühte ich mich, meine Gefühle aus meinen Überlegungen herauszuhalten – eine Übung, die mir immer Kopfschmerzen verursacht –, und setzte Mirella und Nonna wieder auf die Liste. Plötzlich fiel mir Gorbi ein. Vielleicht hatte er das Messer verschleppt, um die Kalbfleischreste in einem einsamen Winkel jener alles andere als ordentlichen Wohnung abzulecken. Ich teilte meine Idee meiner Mutter und Nonna mit, die auf dem Rücksitz vor sich hindöste.

»Und dann?« Die Stimme meiner Mutter klang kühl und ungeduldig. Sie war müde, der Verkehr dicht, sagte ich mir. Sie hatte mein Angebot zu fahren ausgeschlagen.

»Tja, vielleicht ist am nächsten Morgen jemand in die Wohnung gekommen und hat es gefunden. Ein Lieferant, ein Dienstmädchen, die Pförtnerin. Keine Ahnung. Ein Fremder. Wäre das nicht schön, wenn wir den Betreffenden überhaupt nicht kennen würden?«

Nonna schnaubte verächtlich. »Alles gleichzeitig geht nicht. So einfach ist das Leben nicht.« Sie rauchte bereits ihre dritte Pall Mall an jenem Tag, zwei davon im Wagen. Mirella saß zusammen mit Principe Maffeo und Luca in dem Mini Morris vor uns. Ich konnte Gorbis Kopf durchs Rückfenster sehen.

»Zu der Zeit waren kein Lieferant und auch kein Hausmädchen in der Wohnung«, sagte meine Mutter.

»Und heutzutage haben nur die Reichen eine Pförtnerin, die auf ihr Haus aufpaßt!« Nonna blies eine Rauchwolke in meine Richtung. »Wir haben eine Türklingel, die ist so laut, daß sie Tote aufweckt!«

Ich beugte mich zum Fahrersitz hinüber, vorgeblich, um in den Rückspiegel zu sehen. Es wurde allmählich dunkel, und die ersten Scheinwerfer wurden eingeschaltet. Diesen Augenblick finde ich immer sehr, sehr traurig.

»Was ist, wenn's jemand aus der Familie war?« flüsterte ich meiner Mutter auf Englisch ins Ohr.

»Ich höre das Gras wachsen«, flüsterte Nonna zurück.

Ich wandte mich um. »Auch auf Englisch?«

»Nein.« Nonna warf die Zigarette aus dem Wagen. »Nur italienisches Gras, und manchmal auch französisches, wenn mir danach ist. *Sheet.* Tamars Lieblingswort. Soviel verstehe ich. *Sheet. Merde.* Was hast du gesagt?«

»Ich habe gefragt, was mit unserer Familie passiert?«

»Hör auf, Karotten zu pflanzen.« Karotten sind Lügen. »Luca und Mirella hätten nie den Nerv, jemanden umzubringen. Wenn der Commissario einen Sündenbock braucht, soll er sich an mich wenden. Und du, Simona, hältst dich da am besten raus.« Nonna vergrub die Finger in meinem Nacken. »Am Freitag abend hat Carlo Gastgeber gespielt und Olgas Kalbsbraten tranchiert, als hätte er sein ganzes Leben nichts anderes gemacht.«

Ich wandte den Kopf um. »Carlo und tranchieren? Seit wann denn das?«

»Jetzt pflanzt Nonna Karotten«, sagte meine Mutter. »Ich hab den Braten tranchiert, und zwar ganz. Eigentlich wollte ich was davon für dich retten, Simona. In Amerika gibt's einfach kein gutes Kalb.«

Nonna klapperte mit den Zähnen. »Die haben alle gefuttert, wie wenn Kalbfleisch an den Bäumen wächst!«

»Nur du ißt nichts mehr bei mir«, beklagte sich meine Mutter.

Ich gab keine Antwort. Wir kamen gerade an der Abzweigung nach Sacrofano vorbei, einer mittelalterlichen Stadt, in die ich sonntags oft mit Carlo gefahren war. Die kühle Luft der Bäume füllte sich mit dem Lärm schlurfender Füße und müder Stimmen. Ich glaubte, noch immer den Fenchel zu riechen, den der *porchettaro* in den Schweinebraten füllte. Carlo und ich hatten einmal eines Nachmittags in einem kleinen Hotel dort haltgemacht und miteinander geschlafen, weil wir es vor Lust nicht mehr bis Rom ausgehalten hatten. Die Erinnerung daran drängte sich in meine Gedanken. Ich kämpfte dagegen an, indem ich die Vorstellung von Spinnweben heraufbeschwor, in die die einzelnen Familienmitglieder sich gegenseitig einhüllen. Ich hatte gedacht, wenn ich nach Amerika ginge, könnte ich mich daraus befreien.

»Als erstes müssen wir uns auf das mögliche Motiv konzentrieren«, sagte meine Mutter, als wir die Vororte von Rom erreichten. Nonna schnarchte auf dem Rücksitz.

»Ja, das Motiv ist sicher der Schlüssel zu allem.« Mein Tonfall veranlaßte sie, mir den Kopf zuzuwenden. Sie wußte, daß ich nicht über Tamars Tod sprach.

»Geh morgen in Mirellas Kurs«, sagte Mamma. »Sprich mit Tamaras Freunden. Sie werden uns helfen.«

»Ich weiß, was ich machen muß.« Warum klangen ihre Ratschläge immer wie Befehle? »Und warum sagst du ständig Tamara? Sie hieß Tamar!«

Sie drückte mit dem Handballen auf die Hupe, als der Fahrer des Alfa Romeo vor ihr wegen einer Hure unter einer riesigen Platane bremste.

»Der Name Tamar klingt, als hätte dem Mädchen ein Teil seiner Seele gefehlt, was übrigens auch so war.« Hupend machte Mamma einen Bogen um den Wagen. Die ganze Viale Tor di Quinto war gesäumt von Platanen und *lucciole* – Leuchtkäfern –, der römische Spitzname für die Nutten, die sich an kleinen Feuern wärmen. Auch sie zogen mich in die Vergangenheit zurück.

»Ich möchte, daß alle Menschen ganz sind.« An einer Ampel hörte sie auf zu hupen. »Bist du ganz?«

»Ja, Mamma«, antwortete ich voller Überzeugung. »Die Vergangenheit ist tot, lang lebe die Zukunft. Und was ist mit dir? Können wir jetzt darüber reden?«

»Ich glaube dir nicht. Man kann nicht einfach in ein anderes Land fliegen und eine neue Identität finden.«

»Man kann es zumindest versuchen, Mamma.« Dachte sie etwa über neue Möglichkeiten für sich selbst nach?

Meine Mutter schob stirnrunzelnd das Gesicht näher an die Windschutzscheibe heran, wie es alte Leute oft tun, wenn sie Auto fahren. Am liebsten hätte ich sie zurückgezogen und ihr die faltige Haut vom Kinn gebürstet.

Links war der Ponte Milvio, die älteste Brücke Roms, zu sehen, wo Konstantin Kaiser Maxentius besiegt hatte. Als die Ampel umschaltete und wir an der Brücke vorbei auf Mussolinis Foro Italico zufuhren, fiel mir der Spitzname der Brücke ein – *Ponte Mollo*, die weiche Brücke. Weich, weil sie im Verlauf der Jahrhunderte immer wieder repariert werden mußte.

Mamma und ich waren im Moment wohl auch ein bißchen *mollo*, dachte ich, aber wir würden's überstehen.

10

*In Rom kann man keinen Schritt tun, ohne
Gegenwart und Vergangenheit zusammenzubringen, ohne verschiedene Vergangen-
heiten nebeneinanderzustellen.*

GERMAINE DE STAËL,
Corinna, oder Italien

Als wir vor der Wohnung im Viale
Angelico ankamen, bat ich Mirella, mir ihren Wagen zu
leihen.

»Ich möchte ein bißchen im nächtlichen Rom herumfah-
ren«, sagte ich, »mich wieder eingewöhnen.« Mirella warf
mir die Schlüssel zu, denen Gorbi hinterhersprang. Luca
half gerade Nonna aus dem Wagen. Den Prinzen hatten
wir unterwegs abgesetzt.

»Der Spargel riecht wirklich gut.« Meine Mutter raschelte laut und vernehmlich mit der Papiertüte und sog
genüßlich den Duft ein – ihre Art, mir mitzuteilen, daß
ich ihre Kochkünste verpassen würde.

»Ich bin's nicht mehr gewöhnt, so viel zu essen.«

»Das ist mir schon aufgefallen.« Sie sah mich einen
Augenblick streng an. »Warum nimmst du nicht meinen
Wagen?«

»Ich mag alte Autos«, log ich. »Bei denen macht eine
Delle mehr oder weniger nichts aus.«

»Trau dich bloß nicht!« Mirella lachte.

Ich verabschiedete mich mit einem Winken und stieg in den Mini Morris. Gorbi hob erwartungsvoll Kopf und Pfote. Ich machte die Beifahrertür auf und ließ ihn hereinspringen. Gesellschaft war nicht schlecht.

Dann lenkte ich den Wagen vor und zurück, um aus der engen Parklücke zu kommen, und Gorbi drehte sich auf dem Rücksitz um seine eigene Achse, bis er den richtigen Fleck zum Hinlegen fand. Meine Mutter überwachte die Aktion vom Gehsteig aus.

»Wo fährst du wirklich hin?« rief sie, als ich den Mini Morris endlich ausgeparkt hatte. Ich ließ den Motor aufheulen, als hätte ich sie nicht gehört, und knatterte davon.

Hinauf zu den Castelli Romani, den römischen Festungen in den Albaner Bergen südöstlich der Stadt, in die sich die römische Aristokratie im Mittelalter zurückgezogen hatte, während Rom in der Anarchie versank. Dorthin fuhr ich. Nach Rocca di Papa, zur Festung des Papstes, um genau zu sein. Um meinen Vater zu sehen und die Frau, die bei ihm ans Telefon gegangen war.

Ich machte mich auf den Weg, um Antworten auf meine Fragen zu finden. Und wenn ich den Wagen meiner Mutter genommen hätte, wäre das fast wie ein Verrat gewesen.

»Als erstes mußt du dich aufs Motiv konzentrieren«, hatte meine Mutter gesagt. Mit dem Motiv für Tamars Tod konnte ich allerdings nicht beginnen, denn ich wußte zu wenig über die Beteiligten und nichts über die Welt, in der sie sich bewegt hatte. Das würde dauern, und ich mußte eine Menge Fragen stellen. Außerdem war ich nicht mit vollem Herzen dabei. Mein Herz war eher bei dem Bild meiner Eltern, das ich mit nach Amerika genommen hatte: Mamma geht neben Gigi, meinem Vater, her, einen Pullover ordentlich über den einen Arm gelegt, den anderen bei ihm untergehakt. Er steht aufrecht da, um die Tatsache zu kaschieren, daß er etliche Zentimeter kleiner als meine Mutter ist. Die Hose reicht ihm bis zur Taille, und sein makellos gebügeltes Polohemd liegt eng an seiner eingesunkenen Brust an. Er wird allmählich alt, aber er wirkt stolz, als habe er ein gutes Leben geführt. Sie sieht wie immer ein bißchen streng aus, aber zufrieden, vielleicht sogar erfreut. Sie gehen Arm in Arm, und ich habe das Gefühl, daß ich mich immer auf sie stützen kann.

Ich brauchte fünfundvierzig Minuten zu den Castelli Romani, und dann hatte ich immer noch eine steile Wegstrecke vor mir. Rocca di Papa ist der höchstgelegene der dreizehn Orte und breitet sich über die Hänge des Monte Cavo aus. »Wo die Luft am reinsten ist«, hatte mein Vater gesagt.

»Wo die größte Villa dem Metzger gehört«, hatte meine Mamma erwidert, in der Hoffnung, dem Snobismus meines Vaters einen Schlag zu versetzen. Sie wollte in Rom bleiben.

Vielleicht hat sie sich deshalb von ihm getrennt, dachte ich, als Gorbi auf den Vordersitz schlüpfte und mein Gesicht mit der Nase anstupste. Ich begann, meinen Beschluß, ihn zu besuchen, zu bedauern. Was passierte, wenn diese Frau bei ihm war? Würde ich sagen: »Verschwinden Sie aus dem Haus meines Vaters, Sie Hure!«?

Was hatte ich zu der überraschten Daisy gesagt, als mein Mann von ihren Hüften geglitten war? Nichts. Ich hatte bloß die Tür zugeknallt und war die Treppe hinuntergerannt auf die Straße, als hetze ich einem verlorenen Leben hinterher.

Gorbi jammerte.

»Was ist los, Kleiner? Mußt du mal pinkeln?« Mittlerweile war ich im tiefergelegenen, neueren Teil des Ortes angelangt. Das Haus meiner Eltern befand sich weiter oben, am Rande des mittelalterlichen Stadtteils. Ich bog in eine enge, dunkle Straße hinter einem Restaurant und hielt den Wagen an. Gorbi sprang hinaus. Ich folgte ihm etwas langsamer. Er rannte zu einer Ecke. Hinter einem Gartentor fauchte eine Katze. Ich ging die Straße entlang und atmete die frische Luft ein. Auf der Rückseite des Restaurants befand sich eine verglaste Terrasse, von der aus die Gäste die *campagna* unter ihnen betrachten konnten. Ich blieb stehen, um den atemberaubenden Blick auf das ferne Lichtermeer des südlichen Rom zu genießen. Es war schon zu dunkel, um den Nemi- und den Albaner See zu sehen.

Ich war bereits seit fast zwei Tagen in Italien und hatte noch nicht allzuviel von meiner Heimatstadt gesehen. Noch weniger davon hatte ich wirklich bewußt wahrgenommen. Auf dem Weg zu den Castelli hatte lediglich der Anblick des nächtlich erhellten Kolosseums Emotionen wachgerufen, gegen die ich mich wehrte.

»*Dai*, Gorbi, weiter geht's.« Als ich das Klappern des Geschirrs aus der Restaurantküche hörte, sehnte ich mich nach einem Glas des kühlen Weißweins, für den diese Gegend berühmt ist – schlechter Wein mit einem

Schuß guter Erinnerungen. Gorbi schnüffelte im Abfall des Restaurants.

»*Su*, Gorbi.« Als ich an seinem Halsband zog, hob ich den Blick. Gigi, mein Vater, stand an der Ecke der Hauptstraße, kaum einen Meter von Mirellas Wagen entfernt. Er wartete, die Arme vor der eingesunkenen Brust verschränkt. Wenn er wartete, war er nicht allein da. Ich hielt den Hund fest, der an etwas herumkaute.

Gigi, kurz für Gabriele Griffo. Ich hatte ihn von Anfang an so genannt, wahrscheinlich, weil ich mich nicht von meiner Mutter unterscheiden wollte. Gigi, mein Daddy.

»*Scusami*«, sagte die Frau, die sich zu ihm gesellte. Er antwortete etwas, was ich nicht verstand, weil mein Herz zu laut schlug.

Das, was Gigi gesagt hatte, brachte sie zum Lachen, und er streckte ihr seinen Arm hin. Sie war schlank und hatte gebleichte blonde Haare, die unter der Lampe des Restaurants glänzten. Sie nahm Gigis Arm. Sie gingen weg aus meinem Blickfeld, und einen Moment lang dachte ich nur, daß sie kleiner war als mein Vater. Das würde ihm gefallen.

Ich ging in die Hocke und legte die Wange an Gorbis Flanke. Ich hörte ihn kauen, spürte, wie sich seine Brust bei jedem Atemzug hob und senkte. Ich atmete im gleichen Rhythmus wie er und roch die Wärme seines schmalen Körpers. Und ich weinte. Gorbi leckte mein Gesicht mit seiner tomatenverschmierten Zunge ab.

Als ich wieder in Rom war, hielt ich an einer Bar hinter dem Kolosseum und schlug die Telefonnummer meines Exmannes nach. Vor meinem geistigen Auge hatte ich das Bild von Löwen, die Christen fraßen. »Carlo, ich komme jetzt vorbei, und du wirst mir alles über Tamar erzählen.«

»Hier hab ich sie kennengelernt«, sagte Carlo, nachdem er bei einer schwarzgekleideten jungen Frau, die aussah wie eine Doppelgängerin von Madonna, eine Flasche Weißwein bestellt hatte. »Sie hat drinnen in einer Ecke Skizzen gemacht.« Wir saßen nur ein paar Häuserblocks hinter der Piazza Navona an einem Tisch vor Jonathan's Angels, einer Pianobar. Aus dem dämmrig beleuchteten Inneren strömten sinnlich schöne Menschen hinaus auf die enge Straße, die Via della Fossa. *Fossa* heißt übersetzt »Graben« oder »Grab«. Beides paßte.

»Sie ist mir aufgefallen, weil sie dir ähnlich sah.« Carlo schenkte uns Wein ein. Ich biß in eine Pistazie mit Schale. »Wie Tamar den Kopf gehalten hat, das war mir sofort vertraut.« Ich hatte mich geweigert, hinauf in Carlos Wohnung zu gehen.

»Sie ist gern bei den Leuten hier gewesen. Die meisten von ihnen sind verwöhnte Gören. Die sind zu reich, zu schön und zu jung.«

»Und laut.« Von einem Sechsertisch drang Lachen herüber zu uns. Gorbi verschwand unter dem Tisch. Er ist ein sensibler Hund.

»Sie hat sich so sehr gewünscht, zu ihnen zu gehören«, sagte Carlo und reichte mir ein volles Weinglas. »Sie hat sich gut mit Nino, dem Besitzer, verstanden. Er ist Stuntman, Artist, Bildhauer, Maler. Sie war neidisch auf seine Fähigkeit, sich ständig zu verändern.« Carlo hob die Hand. »Ciao, Nino.« Ein weißhaariger Schrank von ei-

126

nem Mann mit Pferdeschwanz begrüßte uns, indem er seinen Bizeps spielen ließ, auf dem sich eine Tätowierung mit einer Möwe befand.

»Seine Frau, eine Amerikanerin, hat ihn verlassen«, sagte Carlo ein wenig zu beiläufig. Ich nahm einen Schluck Wein und kraulte Gorbis beruhigend weiches Ohr.

»Sie hat die Kinder mitgenommen. Einer von den Jungen heißt Jonathan.« Carlo hatte damals keine Kinder gewollt, und jetzt war mir das ganz recht. »Sie fehlt ihm.« Große, traurige Hundeaugen.

»Tamar«, erinnerte ich ihn, ohne ihn anzusehen. Statt dessen betrachtete ich die gelb-schimmernden Gemälde im Innern der Bar, die mich an Caravaggio erinnerten. Wenn ich Kinder gehabt hätte mit Carlo, hätte ich nie den Mut besessen, ihn zu verlassen.

»Die hat der Besitzer gemalt«, sagte Carlo. »Er kopiert gern, wie Mirella. Das war zumindest Tamars Einschätzung. Mir gefallen die Gemälde, aber ich kann ja nicht mal Gliederpuppen zeichnen.« Er rückte ein Stück näher.

Was wollte er? Mitleid? Da war er bei mir an der Falschen.

»Tamar hat Mirella erzählt, sie hätte dich bei der Dokumentarfilmparty in La Casa kennengelernt. Du hast dem Ispettore dasselbe gesagt. Warum habt ihr beide gelogen?« Er trug immer noch das Eau de Cologne du Coq von Guerlain.

»Warum hat sie überhaupt irgendwas gemacht? Sie hat sich eine Familie gewünscht. ›Mit einer vollen Tube Farbe beginnen‹ hat sie das genannt. Ihrer Ansicht nach ist sie aus Holzkohlenstaub entstanden, den jemand von einer mißglückten Zeichnung abgewischt hatte.« Carlos

Gesichtsausdruck veränderte sich, wurde aufrichtig, besorgt. Einen kurzen Augenblick lang erkannte ich den Mann wieder, in den ich mich damals verliebt hatte. Die Kehle schnürte sich mir zu. Ein wandernder *coq*, erinnerte ich mich selbst. Genau wie mein Vater.

»Warum hast du gelogen?«

Carlo strich sich mit den Fingern durch das ergrauende Haar. »Tamar wollte alles. Sie hat die Wirklichkeit ihren Bedürfnissen angepaßt, sie hat Menschen beschimpft, aber sie war intelligent und begabt …« Er hatte keinerlei Absicht, meine Frage zu beantworten, das kannte ich schon. »Wenn ich sie in den Arm genommen habe, ist sie aufgeblüht wie eine Rose.«

»Du hast gern Macht über Menschen.«

Carlo sah mich verblüfft über meine heftige Reaktion an. »Hoppla, wir bewegen uns hier auf neutralem Terrain.«

»Ich werde rausfinden, wer Tamar umgebracht hat, und dann weiß ich auch, warum du gelogen hast.« Ich würde meiner Mutter Tamars Mörder auf einem Silbertablett servieren.

»Du klingst ziemlich entschlossen.«

»Das bin ich auch.« Trotz meines Zorns merkte ich, daß ich eigentlich den Kopf meines Vaters wollte, aber ich war noch nicht zu einer Konfrontation bereit.

»Olga würde das gefallen.«

»Hast du eigentlich keine eigene Mutter, mit der du plaudern könntest?« Seine Mutter hatte mir gesagt, ich solle ihr Haus verlassen, als ich ihr erzählte, warum ich mich von ihrem Sohn trennte. »Ich habe Blut geleckt; das habe ich dir zu verdanken.« Ich trank mein Glas leer –

Pinot Grigio, mein Lieblingswein. Es half mir nicht, daß Carlo sich daran erinnert hatte.

»Olga und ich sind befreundet. Sie hat mir sehr geholfen, nachdem du mich verlassen hast.«

»*Fantastico!*« Ich streckte ihm das Glas hin, damit er es nachfüllte.

Er lächelte mich an. Sein Lächeln veranlaßte noch immer die meisten Frauen, ihm zu Hilfe zu eilen. Auf mich jedoch, redete ich mir ein, hatte es keinerlei Wirkung. Das gleiche galt für sein rundes Gesicht, das aussieht, als wolle er ständig Spaß haben, für das Grübchen in seiner rechten Wange und seine Engelslocken. Er war mir so egal wie mein Vater oder der Mörder.

»Tamar und ich waren kein Liebespaar«, erklärte mir Carlo, ohne mein Glas nachzufüllen.

»Das hast du schon mal gesagt. Was soll's?«

»Olga hat deinen Vater nicht verlassen.« Carlo hat es schon immer verstanden, auch meinen nichtssagendsten Gesichtsausdruck richtig zu deuten.

Ich griff nach der Flasche. »Woher weißt du immer alles?« Gorbi zerrte an seiner Leine, weil er gehen wollte. Schlauer Hund. Ich warf ihm eine Pistazie hin.

»Du solltest nicht trinken, wenn du wütend bist.« Carlo sah mir dabei zu, wie ich mir Wein nachschenkte, und lächelte mich immer noch verführerisch an. Fast hätte ich ihm von der Frau, die ich zusammen mit meinem Vater gesehen hatte, erzählt. Ich sehnte mich danach, dieses Wissen loszuwerden, aber statt dessen lehnte ich mich auf dem Plastikstuhl zurück und beobachtete den Mann hinter Carlo dabei, wie er die langen, schwarzen Haare einer Frau streichelte. Sie wiegte sich mit geschlos-

129

senen Augen hin und her. Seine andere Hand befand sich unter dem Tisch.

»Wein und Wut machen dich trübsinnig und weinerlich. Ich weiß nicht, warum Olga bei Mirella ist, aber ich habe nicht das Gefühl, daß sie Gigi für immer verlassen hat. Dazu hängen die beiden zu sehr aneinander.« Er nahm mir die Flasche aus der Hand. »Sie fühlen sich ihrer Ehe gegenüber verpflichtet, das habe ich immer bewundert. Warum hatten wir dieses Gefühl nicht?«

Schlechte Frage. »Nach Aussage des Polizeibeamten stand Tamar unter Drogen. Das könnte ein mögliches Motiv für ihren Tod sein. Sie hatte Schulden, und sie hat Drogen gestohlen. Oder hat sie wirklich eine verloren geglaubte Zeichnung von Leonardo gefunden, die ein anderer unbedingt wollte?« Ich erzählte ihm Nonnas Theorie und die Dinge, die sie mir während des Mittagessens auf ihrem Bauernhof gesagt hatte. »Was meinst du?«

Carlos Gesicht legte sich in Falten. »Sie hat Drogen genommen, als ich sie kennengelernt habe. Deshalb habe ich Mirella und den Ispettore angelogen. Tamar hat mich darum gebeten. Sie wollte, daß andere Leute glaubten, wir hätten uns kennengelernt, als sie nicht unter Drogeneinfluß stand. Ich habe ein Rehabilitationszentrum für sie ausfindig gemacht. Und ich habe dafür gesorgt, daß sie auch hingegangen ist.«

»Seit wann bist du denn ein Samariter?«

Er füllte mein Glas nach und rieb dann meinen Handrücken mit dem seinen. »Die Menschen ändern sich, Minetta.«

»Nenn mich nicht so.«

»Für mich bist du Minetta.« Das war der Name einer Katze gewesen, die er als Junge sehr geliebt hatte. Er hatte sich geweigert, mich anders zu nennen.

»Tja, und ich heiße jetzt Simona.« Als ich ihn kennengelernt hatte, war ich entzückt gewesen von seiner Treue der Katze gegenüber und hatte nichts dagegen gehabt, daß er mir einen neuen Namen gab. »Mirella hat eine Spritze in Tamars Schublade gefunden. Das könnte bedeuten, daß Tamar rückfällig geworden ist.«

»Das kann ich nicht glauben.«

»Dir hat's nie gepaßt, wenn die Frauen sich aus deinem Griff gewunden haben.«

Carlo sprang von seinem Stuhl auf und stürzte in das Halbdunkel der Bar. An einer Wand konnte ich ein Durcheinander von Vasen, stumpfen Kupfertöpfen und Art-déco-Lampen erkennen. Das Lokal sah aus wie ein Monument des Kitschs. Der Pianist klimperte »Black Bottom« herunter. Mein Vater hatte mir eine obszöne Version des Liedes beigebracht, als ich noch in der Grundschule war. »Lola, why aren't you in school? Under the sheets you're a fool.« Meine Mutter sprach eine ganze Woche lang nicht mit Gigi, aber ich kam mir unglaublich erwachsen vor. Ich könnte meinen Vater dafür verwünschen!

Carlo kam mit einer atemberaubend schönen, großen, schlanken Blondine mit gebügelter Jeans zurück, die nur bis knapp über die Knöchel reichte, ein kleiner italienischer Touch an diesem klassischen amerikanischen Kleidungsstück.

»Simona, darf ich dir Lea vorstellen.« Er rückte einen Stuhl für sie zurecht; das hatte er für mich nicht getan. »Lea, erzähl ihr von Tamar. Mein Wort zählt nichts.«

Lea reichte mir ihre weiche Hand und schenkte mir ein trauriges Lächeln, das ich nicht gleich begriff. »Ich bin Tamars Beraterin im Rehabilitationszentrum. Sie war seit zwei Monaten clean.« Sie nahm mit einer anmutigen Bewegung Platz und fügte hinzu: »Das Zentrum ist gleich um die Ecke«, als müsse sie ihre Anwesenheit in dieser Pianobar rechtfertigen. »Tamar fühlte sich immer besser, sie wurde von Tag zu Tag stärker. Sie war gern bei Mirella.« Sie beugte sich zu mir vor und saugte mich fast auf mit ihrem Blick. Sie gab mir das Gefühl, etwas Wertvolles zu besitzen. Das brachte mich aus der Fassung.

»Zum ersten Mal in ihrem Leben begriff Tamar, was es heißt, eine Familie zu haben, und das hat ihr sehr, sehr gutgetan. Sie war clean; sie hätte es geschafft.« Lea war ungefähr in meinem Alter, aber ich hatte das Gefühl, daß sie mir in puncto Lebensweisheit um Lichtjahre voraus war. Sie strahlte Stärke und Ruhe aus; ich faßte sofort Vertrauen zu ihr. Wahrscheinlich lag das an ihrem großflächigen Gesicht, auf das das weiße Licht der Straßenlaterne Schatten zeichnete.

»Mit Carlos Hilfe hätte sie ein guter, stabiler Mensch werden können.« Lea sah ihn an.

Carlo wurde verlegen. »Ich hab sie nur zu dir gebracht, Lea. Du hast ihr geholfen.«

»Sind Sie sich sicher, daß sie keine Drogen mehr genommen hat?« fragte ich. »Mirella hat sich Sorgen gemacht, daß Tamar ihre Prüfungen nicht bestehen würde. Sie war so nervös. Deshalb hat sie sie bei sich aufgenommen. Sie hat Heroin und eine Spritze in Tamars Schublade gefunden und ihr gesagt, sie muß ausziehen. Nach Aussage von Mirellas Mutter hat sogar Luca sich mit Tamar gestritten und sich von ihr getrennt.«

Lea sah Carlo mit ihren blauen Augen fragend an.

»Sag's ihr«, ermunterte Carlo sie.

Sie leckte sich die Lippen; offenbar fühlte sie sich nicht wohl bei dem, was sie sagen mußte. »Tamar hat die Menschen gern manipuliert. Das hing mit ihrer eigenen Unsicherheit zusammen. Bitte gehen Sie nicht zu hart mit ihr ins Gericht. Sie hatte eine schreckliche Kindheit!«

Leas breites Gesicht wirkte bestürzt. »Ich glaube nicht, daß *ich* das überlebt hätte.« Ich fragte mich, ob sie jeden Morgen mit einer allumfassenden Sorge um die Welt aufwachte.

»Tamar hat so getan, als sei sie nervös und durcheinander, damit Mirella sie bei sich aufnimmt«, erklärte Carlo. »Ich hab ihr gesagt, daß ich das ziemlich mies finde.« Er warf Lea einen Blick zu.

»Das Mädchen hat im Leben nie was gekriegt«, sagte sie.

Carlo fing an, mit dem Etikett an der Weinflasche herumzuspielen. Das hatte er früher auch immer gemacht, wenn er nervös war. »Ich hab nicht gedacht, daß das böse enden könnte.« Ohne nachzudenken, stoppte ich ihn mit der Hand, wie ich es immer getan hatte.

Carlos Gesicht wirkte sanfter. Lea sah uns beide an. Ich kaschierte meine Verlegenheit, indem ich mit der unartigen Hand an Gorbis Leine zog. Ich bin mir sicher, daß die Geräusche rund um uns herum nicht aufhörten, aber für mein Ohr, vielleicht sollte ich besser sagen für mein Herz, herrschte Stille. In dieser Stille lebte ich nicht in

133

New York; ich war noch immer jung und verheiratet und davon überzeugt, daß ich meinen Lebensentwurf auf unser »Wir« begründen konnte.

»Jetzt ist Tamar tot«, sagte Lea schließlich und trank einen großen Schluck aus Carlos Glas, eine vertraute Geste, die mir sofort auffiel. Sie war genauso vertraut wie die meine.

»Sie glauben doch nicht, daß Tamar jetzt tot ist, weil sie bei Mirella eingezogen ist?« fragte ich.

Lea schüttelte den schönen Kopf. Sie hatte lockiges blondes Haar, das ihr auf die Schultern fiel wie frischgeschorene Wolle.

»Ich könnte mir vorstellen, daß sie gestorben ist, weil sie sich eine Familie gewünscht hat und alles getan hätte, um eine zu bekommen.«

»Erpressung?«

»Möglicherweise. Sie hat mich an eine Straßenkatze erinnert, die einen mit großen, hungrigen Augen verfolgt und sich erschreckt fauchend zurückzieht, wenn man sich bückt, um sie zu streicheln. Ich glaube, Tamar hat ständig Angst vor dem Alleinsein gehabt, aber sie hat es anderen Menschen schwergemacht, sie zu lieben.« Leas Gesichtsausdruck wurde sanft und traurig. »Sie konnte es nicht leiden, wenn man sie berührt hat.«

»War Tamar verzweifelt oder verrückt genug, einen Leonardo zu stehlen?« fragte ich.

Lea sah Carlo überrascht an. »Hat sie die Zeichnung gefunden?«

Carlo zuckte die Schultern. »Das wissen wir nicht.«

»Das hätte sie mir gesagt«, meinte Lea. »Allerdings könnte das ihre Euphorie am Freitag abend erklären. Der

Gedanke, daß sie mir nicht vertraut hat, gefällt mir nicht.«

»Was wissen Sie über die verloren geglaubte Zeichnung von Leonardo?« fragte ich Lea.

»Ich hab immer gedacht, sie hat sich die Geschichte mit der Zeichnung ausgedacht.«

»Da wäre es um eine Menge Geld gegangen«, sagte Carlo und machte eine Packung Zigaretten auf. »So um fünf, vielleicht sogar sechs Millionen Dollar, glaube ich.«

Lea streckte die Hand nach einer Zigarette aus. »Geld war nicht das primäre Motiv für Tamars Suche nach der Zeichnung. Jedenfalls nicht am Anfang, glaube ich. Sie hat gesagt, es wäre toll, wenn sie etwas wirklich künstlerisch Wertvolles finden könnte, etwas, das sie dem Metropolitan Museum oder der National Gallery stiften könnte. ›Spende von Tamar Deaton.‹ Ich hab ihr erklärt, daß die Zeichnung, falls sie sie finden würde, Principe Maffeo gehören würde. Das hat sie ein paar Tage lang ziemlich durcheinandergebracht, aber dann ist sie zu mir gekommen und hat mir gesagt, sie wolle die Zeichnung finden, weil die Frau, die vermutlich Modell dafür gesessen hatte, Caterina Brandeschi, eine verwandte Seele, vielleicht sogar eine Vorfahrin von ihr, sei. Es sei eine Frage des Schicksals.« Leas Lächeln wirkte sanft, mütterlich. »Ich glaube, sie hat sich vorgestellt, eine verwöhnte Prinzessin im Rom der Renaissance zu sein. Damals waren sowohl Leonardo als auch Raffael hier in der Stadt, und Michelangelo hatte gerade die Sixtinische Kapelle vollendet. Das ist ziemlich aufregend für eine amerikanische Kunststudentin.«

»Sie hat mir einmal erzählt, die Zeichnung würde genauso aussehen wie sie.« Carlo ließ eine Zigarette in Leas Hand gleiten. Er rauchte immer noch MS, die beliebteste Staatsmarke, allgemein bekannt als *Morte Sicura*, der sichere Tod, oder *Merda Statale*, Staatsscheiße.

»Sie kam aus dem nördlichen New York State«, sagte Lea. »Sie hat mir erzählt, daß sie einen Winter lang nur Äpfel gegessen hat, die sie und ihre Mutter aus Obstgärten gestohlen hatten.«

Carlo schüttelte mitleidsvoll den Kopf. Sein Vater war Chirurg gewesen und hatte ihm immer alles gekauft, was er brauchte.

»Und wie wurde sie von der Apfeldiebin zur Kunststudentin in La Casa dell'Arte in Rom?« Ich lehnte die Zigarette, die Carlo mir anbot, mit einem Kopfschütteln ab. Carlo wirkte überrascht. Als ich noch mit ihm zusammen war, hatte ich zwei Päckchen pro Tag geraucht.

»Das hab ich nicht gefragt«, sagte Carlo. Genauso hatte er auch mich akzeptiert, als wir uns kennenlernten – ohne Neugierde. »Vorgeschichten weben nur falsche Netze«, hatte er gesagt und sich geweigert, mir über sich zu erzählen. »Warum entdecken wir einander nicht, indem wir zusammen sind.« Die Entdeckungen waren in den ersten Jahren wunderbar gewesen.

Lea beugte ihren Kopf zu Carlos Zippo-Feuerzeug herunter und ließ sich die Zigarette anzünden. »Der Amerikaner, der den Brandeschi-Palazzo kaufen möchte, hat Tamar ein Stipendium gewährt.«

»Arthur Hensen«, sagte ich. »Ja, das hat er mir erzählt.« Lea wedelte mit ihrer Zigarette herum. »Das Hensen Group-Art-Stipendium. Tamar war die erste Stipendiatin, hat sie mir gesagt. Sie war Signor Hensen sehr dankbar.«

»Arthur Hensen hat erwähnt, daß Caterina Brandeschi ebenfalls ermordet wurde«, sagte ich.

»Das wäre eine Idee für ein Drehbuch«, sagte Carlo und beugte sich näher heran. »Erzähl mir mehr.«

»Schreibst du jetzt Drehbücher?«

»Das italienische Kino ist tot. Ich denke an Hollywood. War es ein grausamer Tod?«

»Keine Ahnung.« Ich wandte mich Lea zu.

Sie knöpfte die grüne, wattierte Jacke über ihrer makellos gebügelten weißen Baumwollbluse zu. »Das liegt zu weit in der Vergangenheit. Ich versuche, mich auf die Gegenwart und die Zukunft meiner Schützlinge zu konzentrieren.« Sie erhob sich. »Tamar hat am späten Freitag abend noch im Zentrum vorbeigeschaut, nachdem sie in La Casa bei den Vorbereitungen zum Schulfest am Samstag mitgeholfen hatte. Das war völlig untypisch für sie, weil sie sich mit den anderen Studenten dort überhaupt nicht verstanden hat. Natürlich konnte sie nie Gemeinschaftssinn entwickeln, weil man sie ständig von Pflegeheim zu Pflegeheim geschoben hat. Am Freitag abend war sie bester Laune und hat kein Wort davon gesagt, daß Mirella sie rausgeworfen oder daß Luca sich von ihr getrennt hat.« Sie ließ ihre halbgerauchte Zigarette auf das Kopfsteinpflaster fallen und trat sie aus. Ihr Gesicht wirkte verschlossen.

»Wissen Sie, wo sie die Nacht verbracht hat?« fragte ich.

Lea schüttelte ihre dichte Mähne. »Ich dachte, bei Mirella.«

»Carlo, weißt du's?«

Er nahm einen langen Zug an seiner Zigarette und lächelte uns dann beide an. »Nein. Ich war ihr Freund, nicht ihr Kindermädchen.« Das Lächeln war zu sanft, zu glatt. Er log. Am liebsten hätte ich ihm die langen, dichten, braunen Wimpern abgeschnitten, um seine Augen besser zu sehen und die Wahrheit herauszufinden.

»Tamar hat mir gesagt, sie hätte ein Geschenk für dich, Carlo. Und dabei hat sie gelacht. Sie wollte mir nicht sagen, was es ist.« Lea stand da, die Oberschenkel gegen den runden Plastiktisch gepreßt. Offenbar wußte sie nicht, ob sie gehen sollte oder nicht. »Wir können nur hoffen, daß es nicht gestohlen worden ist.«

»Carlo« – endlich hatte er aufgehört zu lächeln –, »wußte Tamar, daß du am Samstag morgen bei Mirella sein würdest?«

»Ja. Ich hab ihr gesagt, daß ich dich vom Flughafen abhole und dich zu Mirella bringe und daß wir dort zu Mittag essen.«

»Das erklärt, warum sie ›doni‹ im Plural gesagt hat. Sie hatte also ein Geschenk für dich und für mich in ihrem Beutel.«

»Wie schade«, sagte Lea. »Carlo liebt Geschenke. Er hat im April Geburtstag …« Sie wurde rot. »Wie dumm von mir. *Buonanotte.*« Dann verschwand sie schnell wieder in der schwarzen Höhle von Jonathan's Angels.

Sie liebt dich, hätte ich beinahe laut gesagt. Sie tat mir leid, doch gleichzeitig war ich eifersüchtig. »Nette Frau«, sagte ich statt dessen und musterte Carlo, um herauszufinden, ob er ihre Gefühle erwiderte.

»Sie ist die Beste«, antwortete er mit liebem Gesicht, das mir nichts verriet.

Ich trank noch mehr Wein, obwohl er einen Essiggeschmack in meinem Mund hinterließ. Was hatte ich mir eigentlich erhofft? Jahre waren vergangen, seit ich diesen Mann verlassen hatte, und trotzdem brachte mich Leas Liebe zu Carlo aus der Fassung, genauso wie meine eigene besitzergreifende Geste. Ich war nicht nach Rom gekommen, um die Vergangenheit wieder auszugraben. Das wollte ich nicht. Ich liebte ihn nicht mehr, woran klammerte ich mich also noch?

Der Mord an Tamar. Darauf mußte ich mich jetzt konzentrieren.

»Glaubst du, Tamar wäre zu einer Erpressung fähig gewesen?«

»Ich glaube, sie war zu allem fähig. So sehr sehnte sie sich nach Liebe. Die Drogen haben alles noch schlimmer gemacht.«

»Aber du hast sie gerettet?«

Wieder zupfte Carlo an dem Weinetikett herum. »Wäre das denn so unmöglich?«

»Tja, vermutlich bin ich nur überrascht darüber, wie sehr du dich auf sie eingelassen hast. Ich meine, ohne daß du mit ihr geschlafen hättest.«

Carlo beugte sich zu mir vor und sah mich an. »Minetta, gib mir noch eine Chance. Ich liebe dich immer noch.«

Mein Magen rumpelte wie bei einem Erdbeben. »Ich bin wegen Tamar hier. Nur ihretwegen. Bitte.« Ich hatte das Gefühl, als hätte man mir den Boden unter den Füßen weggezogen, als hätte ich plötzlich keinen Vater, keine Mutter, keinen Ehemann, niemanden und nichts mehr, das mich am Fallen hindern konnte. Dieses Gefühl hatte Tamar vermutlich ihr ganzes Leben lang begleitet.

Ich packte Gorbis Leine. Mit ihm zusammen floh ich hinaus auf die Via della Fossa – die Straße des Grabens.

139

11

Wo der Römer Eroberungen macht, da läßt er sich nieder.

LUCIUS ANNAEUS SENECA,
Moralische Briefe

Abgesehen vom Scheppern, das Gorbis Halsband verursachte, als er den Flur zu Mirellas Zimmer hinuntertappte, war es still im Haus. Ich schlich mit dem Telefon in der Hand ins Wohnzimmer. Das Sofa war bereits als Bett gemacht. Mamma sei's gedankt! Ich schaltete das Licht an und begann zu wählen. Ich kam bis 001-212, dann hielt ich inne. Greenhouses Telefonnummer fiel mir nicht mehr ein. Ich versuchte, mich an meine Büronummer zu erinnern. Nichts. Ganz zu schweigen von meiner Nummer zu Hause. Ich hatte keine Ahnung, wie die lautete.

Keine Panik, sagte ich mir. Schließlich hast du nicht Greenhouse verloren, sondern nur seine Nummer. Du kannst sie in deinem Adreßbüchlein nachschlagen. Greenhouses Nummer nachschlagen? Undenkbar! Das konnte ich dem Mann nicht antun, mit dem ich schlief, dem Mann, mit dem ich möglicherweise den Rest meines Lebens verbringen wollte, wenn ich jemals … tja, was? Was dachte ich da nur?

Die Wohnzimmertür öffnete sich mit leisem Ächzen, und

Gorbi kam scheppernd herein. Er sprang aufs Sofa und versuchte, seinen fünfzig Pfund schweren Körper so eng zusammenzurollen, daß er auf meinen Schoß paßte. Ich freute mich über seine Wärme und warf einen Blick auf die Uhr. Es war sieben Uhr abends und Sonntag in New York.

Er ist mit Willy im Kino. Er kocht für Willy. Nein, wahrscheinlich bestellt er gerade telefonisch das Essen vom Chinesen in der Columbus Avenue. Vielleicht sagt Willy: »Schade, daß Simona nicht da ist und Pasta kocht, was, Dad? Wir vermissen sie doch bloß deswegen, oder?«

»Pasta ist gesund, da hast du recht.« Dad lächelt.

Da fiel mir die Nummer wieder ein.

Wir tauschten Begrüßungsfloskeln und Beteuerungen aus, wie sehr wir einander vermißten. Die Verbindung war schlecht; meine Worte hallten immer genau dann wider, wenn er mir antwortete. Ich erzählte ihm von Tamars Tod, ganz langsam.

Da er in der Mordkommission tätig war, interessierte er sich mehr für meine Eltern. Ich wich seiner Frage aus. Greenhouse hält sich normalerweise mit seiner Meinung zurück, doch in den wenigen Tagen, in denen ich überlegt hatte, ob ich nach Rom fahren solle oder nicht, hatte ich das Gefühl gehabt, daß er mich nur ungern reisen ließ.

»Kinder können ziemlich starken Einfluß haben«, hatte er vorsichtig gesagt. Ich war davon ausgegangen, daß er dabei an die letzten Jahre seiner eigenen Ehe dachte, in denen lediglich Willy ihn und seine Frau zusammengehalten hatte, und ich hatte seine Äußerung als Warnung, nicht zu fahren, aufgefaßt.

»Hast du mit ihnen gesprochen?« fragte er noch einmal. »Weißt du, was los ist?«

Plötzlich erschienen mir die Probleme meiner Eltern schrecklich intim, und ich wollte nicht über einen ganzen Ozean hinweg darüber sprechen, weil meine Worte, kaum bei Greenhouse angekommen, schon wieder zurückhallten. »Nein, noch nicht«, antwortete ich, und meine Lüge vergrößerte die Distanz zwischen uns. »Tamars Tod ist bis jetzt wichtiger gewesen.« Ich erzählte ihm von dem verschollenen Leonardo, sagte ihm alles, was ich über die möglicherweise in die Geschichte verwickelten Leute wußte, schilderte ihm das sonntägliche Mittagessen, erzählte ihm von dem Messer und sogar, daß Commissario Perillo einem Gemälde von Caravaggio ähnlich sah. Ich bemühte mich, eine Verbindung aus Worten herzustellen. Als ich am Kennedy-Flughafen das Flugzeug bestiegen hatte, hatte ich mich fest in New York verwurzelt gefühlt, einer Stadt, von der ich glaubte, daß ich sie fast im Griff hatte, einem Ort, an dem ich wohnen wollte. Jetzt war ich mir da nicht mehr so sicher. Selbst Greenhouses Stimme, die sonst immer freundlich und tröstend wirkte, klang jetzt hohl in meinen Ohren.

Das Telefon, die langen Kabel unter dem Ozean, Mirellas alter Wählscheibenapparat, Gorbis Gewicht, das schwer auf meinen Oberschenkeln lastete – all das war schuld an diesem schrecklichen Gefühl des Unbehagens.

»Was hast du zum Abendessen bestellt?« fragte ich ziemlich dumm. Dieser Anruf würde genausoviel kosten wie das Rückflugticket, wenn ich nicht endlich den Mund hielte.

»Hast du deinen Exmann getroffen?«

»Ja, er hat sich nicht verändert.« Ich versuchte, beruhigend zu klingen, obwohl Greenhouse für gewöhnlich nicht eifersüchtig ist. »Laß mich noch kurz mit Willy sprechen.« Greenhouse erfüllte mir meinen Wunsch, ohne noch etwas zu sagen.

»Ich fahre morgen zurück«, brüllte mir Willy ins Ohr. Er besuchte die neunte Klasse einer Privatschule in Manhattan und kämpfte mit den Erwartungen, die die High-School an ihn hatte. Die Frühlingsferien gingen zu Ende. »Jetzt hagelt's dann Prüfungen, aber ich wette, du machst dir 'ne schöne Zeit. Dad schaut grade *60 Minutes*, und ich warte auf 'ne Pizza mit Peperoni.«

»Klingt gut.« Ich kannte mich nicht aus mit Sport und Autos, und Willy betrachtete meine Gegenwart im Leben seines Vaters immer noch mit zu viel Argwohn, als daß er mit mir über seine Gefühle gesprochen hätte.

»Ja, Pizza ist nicht schlecht«, pflichtete mir Willy bei. Ich stellte mir sein sommersprossiges Gesicht, die blonden, seidigen Wimpern und dahinter die süßen, neugierigen, blauen Augen vor.

»Dein Dad hat sicher 'ne Extraportion Peperoni bestellt.« Ich entspannte mich ein wenig, weil ich merkte, daß ich auch in New York gewisse Rituale hatte. Das Geheimnis bestand darin, beiden Ländern und den dazugehörigen Menschen ihren Platz in meiner Psyche zuzugestehen, genau wie Gorbi auf meinem Schoß. Vielleicht wogen die beiden Leben nicht einmal soviel wie der Hund.

»'Ne Extraportion Peperoni, genau.« Willy lachte.

»Du fehlst mir«, erklärte ich Willy, und plötzlich fiel es

mir leichter, mit dem Sohn zu sprechen als mit dem Vater. Schließlich hatte Willy keine Konkurrenz in Rom. »Wirklich?« Willys Eltern sind geschieden, und er hat's nicht gern, wenn man ihn nicht nach seiner Meinung fragt. Es war ihm gar nicht recht gewesen, daß ich nach Rom gefahren war. »Dad wird dich sicher vermissen«, hatte er gesagt, darauf bedacht, seine eigenen Gefühle nicht preiszugeben.

»Ich vermisse dich schrecklich«, sagte ich am Telefon. In Mirellas dunklem Wohnzimmer, das nichts mit meiner römischen Vergangenheit zu tun hatte, vermißte ich sie wirklich beide. Gorbi legte die Pfoten auf meine Brust, um meine Aufmerksamkeit auf sich zu ziehen. »Ich glaube, ich verabschiede mich jetzt lieber.«

Greenhouse meldete sich noch einmal zu Wort. »Die Sache mit deinen Eltern tut mir leid. Und der Tod des Mädchens auch. Wahrscheinlich fühlst du dich im Moment ziemlich zerrissen, Sim, und ich wünschte, ich könnte bei dir sein, aber wahrscheinlich würde ich alles nur noch schlimmer machen.«

Dann schwieg er, vielleicht, weil er darauf wartete, daß seine Worte wieder zur westlichen Seite von Manhattan zurückhallten. Ich riß die Augen in der Dunkelheit auf, als könnte ich so in sein freundliches, kluges Gesicht blicken.

»Ich liebe dich«, fügte er hinzu. »Komm bald wieder heim.«

»Danke«, sagte ich, und die Worte »heim« und »liebe« klangen schwer in meinen Ohren. Ich traute mir selbst nicht über den Weg und sagte lieber nichts mehr.

»Wann kann ich dich anrufen?« fragte Greenhouse.

»Ich werde viel unterwegs sein. Das ist keine Ausrede, es stimmt. Ich rufe dich an.«

»Du hast dir also in den Kopf gesetzt, den Mörder des Mädchens zu finden.«

»Ja.«

Ich erwartete seinen üblichen Vortrag darüber, daß ich solche Dinge den Profis überlassen solle, doch statt dessen hörte ich, wie er sich ein leises Kichern abrang. »Du mußt deine römische Nase wohl immer in Verbrechen stecken, was?«

»Tja, da hast du wahrscheinlich recht.«

»Sei vorsichtig.«

»Ja, Schatz, das bin ich. Danke. Ich ruf dich morgen abend wieder an.«

»Gut. Ich lenk dich ab, ich spiele den Werbeblock in diesem Drama. ›Meister Proper putzt so sauber, daß man sich drin spiegeln kann.‹ Besonders, wenn's um die Psyche geht.« Er bemühte sich wirklich.

»Du könntest mir einen Gefallen tun.«

»Klar.«

»Erkundige dich doch bitte für mich über die Hensen Group International.«

»Was brauchst du?« Er klang eifrig.

»Tja, wenn ich das wüßte. Arthur hat was von einer Tochter erzählt, mit der er nicht zurechtkommt. Die ist jetzt stellvertretende Direktorin in seinem Unternehmen.«

»Glaubst du, sie hat mit der Sache zu tun?«

»Nein, aber es würde mich interessieren, warum die beiden sich nicht vertragen. Ich glaube, Mirella hat sich in ihn verliebt, und wenn er ein mieser Typ ist, würde ich das gern wissen.«

145

»Bei Ermittlungen zu einem Mordfall darfst du dich nicht ablenken lassen«, meldete sich Willy über den zweiten Apparat zu Wort. »Da darfst du nur geradeaus schauen.«

»Willy, die Italiener kennen das Wort ›geradeaus‹ nicht. Es sei denn, wir erklären jemandem den Weg. Dann heißt's *sempre dritto*, direkt ins Mittelmeer.«

Willy lachte. »Du brauchst mich da drüben. Schick mir doch 'ne Postkarte von Michelangelos *Pietà*.«

»Die kommt schneller an, wenn ich sie dir persönlich mitbringe.«

»Nein, ich möchte den Stempel vom Vatikan für meine Sammlung.«

»Na schön.«

»Sim?« Greenhouses Atem klang schwer.

»Ja?«

»Wenn du den Mörder des Mädchens findest, kannst du vielleicht wieder einen Strich auf deiner Erfolgsbilanz als Detektivin machen, aber persönliche Probleme lassen sich dadurch nicht lösen.«

»Aber zumindest meint sie dann, sie hätte irgendwas im Griff«, mischte sich Willy der Weise ein. »Das mach ich auch, wenn ich 'nen Aufsatz schreiben soll. Ich geh raus und spiel Hockey. Das kann ich, also gewinne ich. Dann komm ich heim und schreib den Aufsatz. Schick mir ein Flugticket, Simona, dann kriegen wir die Sache in ein paar Wochen in den Griff.«

Ich mußte lächeln. »Das letzte Mal haben wir nicht mal 'ne Woche gebraucht.«

»Aber wir müssen auch noch ein bißchen Zeit einrechnen für 'ne Stadtbesichtigung und fürs Essen.«

Nachdem wir uns verabschiedet hatten, legten wir auf. Ich streckte mich neben Gorbi auf dem Sofa aus und wünschte, ich wäre wieder in New York.

Am nächsten Morgen um neun Uhr saß meine Mutter in dem Bus, der sie zum Polizeirevier bringen würde – sie hatte mein Angebot, sie zu begleiten, ausgeschlagen –, und Mirella und ich warteten in einer riesigen Traube von Menschen in einer kleinen Bäckerei am Campo dei Fiori auf eine große Schnitte der besten weißen Pizza auf der Welt. Währenddessen erzählte mir Mirella von Leonardo da Vinci. »Es war sein zweiter Aufenthalt in Rom; er ist von Ende 1513 bis 1516 geblieben, also knapp drei Jahre. Giuliano de' Medici, sein Mäzen, hat ihn im Belvedere-Palast im Vatikan untergebracht. Der Glückliche!« Mirella war unterwegs zur Piazza Farnese, um dort unter freiem Himmel einen Kurs über Renaissance-Architektur abzuhalten. Tamar war in diesem Kurs gewesen, und ich hatte mich Mirella in der Hoffnung angeschlossen, mich mit ein paar Studenten unterhalten zu können.

»Leonardo hat in dieser Zeit nicht viel gemalt. Vasari berichtet von zwei Gemälden, aber er ist ein altes Plappermaul. Bis jetzt hat man nichts gefunden.«

Wir schoben uns in Richtung der kurzen Theke voran, wo drei Männer versuchten, die verschiedenen Bestellungen zu verstehen. Die meisten Römer schaffen es nicht, sich ordentlich anzustellen. Sie sind stolz darauf, immer und überall Chaos zu schaffen, denn so ist es um so schöner, wenn man sich durchgesetzt hat.

»Könnte eines der Bilder ein Porträt von Caterina Brandeschi gewesen sein?«

»Vasari sagt, die seien für Baldassare Turini da Pescia gewesen, nicht für Lorenzo Brandeschi. Allerdings wissen wir, daß Leonardo während seines Aufenthalts in Rom ein Buch geschrieben hat. Außerdem hat er einen Stall entworfen, daran gearbeitet, die Pontinischen Sümpfe trockenzulegen, und Briefe aufgesetzt, in denen er sich über einen ihm zugeteilten deutschen Arbeiter beschwerte.« Mirella setzte ihre Ellbogen ein, um an die Theke zu kommen. Ich war nicht mehr im Training, und der Duft von Brot und Pizzen ließ meine Knie weich werden. »Manche Historiker meinen, daß er kleinlich war, aber wahrscheinlich war das alles gar nicht so leicht für ihn. Schließlich war er schon dreiundsechzig, in damaligen Zeiten ein alter Mann. Michelangelo war der Liebling von Papst Julius II. gewesen, und jetzt war Raffael der Schützling von Papst Leo und gestaltete die Räume im Vatikan. Papst Leo X., Giulianos Bruder.« Wie sie so über Kunstgeschichte sprach, sah sie wieder so freundlich und großzügig aus wie eh und je.

»Wie kannst du dir das alles bloß merken?«

»Ich unterrichte doch schon seit vierzig Jahren.« Mirella reichte mir eine Schnitte dünner, warmer Pizza mit einer Öl- und Salzkruste. Sie selbst hatte sich für Tomatenbelag entschieden.

»Es gibt eine Anekdote von Vasari, die ich meinen Studenten immer am Anfang des Semesters erzähle.« Sie wollte bezahlen, doch ich kam ihr zuvor. »Danke, Simona. Du bist immer so nett.«

»Der Papst hat ein Gemälde in Auftrag gegeben, und als Leonardo anfing, Öle und Kräuter für den Firnis zu destillieren, hat Leo X. angeblich gesagt: ›Leider wird

148

dieser Mann nie etwas leisten, denn er beginnt, über das Ende der Arbeit nachzudenken, bevor er sich über den Anfang Gedanken macht.‹« Sie biß ein kleines Stück von der Pizza ab. »Die meisten meiner Studenten verstehen das nicht.« Plötzlich nahm sie mein Kinn in die Hand. »Bist du müde? Wahrscheinlich bist du erschöpft. Die ganze Aufregung noch zu allem anderen.« Sie schnalzte mit der Zunge.

Ich umarmte sie, dann gingen wir hinaus in einen dunstigen warmen Morgen auf dem Campo dei Fiori – dem Blumenfeld –, einem Platz, der im Mittelalter eine Wiese gewesen war, im fünfzehnten Jahrhundert auf halber Strecke zwischen Vatikan und Kapitol zu einem Getreidemarkt und einem wichtigen Treffpunkt geworden war und sich schließlich 1600 in einen Ort verwandelt hatte, an dem Exekutionen durchgeführt wurden. Die grimmige Statue von Giordano Bruno, einem Mönch, der wegen Ketzerei verbrannt wurde, sah uns zu, wie wir unsere Pizza verschlangen. Jetzt befand sich dort ein offener Markt, und an unserem Ende war die Piazza voll von Ständen mit Azaleen, Tulpen, Rosen und Osterglocken. Fast wie auf dem Markt auf dem Union Square, dachte ich, und vor meinem geistigen Auge erschien der offene Markt, den ich jeden Samstag morgen besuchte, auch wenn ich nichts einzukaufen hatte. In New York versuchte ich, die Erinnerungen an ebendiesen Campo wachzuhalten.

Die Händler versuchten, die Käufer mit Worten an sich zu fesseln.

»*Signo'*, schauen Sie sich diese Oliven an! So groß und schwarz wie Ihre Augen, *signo'!*« Mirella löste ihr Fahrrad von der Straßenlaterne.

»Haben Sie diese Zitronen schon gesehen?« rief ein anderer Händler. »Sie machen einen guten Liebhaber aus jedem! Für Sie zum Sonderpreis, Signori.«

Ich lachte über die Übertreibungen und Absurditäten, die zum Leben in Rom gehören, und wünschte mir plötzlich, daß Willy und Greenhouse bei mir gewesen wären, damit ich ihnen Rom hätte zeigen können. Ich deutete das als gutes Zeichen.

Ich ließ mir Zeit, als ich Mirella und ihrem vorsintflutlichen Fahrrad folgte, und sah Frauen in Designerkleidern dabei zu, wie sie hinter philippinischen Hausmädchen hergingen und mit Frauen in Hausgewändern und mit Stricktaschen um die größten, glänzendsten, köstlichsten Früchte wetteiferten. Ich schaute hinüber zum Kino, wo sich die Stände mit Fisch befanden. Sardinen, die aussahen wie silberne Klingen, kamen mir in den Sinn. Doch es war Montag. Da gab es keinen Fisch.

»Hat Leonardo in seinen Manuskripten oder Briefen etwas von der Brandeschi-Familie erwähnt?« fragte ich und gesellte mich wieder zu Mirella. Sie betrachtete ein Schaufenster voll altem Schmuck.

In dem trüben Licht der Straße wirkten Mirellas Augen müde. Ihre Wangen waren ohne Farbe. »Nein, aber es gibt einen Bericht über einen Besuch, den Giuliano de' Medici dem Brandeschi-Palast im Dezember 1514 abgestattet hat. Wenn Lorenzo Brandeschi den Mäzen von Leonardo gekannt hat, besteht Grund zu der Annahme, daß er auch Leonardo selbst kannte.«

Eine Haarnadel baumelte an einer grauen Haarsträhne. »Tamars Tod hat mich schrecklich mitgenommen. Wir haben uns am Freitag fürchterlich gestritten.« Sie kniff die Augen zusammen, als sei ihr das Licht zu grell. »Eigentlich ging's um keine große Sache. Ich hab nur versucht, sie dazu zu bringen, daß sie das Chaos beseitigt, das sie verursacht hat.«

Da hätte ich Mirella sagen können, daß ich von den Drogen in Tamars Schublade und dem Rauswurf wußte. Wäre Mirella Amerikanerin gewesen, hätte ich es vielleicht getan, aber direkt zu sein oder Klarheit zu fordern, gehört nicht zu den italienischen Prioritäten. Unser Lebensrad wird so oft von den trägen Wassern der komplizierten Anspielung angetrieben, von der Tatsache, daß wir die Menschen mit ihren kleinen Betrügereien und Schutzwällen leben lassen, damit wir unsere eigenen beibehalten können. Dafür sorgt schon die Sprache, die das Passiv und gewunden-vage Sätze liebt. Nicht einmal Liebeserklärungen sind direkt, was vielleicht merkwürdig klingt für ein Land, das bekannt ist für seine Leidenschaft. Es heißt öfter *ti voglio bene* als *ti amo* – »ich wünsche dir das Beste«, nicht »ich liebe dich«.

Mirella machte sich Sorgen um Luca, vielleicht glaubte sie sogar, die Drogen gehörten ihm. Ich bezweifle, daß sie ihn offen danach gefragt hatte. Ich glaube nicht, daß sie mit der häßlichen Wahrheit zurechtgekommen wäre. Für den Amerikaner ist es falsch, ungesund, sich nicht der Realität oder seinen inneren Dämonen zu stellen. Möglicherweise ist Amerika ein Land, das glaubt, es gebe nur eine Wahrheit. In Italien gibt es viele.

Allerdings fragte ich sie nach Carlos Geschenk. »Hat Tamar etwas erwähnt? Vielleicht ist es in einer ihrer Schubladen.« Tamar hatte keine Zeit mehr gehabt, ihre Habseligkeiten aus Mirellas Wohnung zu entfernen.

»Ich habe am Sonntag morgen alles zu Commissario Perillo gebracht. Sie hatte ja nicht viel. Ein paar Leggings, T-Shirts, Unterhosen, ein kleines Skizzenbuch mit Zeichnungen von Rom. Das wollte ich behalten. Da waren keine Geschenke für irgend jemanden dabei.«

Ich drehte mich zu ihr um. »Glaubst du, das ist wichtig?«

»Für Luca, ja. Der hätte sicher gern ein Erinnerungsstück. Aber es wäre nicht richtig.« Mirella schüttelte die Faust, und hektische Flecken traten auf ihr Gesicht. »Ich hab mich mit ihr gestritten, und am nächsten Tag war sie tot. Das ist schrecklich! Tamar hat mich angeschrien. ›Du kannst mich nicht so behandeln. Ich habe jetzt Macht!‹ Ich hab ihr keine Beachtung geschenkt, aber sie hat über die Zeichnung von Leonardo gesprochen. Denk an die Millionen von Dollar, die so was bringen würde. Für ein armes Mädchen wie sie bedeutet das gewaltige Macht.«

»Nicht nur für ein armes Mädchen.«

»Für mich nicht. Das wird Nonna nie in den Kopf gehen.« Mirella knüllte das fettige Pizzapapier zusammen und stopfte es in ihre Tasche. »Die Schönheit einer Zeichnung von Leonardo ist viel gewaltiger.« Mit ihrem langen grünen Segeltuchmantel und dem alten schwarzen Fahrrad wirkte sie wie aus einer Daguerreotypie von Rom um die Jahrhundertwende.

»Hast du Perillo erzählt, was Tamar gesagt hat?« fragte ich.

»Das werde ich jetzt tun. Dann wird er mehr Männer auf den Fall ansetzen. Die Zeichnung ist ein Schatz für unser Land. Sie darf nicht über die Grenze verschwinden.«

»Glaubst du, daß Arthur Hensen in die Sache verwickelt ist?«

Mirella blieb mit hochrotem Gesicht stehen. »Warum nicht gleich der Principe? Schließlich würde die Zeichnung ihm gehören. Er würde sie rausschmuggeln, und sie könnte Millionen bei Christie's bringen.« Hinter ihr, am hinteren Ende der Piazza Farnese, thronte der Palazzo Farnese wie ein Monarch mit grauem Haupt. Der Dunst verlieh dem Platz ein staubiges, romantisches Aussehen.

»Armand Hammer hat fünf Millionen Dollar für den Leicester-Codex bezahlt. Wenn in Italien damals nicht grade das verheerende Erdbeben gewesen wäre, hätte die Regierung sicherlich mitgeboten, und der Preis wäre noch viel höher geklettert. Und das für ein achtunddreißigseitiges Manuskript mit ein paar ziemlich uninteressanten Skizzen! Eine vorbereitende Skizze aus dem Jahre 1515 würde …« Bei dem Gedanken hätte sie fast das Fahrrad fallen lassen. »Leonardo hatte zu dem Zeitpunkt aufgehört, Porträts zu malen. Außerdem sind viele Gemälde verlorengegangen. Er hat ein Porträt von Isabella d'Este gemalt, das verschwunden ist. Das gleiche gilt für Lucrezia Crivelli, für Leda mit dem Schwan. Tja, und bei den erhaltenen Gemälden wissen wir nicht, ob sie wirklich alle von Leonardo sind.« Inzwischen war ihr Gesicht wieder rosafarben – das stand ihr gar nicht schlecht. Sie lächelte sogar, als sei sie sich sicher, sich aus einer Sackgasse herausgeredet zu haben.

Mirella hatte an Arthur Hensen gedacht, soviel war klar. Er interessierte sich für Kunst und hatte Geld; vielleicht war er genau der Mann, der sich danach sehnte, seinen eigenen Leonardo zu besitzen. Ich mußte herausfinden, ob er für die Erfüllung seiner Wünsche auch bereit war zu töten.

Eine Gruppe von Studenten mit Rucksäcken tröpfelte hinter einem der beiden bedeckten Brunnen hervor, die gerade gemächlich restauriert wurden. Die jungen Leute scharten sich wild diskutierend um Mirella. »Die Sache mit Tamar tut mir leid, Mrs. Monti.« »Meine Eltern sind ganz durcheinander.« »Was hatte sie in ihrer Tasche?« »Stimmt's, daß jemand ihren Mord geplant hat?«

»Könnten Sie nicht die Prüfungen absagen, Mrs. Monti?« fragte ein Student mit verfilzten Haaren, dem die Hemdzipfel aus der Jeans hingen. Er machte sich nicht einmal die Mühe, ein Gähnen zu unterdrücken.

Das pummelige Mädchen neben ihm verkniff sich ein Lachen. Die anderen knufften sich gegenseitig mit den Ellbogen, um einander am Lachen zu hindern, aber das machte alles nur noch schlimmer. Die jungen Leute kicherten vor sich hin, während Mirella sie mit ihrem sanften, nicht ganz akzentfreien Englisch beruhigte, daß sie sicher seien. Dann breitete sie die Arme aus. »Ich muß eine Abschlußprüfung abhalten.« Sie wirkte aufrichtig betrübt darüber. Die Studenten wurden wieder ernst. Das pummelige Mädchen entschuldigte sich. Sie waren nervös, nicht herzlos. Und Tamar war nicht gerade beliebt gewesen. Ich überlegte, ob einer von diesen Studenten auf dem Motorroller gewesen sein konnte. Vielleicht. Aber es konnte auch jeder andere Jugendliche in Rom gewesen sein.

»Und jetzt zu Michelangelo und dem Palazzo Farnese«, verkündete Mirella. Die Studenten holten pflichtschuldig ihre Notizbücher heraus.

154

Ich packte Mirellas Rad, bevor es auf das Kopfsteinpflaster klappern konnte, als sie versuchte, ein großes Buch
aus ihrer Aktentasche zu holen. Ich ließ den Blick über
die eleganteste Renaissance-Piazza von Rom schweifen.
Jede Menge Kopfsteinpflaster und zwei große, badewan-
nenförmige Brunnen, die jetzt hinter Holzplanken verborgen waren. Auf der rechten Seite eine kleine moder-
ne Kirche und ein Kloster, erbaut an der Stelle, an der
die schwedische Heilige Birgitta gestorben war, dahinter
eine bescheidene Trattoria. Auf der anderen Seite das
Restaurant Camponeschi, elegant und teuer genug, um
mit der Größe des Palazzo Farnese konkurrieren zu können, der das hintere Ende der Piazza beherrscht. Er ist
ein wunderschöner Palast, begonnen von Sangallo und
fertiggestellt von Michelangelo, aber er hat mir nie das
Herz aufgehen lassen. Er ist zu groß, zu perfekt, nimmt
sich selbst zu wichtig. Die Franzosen erwählten ihn sich
1871 zu ihrer Botschaft und boten dafür ein Pariser
Palais. Seit den sechziger Jahren ist er nicht mehr für die
Öffentlichkeit zugänglich. Vielleicht ist es das, was mich
ärgert, und vielleicht hindert mich das daran, die Piazza
so zu lieben, wie ich es eigentlich sollte. Der große Salon
d'Hercule und die Carracci-Galerie mit ihrem Überfluß
an Liebesgöttern und -göttinnen können nur von Gästen
der Botschaft betrachtet werden. Das gemeine Volk darf
den Innenhof jeweils eine Stunde am Sonntag besichtigen. Wenn sich die Tore des Palazzo öffnen, um einen
Diplomatenwagen hereinzulassen, versuchen Mirella
und ihre Studenten schon einmal, einen Blick zu erhaschen. Und die Concierge brüllt sie immer wieder an. Auf
Französisch.

»Welche Studenten haben sich am besten mit Tamar vertragen?« flüsterte ich ihr jetzt zu.

»Tom, das ist der Junge, der gegähnt hat, und Linda, das Mädchen mit dem Duke-Sweatshirt. Er ist so verliebt in sie, daß er nicht mehr schlafen kann. Außerdem rasselt er mit Pauken und Trompeten durch die Prüfung.« Mirella lächelte die beiden wehmütig an.

»Im ausgehenden fünfzehnten Jahrhundert« – sie hob Kinn und Stimme – »begannen die Häuser, den Status ihrer Besitzer zu reflektieren. In Florenz konnten es sich vor allen Dingen die Händler leisten, ihre Häuser zu schmücken. In Rom hatten nur die Inhaber hoher kirchlicher Ämter genug Geld. Platz zu haben vor dem Haus, war sehr wichtig. Das war ein Statussymbol ganz ähnlich wie in Amerika der Rasen vor dem Haus. Je größer, desto besser, hab ich recht?« Das pummelige Mädchen lachte und zeichnete Münder in ihr ansonsten leeres Notizbuch. Hinter ihr sah Linda Fotos an, die Tom ihr in die Hand gedrückt hatte. Sie schenkten Mirella keine Beachtung. Ich ging zu ihnen hinüber, das Fahrrad immer noch fest im Griff, und stellte mich ihnen flüsternd vor. Dann sagte ich, ich sei bei der Ermordung Tamars anwesend gewesen. Ich hoffte, daß mir das in ihren Augen das Recht gab, ihnen Fragen zu stellen.

»Habt ihr Tamar am Freitag abend gesehen?«

Tom war blond und sah gar nicht schlecht aus, und das wußte er auch. Er drückte sich näher an Linda heran, nicht sonderlich erfreut über die Unterbrechung.

»Yeah, ich hab sie gesehen«, sagte Linda. Sie war groß, hatte ein langes Modigliani-Gesicht und dunkle, tiefliegende Augen, und sie wirkte erleichtert. »Sie hatte grade 'n Hoch oder so was, jedenfalls wollte sie allen helfen. Tom und ich waren für das Essen bei der Party am Samstag verantwortlich.«

»Was soll 'n das?« fragte Tom. »War Tamars Tod geplant oder was? Sind Sie Privatdetektivin? Uns hat schon dieser doofe Polizist ausgequetscht, der in seine eigenen Augenbrauen verliebt ist.«

Linda mußte lachen. »Er hat sie sich die ganze Zeit gerieben.«

»Ich bin nur von Natur aus neugierig.« Ich wollte nicht, daß Tom Gerüchte in die Welt setzte, die allen Angst einjagten und keine Probleme lösten.

»Heißt das, Sie schnüffeln gern rum?« Tom zuckte mit den Achseln. »Soll mir recht sein. Solang' ich mir keine kunsthistorischen Notizen machen muß.«

»Was habt ihr Perillo erzählt?«

»Es gab nichts zu erzählen. Tamar war glücklich.«

»Glücklicher als sonst?«

»Yeah. Sie ist die ganze Zeit den Leuten vor den Füßen rumgetanzt, und wir haben versucht, alles aufzuräumen. Dann hat sie das einzige Messer, das wir hatten, abgebrochen, und ich hab versucht, das Roastbeef mit 'ner Schere zu schneiden.« Tom breitete die Arme aus. »La Casa dell'Arte. Nichts funktioniert. Besser bekannt als La Casa dell'Farte.« Er lachte und sah Linda beifallheischend an. Sie schenkte ihm keine Beachtung. »Tamar, das war wie 'ne Achterbahn«, sagte sie. »Manchmal hätte sie am liebsten die ganze Welt umarmt, und dann, zack, war sie zu Tode betrübt, und man hat sich am besten verdrückt.«

»Hat Tamar an jenem Abend etwas gesagt, das dazu beitragen könnte, ihre Mörder zu finden?«

»Nein«, antwortete Linda, »aber sie hat mir erzählt, daß sie ihren Nachnamen ändern würde, wenn Ihnen das weiterhilft. Das war am Donnerstag, als Mrs. Monti uns ins Vatikanische Museum geführt hat.«

Im Hintergrund erzählte Mirella von Alessandro Farnese, wie er Papst Paul III. wurde und seine Kinder mit zahlreichen Reichtümern ausstattete. Eine Frau mittleren Alters mit gelben Forsythienzweigen in den Armen war stehengeblieben, um ihr zuzuhören.

»Sie hat sich komisch verhalten«, sagte Linda. »Ich wollte gerade ein paar Briefe beim dortigen Postamt aufgeben – wissen Sie, die vatikanische Post ist schneller – und hab meinen Namen auf die Rückseite geschrieben, da hat Tamar plötzlich die Sache mit ihrem neuen Namen erzählt.«

»Hat sie auch Briefe aufgegeben?« fragte ich.

»Keine Ahnung.« Linda wirkte irgendwie unglücklich. »Die anderen haben unten auf mich gewartet, also hab ich sie da stehen lassen.«

»Hatte sie was in der Hand?«

Linda traten Tränen in die Augen. »Sie hatte die Tasche dabei. Ich weiß bloß, daß sie ihren Namen ändern wollte, und als ich mit dem Polizisten gesprochen habe, ist mir das nicht mal eingefallen.«

»Vielleicht wollte sie heiraten«, mischte sich Tom ein. »Diesen Italiener.« Er deutete mit dem Finger auf Mirella, die gerade auf die Veränderungen hinwies, die Michelangelo an der Fassade des Farnese vorgenommen hatte. »Der Sohn vom Teacher. Tamar war ganz wild auf ihn. Apropos schlechte Laune: Der hat das längste Gesicht von allen.«

»Warum mußt du dich immer über alle lustig machen?«
Linda schob ihn weg. »Luca hat dir am Freitag abend
geholfen!«
Um die Zurückweisung zu kaschieren, bückte sich Tom
und band einen Schnürsenkel, der überhaupt nicht ge-
bunden werden mußte.
»Luca war an dem Abend in der Schule?« Eigentlich hatte
ich am Morgen mit Luca reden wollen, aber er hatte noch
tief und fest geschlafen, als ich das Haus verließ. »Hat er
Tamar gesehen?«
»Nein, die war schon weg«, sagte Linda.
»Hat sie in der Nacht bei euch geschlafen?«
»Sie hat sich nicht im Schlafsaal blicken lassen.« Linda
betrachtete Toms Rücken. »Aber ich hab gehört, wie sie
Luca angerufen hat, bevor sie gegangen ist, also hab ich
gedacht, sie will wieder zu ihm.«
»Und was wollte Luca in der Schule?« fragte ich.
Linda zerzauste dem immer noch knienden Tom die
Haare. »Er hat ein scharfes Messer mitgebracht und Tom
geholfen, das Roastbeef zu schneiden.«

12

Fiat iustitia, ruat caelum.
Laßt Gerechtigkeit walten,
auch wenn der Himmel einstürzt.

ALTES RÖMISCHES SPRICHWORT

Linda erinnerte sich an den verbrannten Griff, Tom an die Kerbe. Sie hatten keine Verbindung zu Tamar hergestellt und Perillo nichts gesagt.

Die Sonne kam hinter den Wolken hervor, und Mirella dirigierte, das Fahrrad immer noch in der Hand, die Studenten zum nahegelegenen Palazzo Spada, wo sie sich die manieristischen Ornamente anschauen sollten. Ich rief Nonna von der Bar an der Piazza aus an und sagte ihr, sie solle Luca nicht aus der Wohnung lassen, bevor ich heimkäme.

»Laß dir Zeit. Für ihn ist die Gianicolo-Kanone der Wecker.«

Ich hatte früher immer meine Armbanduhr nach dem Kanonenschlag gestellt, der seit 1904 jeden Tag pünktlich um zwölf Uhr mittags vom Gianicolo-Hügel herunterhallte. In den Monaten vor meiner Abreise nach Amerika schien mir das Geräusch die Zeit zu markieren, die mir noch blieb.

Ich ging forschen Schrittes hinunter zum Largo Argentina, wo sich die Hälfte der städtischen Busse vor einer riesigen Grube mit Tempelruinen versammelt, in der es früher von Katzen und Speiseresten, der Nahrung dieser Katzen, gewimmelt hatte. Jetzt konnte ich nur noch zwei Kätzchen unter den Überresten einer Säule entdecken. Ein amerikanischer Student stellte den beiden ein Schälchen Milch hin. Nonna hatte recht: Die Katzen von Rom verschwanden tatsächlich. Ich ging auf und ab, während alle orangefarbenen Busse außer dem meinen in einer Wolke von Abgasen an mir vorbeibrausten. Ein furchtbar teures Taxi stand allein an einem Stand auf der anderen Straßenseite. Es war verführerisch gelb wie ein nagelneues New Yorker Taxi.

Da klingelte das Telefon an dem Stand. Der Fahrer warf einen bedauernden Blick auf die Sportzeitung, die er gerade gelesen hatte. Ich rannte über die Straße und schlüpfte auf den Rücksitz, bevor er ans Telefon gehen konnte.

Zehn Minuten später war ich in Mirellas Wohnung. Zwölf Dollar für ein kleines römisches Wunder.

Als ich die Haustür aufsperrte, starrte Nonna mich von der Wohnzimmertür an. »Warum willst du ihn aufwecken?«

»Ich möchte mit ihm über Tamar reden.« Ich war völlig außer Atem, weil ich die vier Treppen hochgerannt war.

»Hat der Commissario angerufen und euch gesagt, was mit dem Blut auf dem Messer ist?«

»Die Mühe hat er sich nicht machen brauchen. Wir sind doch nicht blöd.«

»Dann steht also fest, daß es Tamars Blut war?«

»Die Sonne geht jeden Morgen auf, ob uns das gefällt

161

oder nicht. Wenn du Luca unbedingt aufwecken möchtest, solltest du ihm zuerst einen Kaffee machen. Er steht ohne seine Tasse Kaffee nicht auf.«

»Den Teufel werde ich tun!« Ich marschierte den Flur hinunter und klopfte laut an Lucas Tür. Nonna brummelte etwas davon, daß sie in ihrem Alter noch Kaffee kochen müsse. Ohne auf eine Antwort zu warten, polterte ich ins Zimmer und öffnete die Verandatür sowie die beiden Fensterläden zum Balkon. Der Monti-Erbe lag unter Bergen von Kissen begraben. Ich schüttelte ihn, bis er zu ächzen anfing. Gorbi half mir, indem er aufs Bett sprang und sich auf Lucas Brust zusammenrollte.

»Warum hast du niemandem gesagt, daß du das Messer hattest?«

Luca blinzelte und strich sich mit der Hand durch die zerzausten Haare. »Ich hab die ganze Nacht durchgearbeitet. Ich brauch 'nen Kaffee.«

Ich lehnte mich gegen seinen Zeichentisch und betrachtete den Bauplan eines Supermarktes, der sich darauf befand. »Ich habe heute morgen mit Linda und Tom geredet.«

Er schob Gorbi von seiner Brust. »*Allora?*« Gorbi machte es sich am Fußende bequem.

»*Allora*, warum hast du mir nicht gesagt, daß du das Messer in die Schule mitgenommen hast?«

Er versuchte, den Schlaf abzuschütteln, und streckte die Hand aus, um die Verandatür zu schließen. »Auf welcher Seite stehst du eigentlich?«

»Was soll das heißen?«

»Gehörst du zu diesen Wichtigtuern, die immer gleich zur Polizei rennen?«

»Warum stehst du nicht von diesem verdammten Bett auf, trinkst deinen Kaffee und unterhältst dich vernünftig mit mir?«

»Was geht's dich eigentlich an, was mit Tamar passiert ist? Du hast sie nicht gekannt, und wahrscheinlich hättest du sie auch nicht leiden können, wenn du sie gekannt hättest!«

»Und warum konntest du sie leiden?«

»Sie hatte eine ziemlich schräge Wahrnehmung der Dinge, war ein bißchen verrückt. Sie war aufregend. Und sie hat mich nicht eingeschränkt und auch nicht verlangt, daß ich ihr alle fünf Minuten sage, wie sehr ich sie liebe.«

»Ich hab gedacht, sie war unsicher.«

»Einen Freund zu haben, war ihr nicht so wichtig.«

»Am Freitag abend hat sie angerufen und dir gesagt, daß sie das einzige Messer der Schule kaputtgemacht hat.«

»›Tom ist sauer‹, hat sie gesagt.«

»Hattet ihr zwei euch nicht am gleichen Tag getrennt?«

»Das heißt doch nicht, daß wir nicht mehr miteinander reden würden. Sie hatte ihre Vorstellungen, ich die meinen. Warum machst du dir so viele Gedanken über Tamar?«

»Weil meiner Mutter die Sache wichtig ist, und Mirella auch, und weil ich beide liebe.« Ich klopfte mit den Knöcheln auf den Tisch. Gorbi spitzte die Ohren.

Luca richtete sich auf. Auf seinem zerrissenen T-Shirt stand MISSISSIPI UNIVERISTY – die italienischen Jugendlichen liebten die Staaten einfach. Und die blühende Baumwollindustrie produzierte einen Schreibfehler nach dem anderen.

»Im Moment würde ich so ziemlich alles tun, um meiner Mutter eine Freude zu machen«, erklärte ich ihm.

»Ich bin gerührt.« Er wirkte abweisend. Einen Augenblick lang erinnerte mich Luca an Willy, als ich ihn kennenlernte. Damals war er wild entschlossen gewesen, jede neue Freundin von Dad nicht zu mögen. Luca wehrte nicht mich ab, sondern die Situation.

»Ich versuche zu helfen, Luca.« Ich lächelte, versuchte, ihm ein Gefühl der Sicherheit zu geben. Luca war verwöhnt, aber er war auch ein anständiger Mensch. »Ich weiß nicht, ob ich zur Polizei gehen werde. Loyalität ist eine heikle Angelegenheit, wenn es um einen Mord geht. Warum hast du Perillo angelogen? Du warst den ganzen Samstag mit Nonna in Poggio delle Rose. Das stimmt doch, oder?«

»Nach dem Besuch hab ich sie zum Bauernhof gefahren. Sie wollte mit Oreste über das Mittagessen am Sonntag reden. Und ich hab den ganzen Hof kehren müssen.«

»Und am Morgen bist du bei Nonna und den Schwestern geblieben?«

Luca nickte geistesabwesend. Gorbi hob den Kopf.

»Selbst wenn er deine Fingerabdrücke auf dem Messer findet«, sagte ich, »was ich für höchst unwahrscheinlich halte, nachdem Gorbi den ganzen Griff vollgesabbert hat, wird Perillo dich nicht des Mordes beschuldigen.«

Luca gab mir keine Antwort. Er lauschte. Genau wie Gorbi, der den Kopf in Richtung Tür geneigt hatte. Ohne Vorwarnung sprang Luca aus dem Bett. Der Hund bellte. Luca riß die Tür auf. Er sah ziemlich harmlos aus mit seinem T-Shirt und seinen bonbongestreiften Boxershorts.

»*Buongiorno,* Luca.« Nonna stand, ohne mit der Wimper zu zucken, da und hielt ihm eine winzige Tasse Kaffee hin.

Luca umfaßte die Tasse. »Der Kaffee ist kalt, weil du schon seit fünf Minuten lauschst.«

»Wie du meinst. Der Kaffee ist kalt, damit du dir deine gespaltene Zunge nicht verbrennst, und außerdem: Warum sollte ich lauschen?« Sie versuchte, den Hals zu recken, doch er sank zitternd wieder in seine übliche Position zurück. »Ich hab dich mit dem Messer rausgehen sehen, Luca, *caro.*« Sie entfernte sich, sich mit der einen Hand an der Wand abstützend.

Luca nippte an dem Kaffee und verzog das Gesicht. »Nonna hat sonst nichts im Leben. Ich habe keinerlei Privatbereich! Alle sind ganz verrückt nach Nonna, weil sie alt ist. Kann sie denn nicht ihr eigenes Leben leben?« Er ließ Gorbi den restlichen Kaffee schlürfen. »Du lieber Himmel, nein, das wäre ja ein Skandal, und außerdem haben wir kein Geld. Und ein Altersheim? Das wäre noch schlimmer. ›Wie kannst du deiner Großmutter das antun?‹ ›Was würden die Leute sagen?‹« Luca schlüpfte in einen abgetragenen Bademantel und ging hinaus auf den Balkon, auf dem sich zahlreiche Topfpflanzen in den unterschiedlichsten Wachstumsstadien befanden. Sie hätten alle Wasser vertragen können.

Ich folgte ihm und schaute hinaus auf die sonnenbeschienenen Platanen, an denen sich die neuen Blätter noch nicht entfaltet hatten. »Die Blätter sind spät dran dieses Jahr«, hatte meine Mutter am Morgen gesagt. »Wir haben einen kalten Winter gehabt. Alles ist spät dran, nur die schlechten Nachrichten sind schnell. Das

165

ist immer so.« Es war fast Mittag. Der Verkehr dröhnte, hin und wieder durchbrochen vom Geräusch eines Motorrollers mit abgerissenem Auspufftopf, gleichmäßig herauf.

»Nonna kann uns hier nicht hören«, sagte Luca. »Zu den Fenstern geht sie nicht.«

Mir war es egal, ob sie uns hörte oder nicht. »Warum konnten Tamar und Tom sich kein Messer von Principe Maffeo holen? Der wohnt doch über der Schule.«

»Der hat alle Türen abgesperrt. Ihm paßt es nicht, daß die Schule da ist. Wahrscheinlich betrachtet er es als Demütigung, daß er das Geld für die Miete braucht.« Luca drückte eine frische Windenranke zwischen das Balkongeländer. »Und Tamar hat die Sache noch verschlimmert.«

»Wie?«

Luca trat von einem Fuß auf den anderen. »Mirella mag dich.«

»Ich liebe sie.«

»Sie sagt, du hättest eine tolle Schwester für mich sein können.« Dieser Mann war dreißig, aber psychisch war er keinen Tag älter als Willy. Im Augenblick setzte er auf die Vertrauensmasche. Irgendwie mochte ich ihn.

»Ich hätte ständig an dir rumgenörgelt«, sagte ich. »Kein Kaffee im Bett. Mit der Uni wärst du inzwischen auch fertig. Und du hättest einen Job und so viel Privatsphäre, wie du nur wolltest.«

»Hast du in diesem Land schon mal nach 'nem Job gesucht? Oder nach einer Wohnung?«

»Nein.« Zwar war die Sache in New York auch nicht viel einfacher, aber dort hatte ich Glück gehabt. »Nun tu mal

166

so, als wäre ich deine Schwester, und erzähl mir von Tamar.«

»Ich betrachte Principe Maffeo als Freund. Ich arbeite jetzt für ihn. Die Arbeit ist stupide, aber ich bin gern in dem bröckeligen Palazzo, wo ganze Generationen von Familiengeschichte zusammen mit der Farbe von den Wänden abblättern.«

»Ein Linker wie du fraternisiert mit der degenerierten Aristokratie?«

Luca grinste verächtlich. »Zuallererst bin ich Römer, und als Römer hat man Geschichte. Außerdem kann ich den Mann leiden. Manchmal würde ich mir sogar wünschen ...«

»Was?«

»Ich weiß nicht, vielleicht, daß Mirella mit ihm zusammenkommt. Ich bin mir nicht so sicher. Er ist ein Gentleman. Nicht wegen seinem Titel. Der bedeutet nichts. Er ist ein sanfter Mann, ehrenwert. Alles, was mein Vater nicht war. Ich glaube, er würde sie glücklich machen. Aber er hat kein Geld.«

»Wogegen Arthur Hensen mehr als genug davon hat.«

»Arthur Hensen ist ein eingebildeter Ignorant, ein richtiger Kapitalist!«

»Und was bedeutet das, Luca?«

»Hensen nutzt die Leute aus.«

»Was war zwischen dem Prinz und Tamar?«

»Sie war fasziniert von ihm und seinem Titel, von dem Palazzo. Am Anfang konnte sie bei ihm aus und ein gehen, wie sie wollte. Wahrscheinlich hat er sich geschmeichelt gefühlt, oder er war einsam. Und dann ist

Tamar auf die Idee gekommen, daß sie genau wie das Melzi-Porträt von Caterina Brandeschi aussieht.«

»Das Arthur Hensen während des Mittagessens oben in Nonnas Bauernhof erwähnt hat?«

»Genau. Ein häßliches Bild, aber es besteht tatsächlich eine gewisse Ähnlichkeit. Sie hat gedacht, sie ist irgendwie mit der Familie verwandt, und hat die ganze Zeit auf Principe Maffeo eingeredet, daß er sie adoptieren soll.« Luca warf den Kopf in den Nacken und sah mich an. »Du siehst auch ein bißchen wie Tamar aus.«

Aus der Tasche seines Bademantels holte er einen Streifen mit drei grauen Automatenfotos. Er sah sie einen Moment lang mit verkniffenem Mund an und reichte sie mir dann. Auf zwei Aufnahmen machte Tamar Grimassen; auf dem dritten hatte sie der Blitz wohl überrascht, denn darauf sah sie ernst und nachdenklich aus. So hatte sie auch kurz vor ihrem Tod ausgesehen, als forme sich gerade ein Gedanke in ihrem Kopf.

»Die Augen und die Stirn. Deine Mutter hat mich darauf aufmerksam gemacht.«

Carlo hatte etwas Ähnliches gesagt, und eigentlich hätte ich mich geschmeichelt fühlen sollen, denn Tamar war attraktiv. Statt dessen fürchtete ich mich vor dem Gedanken, so wie sie zu sein. Wahrscheinlich lag das an ihren verzweifelten Sehnsüchten, nicht an der Tatsache, daß sie ermordet wurde.

»Kann ich die Fotos behalten?«

Luca runzelte die Stirn.

»Ich gebe sie dir heute abend wieder, das verspreche ich dir.«

»Behalt sie. Sentimentale Erinnerungen haben keinen

Wert.« Luca zog den Gürtel seines Bademantels so eng, daß ich Angst hatte, er schnüre sich den Bauch ab.

»Danke. Ich gebe sie dir heute abend wieder.« Ich ließ den Streifen mit den Fotos in der Hosentasche verschwinden. »Am Donnerstag hat Tamar Linda gesagt, sie wolle ihren Familiennamen ändern. Könnte es sein, daß der Prinz ihr versprochen hatte, sie zu adoptieren?«

»Nein! Er hat sie gebeten, nicht mehr zu ihm zu kommen. Und als ich dann das Kontenbuch gefunden habe, in dem die Zahlung an Leonardo aufgezeichnet war …«

»Ich hab gedacht, Tamar hat's gefunden!«

»Sie hat sich den Fund an ihr Banner geheftet, weil sie glaubte, Principe Maffeo würde sie dann lieber mögen. Sie ist durchgedreht und hat den ganzen Palazzo auf den Kopf gestellt wegen der Zeichnung. Da hat er das obere Stockwerk für sie gesperrt. Ich glaube, er hat befürchtet, daß sie ihm die Zeichnung nicht geben würde, wenn sie sie fände.«

»Wann ist das passiert?«

»Vor einem Monat. Kurz vor der Dokumentarfilmparty.«

»Dann kann sie die Zeichnung nicht gefunden haben. Es sei denn, sie war irgendwo in der Schule.«

Lucas Gesicht umwölkte sich. »Sie hat meinen Schlüssel nachmachen lassen. Ich hatte keine Ahnung davon, bis der Principe sie am Mittwoch abend in der Bibliothek erwischt hat. Er war fuchsteufelswild. Am nächsten Tag hab ich Tamar gesagt, daß ich sie nicht mehr lieben kann. Liebe darf nicht heucheln. Das weißt du auch, Simona.«

»Ich dachte, ich weiß es, aber allmählich bekomme ich Zweifel.« Aus der zeitlichen Distanz klang das selbstgefällig, eher wie ein Diktum als etwas, woran ich tatsächlich glaubte. »War der Prinz wütend auf dich?«

Luca nickte. »Er hat gedacht, ich hätte sie reingelassen.« Er war ziemlich aus der Fassung.

»Das Vertrauen des Prinzen ist dir wichtig.«

Ein Lächeln spielte um Lucas Augen. »Vaterfiguren sind etwas zutiefst Bürgerliches.«

»Ich würde sagen, sie sind etwas zutiefst Menschliches.«

»Und du möchtest unbedingt wissen, was ich mit dem Messer gemacht habe, nachdem ich drei Kilo Fleisch geschnitten hatte?«

Ich nickte lächelnd.

»Ich hab's in der Schule gelassen, weil die am Samstag noch andere Sachen schneiden mußten. Was bedeutet, daß fünfunddreißig amerikanische Kunststudenten Zugang zu der Mordwaffe hatten.«

»Luca, versuchst du, Principe Maffeo zu schützen? Hast du deswegen Perillo nichts von dem Messer erzählt?«

»Ich versuche, meiner Mutter zu helfen. Wenn die Polizei glaubt, einer der Studenten hätte Tamar umgebracht, gibt's eine Menge Ärger. Hensen mag keinen Ärger. Tamar hat zufällig mitgekriegt, daß der Schulbeirat ziemlich durcheinander ist, weil La Casa ein Verlustgeschäft ist.«

»Wie hat sie das mitgekriegt?«

»Sie und Mirella haben sein Bad angemalt. Wenn Hensen die Schule schließt, hat Mirella keine Arbeit mehr und kriegt nur noch eine Rente, mit der sie grade noch das Hundefutter kaufen kann. Niemand gibt Geld für Trompe-l'œil-Gemälde oder vierundsechzigjährige Kunstlehrerinnen aus. Und auch nicht für dreißigjährige

170

zukünftige Architekten. Jedenfalls nicht so viel, daß man davon drei Leute ernähren könnte.«

»Ich glaube nicht, daß Lügen hilft. Möglicherweise steht in den Zeitungen eine Beschreibung des Messers, und dann könnte jemand von La Casa die Verbindung herstellen.« Bis jetzt hatten die Zeitungen lediglich ein paar kurze Notizen zwischen Berichten über eine Entführung in der Toskana und eine Bellini-Madonna, die aus einer Kirche in Venedig gestohlen worden war, abgedruckt.

»Die lesen keine italienischen Zeitungen.«

»Vielleicht doch. Wenn Perillo die Sache herausfindet, wird alles nur noch schlimmer. Ich werd's ihm nicht erzählen, aber mir wäre es lieb, wenn du es machen würdest.« Meine Mutter würde es mir nie verzeihen, wenn ich den Sohn ihrer besten Freundin verriete.

Ein dicker Vorhang aus Haaren verbarg Lucas Augen.

»Ich weiß nicht so recht.«

»Sprich mit Mirella.«

»Dann fängt sie zu weinen an.«

»Aber sie wird die Wahrheit erfahren wollen.«

Unter uns fuhr ein silberfarbener Alfa Romeo auf der Suche nach einem Parkplatz auf den Gehsteig zu. Auf der anderen Seite des Viale Angelico jagten drei Hunde einander im Hundepark. Ihre Herrchen steckten die Köpfe zusammen, ganz aufmerksame Spielplatzeltern.

»Hat Tamar am Freitag angedeutet, daß sie die Zeichnung von Leonardo gefunden haben könnte? Oder etwas anderes Wertvolles, vielleicht etwas, womit sie jemanden erpressen konnte?«

Luca hob ruckartig das Kinn. »Nonna leidet unter seniler Demenz.«

»Das würde ich nun nicht behaupten.«

Er fingerte an seinem Bademantel herum.

»Hat Tamar in dem letzten Gespräch was von dem Leonardo gesagt?« Ich war mir sicher, daß Nonna sich nicht einfach Sachen ausdachte.

»Keine Ahnung. Vielleicht. Ja, wir haben uns über den Principe unterhalten. Möglicherweise ist die Rede dabei auch auf Leonardo gekommen. Sie war besessen von der Zeichnung.«

»Aber du glaubst nicht, daß sie sie da schon gefunden hatte?«

»Nein, denn sonst hätte ich sie gezwungen, sie Principe Maffeo zurückzugeben.«

»Das wäre doch ein guter Grund gewesen, es dir nicht zu erzählen.« Ich ging wieder ins Zimmer. Gorbi schlief tief und fest auf dem Bett, eine Pfote auf der leeren Kaffeetasse. Er hatte kein Tröpfchen verschüttet.

»Noch eine letzte Frage, dann lasse ich dir deine Ruhe.« Luca folgte mir mit verzweifeltem Gesichtsausdruck in den Raum. »Jetzt habe ich vier Frauen im Haus.«

»Was hatte das Heroin in dieser Wohnung verloren? Tamar hat keine Drogen mehr genommen.«

»Das geht dich nichts an. Aber damit du keine falschen Schlüsse ziehst: Hier in diesem Haus nimmt niemand Drogen.«

»Sag deiner Mutter das. Das macht sie sicher glücklich.«

Am besten stattet man dem Vatikanischen Museum in der Mittagszeit einen Besuch ab. Da haben die riesigen Touristenbusse ihre Schäflein eingesammelt und in nahegelegenen Trattorien wieder ausgespuckt. Im Sommer, wenn der Vatikan den ganzen Tag geöffnet hat, drängen sich die nachmittäglichen Besucher noch ums Forum Romanum, den Campidoglio oder einen anderen berühmten Ort und stärken sich mit einem Touristenmenü für eine weitere Attacke auf die Kultur.

Um halb eins war es im Vatikanischen Museum relativ leer.

Ich erinnerte mich an die Ermahnungen, die mir meine Mutter als Kind auf den Weg gegeben hatte: Wann immer ich den Fuß in den Vatikan setzte, mußte ich in irgendeiner Form Buße tun. Also verschmähte ich den Aufzug und kletterte die lange, gewundene Treppe hinauf. Eigentlich hätte ich gleich zum Postamt gehen sollen, aber statt dessen zahlte ich den Eintritt, schritt schnell die endlos langen Kartenräume entlang, schaute hin und wieder in einen Raum voller Schätze, stieg Treppen hinauf und ging sie wieder hinunter und kam schließlich in der Sixtinischen Kapelle an.

Auf gewisse Rituale kann ich nicht verzichten, wenn ich in Rom bin. Luca würde sie sentimentale Erinnerungen nennen. Ich sage Meilensteine der Erinnerung, der lebensbejahenden Erinnerung – an ein vergangenes Leben. Etwas, das ich offenbar nur sehr schwer aufgeben konnte.

Michelangelos Daniel war mein Ziel. Er saß hoch oben auf der linken Seite, ein aufgeschlagenes Buch auf den Knien, in das er etwas notierte. Eine Erkenntnis? Ein Geheimnis? Sein Gesicht sah ernst aus. Er war der Prophet Daniel, der Deuter von Träumen. Als ich sechs Jahre alt war, hatte meine Mutter mich auf eine der Bänke an den Wänden gesetzt, damit ich die magische Berührung

173

von Gottes und Adams Finger direkt über uns bewundern, vielleicht auch die Macht beneiden konnte, die der Vater auf den Sohn überträgt. Gerade als mein Blick zu dem Fresko des Propheten Daniel abschweifte, flüsterte meine Mutter mir zu, daß wir, die ganze Familie, nach Genf ziehen würden, wo Gigi einen neuen Posten hätte. Damals verließ ich Rom das erste Mal. Der Gedanke daran erschreckte mich. Ich schaute hinauf zu Daniels nachgedunkeltem gelbem Knie, zu seiner überlebensgroßen blauen Brust, zu seinen lockigen Haaren, und mir fiel auf, wie jung er im Vergleich zu den anderen Propheten war. Am liebsten wäre ich in alle Ewigkeit auf seinem Knie gesessen an diesem stillen, schattenhaften Ort, an dem Gott den Menschen und die Erde erschuf. Dort würde ich sicher sein.

Genf entpuppte sich als schön. Dort lernte ich im See schwimmen. Ich lernte Französisch und gewann neue Freunde.

Jetzt war Daniels Knie goldgelb und sein junges Gesicht gesäubert; er war atemberaubend schön in seiner Weisheit. Ich hatte gar keinen schlechten Geschmack gehabt als Kind. Was wohl Tamar von Daniel gehalten hatte? Sie hätte schließlich ein einladendes Knie viel nötiger gehabt als ich.

Eine ganze Weile genoß ich den Aufenthalt in dem halbleeren Raum, die Augen auf Michelangelos Decke geheftet. Das rußverschmierte Alte Testament war restauriert worden und erblühte nun in atemberaubender Vitalität. In ihren wiedergewonnenen Sonnenfarben strahlten die Figuren erst ihre ganze Macht aus. Diese Decke würde sogar einen Atheisten mit Ehrfurcht erfüllen. In der Kapelle waren Päpste gekrönt worden, und Michelangelo hatte, um den Gedanken an das menschliche Bedürfnis nach Führung zu stärken, die Fehlbarkeit des Menschen dargestellt und sogar Moses dem Alkohol hingegeben gemalt.

Auf der Altarseite des Raumes war das Jüngste Gericht nach wie vor verhüllt; die Restauration war noch nicht beendet. Auch recht. Ich war ohnehin noch nicht bereit für irgendeine Art von Gericht. Ich warf Daniel noch einen letzten Blick zu. Angeblich hatte Michelangelo ihn in dem Moment darstellen wollen, in dem er von einem Gedanken inspiriert wird.

»Aus deinem Gehirn in meines«, sagte ich zu meinem alten Schwarm.

Am Eingang wählte ich eine Postkarte mit einer Abbildung der *Pietà* aus, genau wie Willy es sich gewünscht hatte, und schrieb darauf: »Ich vermisse Euch.« Es war mir ernst.

»Francobollo da cartolina per l' U.S.A.?« fragte ich die Postbeamtin in dem kleinen vatikanischen Postamt gleich neben dem Eingang. Sie ignorierte meine Bitte um eine Briefmarke und zählte weiter Geld. Ihre Lippen bewegten sich, während sie sich mit einem Gummifinger durch einen fast zehn Zentimeter dicken Stapel Lire kämpfte. Die Wanduhr hinter ihr zeigte fünf Minuten vor zwei. Bald würde geschlossen. Ich war hungrig und verwirrt über Tamar, und in einer halben Stunde mußte ich mich am anderen Ende der Stadt mit Perillo treffen. Da ich kein Geld mehr für ein Taxi hatte, stand mir außerdem noch ein langer Fußmarsch zur U-Bahn bevor.

»Erinnern Sie sich an diese junge Frau?« fragte ich die Postbeamtin und zeigte ihr Tamars Foto, als sie kurz den Kopf hob. Sie runzelte die Stirn und zählte sofort weiter. Ein Kollege raschelte hinter ihr herum. Er hatte einen Schnurrbart, war mittleren Alters und trug eine graue Weste, die ihm seine Frau gestrickt hatte, als er noch schlanker gewesen war.

»Könnten Sie mir helfen?«

Er gab mir meine Briefmarke. Dabei wanderte sein Blick zwischen dem Foto und meinem Busen hin und her.

»Sie haben Glück«, sagte der Mann. »Ich erinnere mich an sie.«

Die Frau schnaubte verächtlich beim Zählen. »An diesen Schalter kommen tagtäglich Tausende von Menschen, aber Beppe erinnert sich angeblich an sie.« Der Gummifinger huschte weiter über die Scheine.

»Hat sie ein Paket aufgegeben oder einen Brief?« Ich zahlte tausend Lire für die Marke. »Hat sie Briefmarken gekauft?«

Die Frau knallte das Bündel Geldscheine auf den Tisch. »Das sind vertrauliche Informationen!«

Beppe zwinkerte mir zu. Ich konnte nicht zurückzwinkern, weil die Fingerfertige mich nicht aus den Augen ließ. Ich hielt Tamars Foto hoch. Ihr Gesicht war nicht in den Zeitungen aufgetaucht. »Sie ist meine Schwester. Ich zeige Ihnen einen Brief, den sie mir geschrieben hat.« Ich schüttelte ein paar Lirescheine aus meiner Brieftasche und tat dabei so, als suche ich nach einem Brief. »Sie hat gesagt, sie hätte ein Paket für meinen Geburtstag am Donnerstag aufgegeben, aber es ist noch nicht angekommen.«

»Aber es ist doch erst Montag!« Beppes Blick wanderte
von meinem Busen zu dem Geld auf dem Tisch. »Wir sind
schnell, aber so schnell auch wieder nicht.« Er schaute
mich lüstern hinter seinem gefärbten schwarzen
Schnurrbart an, als wolle er andeuten, er könne sogar
ziemlich schnell sein, wenn ich ihn nur ließe.

»Sie ist tot, und ich möchte das Paket.« Ich sprach sie jetzt
beide an. »Eine sentimentale Erinnerung, das werden Sie
doch verstehen.«

»Da geht nichts. Ich habe sie nicht gesehen, und Beppe
hat sie auch nicht gesehen. Wir haben geschlossen.« Ihr
Gesicht verschloß sich, als habe sie eine Jalousie herun-
tergezogen.

Ich sprang die Treppe mit der Bronzebalustrade hinunter und schlenderte dann zu der Ecke hinüber, in der es
Michelangelo-T-Shirts zu kaufen gab. Ich wühlte in den
Stapeln herum. Kein Daniel. Ich hielt eine Reproduktion
von Gott und Adam hoch und wartete.

»Hände, die sich nach Berührung sehnen«, flüsterte
Beppe hinter mir. Er trug jetzt süßes Cologne, das mich
an schimmelige Zitronen erinnerte.

Ich ließ das T-Shirt fallen und trat einen Schritt beiseite.

»Wieso erinnern Sie sich an meine Schwester?« Vielleicht
log er nur, damit ich zufrieden war.

»Ich wohne ganz in der Nähe.« Das war eine der Vergün-
stigungen eines Jobs beim Vatikan – man wohnte billig.
Dem Vatikan gehört halb Rom.

Ich lächelte, rührte mich allerdings nicht von der Stelle.

Er zupfte an seinem Schnurrbart. »Sie hat mich gefragt,
wieviel es kosten würde, wenn sie das Paket mit hundert
Millionen Lire versichert.« Das waren ungefähr zwei-

undsechzigtausend Dollar, kaum der Wert einer Zeichnung von Leonardo, aber besser als nichts, wenn sie
tatsächlich so dumm gewesen sein sollte, sie mit der Post
zu schicken.

»Solche Versicherungssummen sind alles andere als üblich«, sagte Beppe und drückte sich wieder an mich
heran. »Ich wollte den Preis für sie nachschlagen, aber
da hat sie gelacht und gesagt, ich soll's schicken, wie's ist.
›Im Vatikan ist Gott selbst der Postbote. Mit Gott kann
nichts schiefgehen.‹ Das habe ich ihr gesagt.« Er grinste
süffisant, vielleicht, weil er sich selbst in der Rolle Gottes
vorstellte.

»Eine Adresse in Rom? Ein dünnes, flaches Paket? Eine
Papprolle? Sie hatte mir eine Zeichnung versprochen.«
Er ließ den Blick wieder zu meinem Busen wandern. »Sie
sind auch nicht alltäglich.«

Ich machte die Hand auf, in der sich zwei Zehntausend-
Lire-Scheine befanden – ungefähr dreizehn Dollar –, die
ich mir von Nonna geborgt hatte. »Eine Adresse in Rom?
Eine Papprolle?« Beppe nahm lächelnd das Geld.

»Sie hat ›Rome‹ draufgeschrieben, nicht ›Roma‹. Aber
ich weiß nicht mehr, in welchem Teil der Stadt. Es war
keine Papprolle und auch nicht flach. Ungefähr so groß
wie ...« Er erstarrte. Die Fingerfertige kam heran und
hakte sich bei ihm unter.

»Wie groß?« fragte ich.

»Wenn Sie meinen Mann nicht in Ruhe lassen«, sagte die
Fingerfertige, »wissen Sie bald, wie groß meine Hand in
Ihrem Gesicht ist.«

Sie dirigierte ihren verstummten Mann weg, ein trium-
phierendes Grinsen auf den Lippen.

13

*Es ist Stolz, schnöder Stolz, und Hochmut;
ich glaube, die Römer nennen es Stoizis-
mus.*

JOSEPH ADDISON, *Cato*

Sie haben eine interessante Mutter«,
sagte Perillo, während ich meine Aussage als unnütze
Augenzeugin eines Mordes unterzeichnete. »Heute morgen war sie hin und her gerissen zwischen Wahrheit und
Loyalität. Natürlich hat die Loyalität gesiegt.«
Perillos Büro war ein makellos sauberes Kämmerchen
voll mit vergilbenden Akten, die zu ordentlichen Bün-
deln verschnürt waren, einem Schreibtisch, der nur
schräg hineinpaßte, einem Stuhl und einem Hocker. Er
saß mit hübsch gekämmten Augenbrauen auf dem
Hocker.
»Woher wußten Sie das?« fragte ich. Beim Frühstück
hatte meine Mutter mir erklärt, sie wolle den restlichen
Morgen im Kosmetiksalon verbringen. In Rom haben
Kosmetiksalons am Montag morgen geschlossen. Ich
wußte das, sie wußte das, aber ich tat so, als nehme ich
ihre Lüge hin. Ich würde ihre Barrieren nicht einreißen,
warum sie sie auch immer aufbaute, selbst wenn das
bedeutete, daß sie mich ausschloß. »Woher wissen Sie,
wann jemand lügt?«

Perillo tippte auf seine Brusttasche. Wahrscheinlich befand sich darin das Notizbuch, in dem er alle menschlichen Regungen notierte. »Als ich Signora Griffo gefragt habe, ob das Messer im Abfall gelandet sein könnte, hat sie zum Fenster hinausgeschaut.«

»Hier gibt's kein Fenster.«

Perillo hob einen Finger. »Genau. Lügen haben mit großer Phantasie zu tun. Sie ersinnen viele Ausflüchte.«

Von nun an achtete ich darauf, daß mein Blick nicht von seinem runden Bacchus-Gesicht wich. Ich hatte nichts darüber gesagt, daß Luca das Messer zu La Casa mitgenommen hatte. »Möglicherweise hat Tamar meinem Exmann ein ›Geschenk‹ geschickt.« Ich erzählte, was Beppe mir gesagt hatte, erwähnte aber nichts von der Bestechung. Die verstand sich von selbst.

Perillo zeichnete eine Augenbraue mit einem manikürten Finger nach. »Die Zeichnung von Leonardo?«

»Warum nicht?«

»Falls es sie gibt und sie sie gefunden hat.«

»Ich gebe ja zu, daß das eine ganze Menge ›falls‹ sind, aber Tamar hat Carlo vertraut. Vielleicht wollte sie die Zeichnung in Sicherheit wissen, bevor sie entschied, was sie damit machen würde.«

Perillo sah nicht gerade überzeugt aus.

Ich hob die Hände. »Vielleicht hat sie ihm ja auch ein richtiges Geschenk geschickt. Er hat bald Geburtstag.« Für Carlo war sein Geburtstag immer sehr wichtig gewesen.

»Ich gebe der Postverwaltung Bescheid.« Er holte einen altmodischen Schlüssel aus seiner Jackentasche. »Nicht gerade eine effiziente Institution heutzutage, wo die Pri-

180

vatisierung droht. Aber letztlich war sie das noch nie.«
Perillo verschloß eine Schublade seines Schreibtischs
und stand auf.

Auch ich erhob mich, weil ich das Gefühl hatte, er wolle
sich von mir verabschieden. »Sind Sie der Lösung des
Falles näher gekommen?«

Statt mir eine Antwort zu geben, dirigierte mich Perillo
aus seinem Büro hinaus. Zehn Minuten später befanden
wir uns auf der Via Nazionale vor dem imposanten Palazzo delle Esposizioni, einem geräumigen Gebäude vom
Anfang des Jahrhunderts, das früher das Museum moder-
ner Kunst gewesen war und jetzt eine Ausstellung mit
dem Titel »Alle Wege führen nach Rom?« beherbergte.

»*La mamma italiana*, sie ist die Beste«, sagte Perillo und
sah hinauf zu Francesco Clementes *Vier Brunnen*, einem
Deckengemälde, das aus vier Frauenbeinen bestand, die
scheinbar zu uns herunterbaumelten und freien Blick
auf ihre Genitalien gewährten. »Sie hat den stärksten
Beschützerinstinkt und ist am treuesten.«

Mein Blick wanderte zu einem Gemälde am oberen Ende
der Marmortreppe, das eine grüne Tür darstellte. Dort
fühlte ich mich bedeutend sicherer. »*La mamma america-
na* ist vielleicht nicht so gut.« Perillo drehte sich langsam
um die eigene Achse, den Blick weiterhin auf die Decke
gerichtet. »Ich habe das Rätsel um das letzte Wort des
Mordopfers gelöst. ›Toni‹. Ihre Adoptivmutter. Toni,
kurz für Antonia. Sie war alles andere als eine sanfte Frau,
doch in ihrem größten Schmerz hat Signorina Deaton
nach ihrer Mutter gerufen.«

»Nach ihrer Pflegemutter, und die beiden haben sich
nicht verstanden.«

Er senkte sein Kinn; dabei bemerkte er die grüne Tür am oberen Ende der Treppe. »Im Tod vergißt man Animositäten, man verzeiht. Die Mutter-Kind-Bindung ist schwer zu durchtrennen. Sogar, wenn es um Pflegemütter geht.«

»Warum haben Sie mich hierhergebracht?« Er hatte darauf bestanden, den Eintritt für mich zu bezahlen.

»Um Ihre Frage zu beantworten. Künstler« – er schloß mit einer Geste seines kurzen Armes alle weiten Räume ein – »verwenden unterschiedliche Symbole, um unsere Stadt darzustellen. Milna Kunc die Wölfin. Jeff Koons eine Marmorkatze, Alex Katz schwarze Linien für die winterlichen Bäume der Villa Pamphili, Mario Ceroli den Racheengel von Castel Sant'Angelo, ausgeschnitten von …«

»Worauf wollen Sie hinaus?«

Wieder hob Perillo den Finger. »In dieser Ausstellung gibt es so viele verschiedene Symbole der Stadt. Jedes einzelne davon entspringt der ganz persönlichen Sicht des Künstlers von unsrer Stadt. Diese Ausstellung von Perspektiven inspiriert mich.« Er folgte mir zu der breiten Treppe und schaute hinauf zu der grünen Tür. »Aus der Ferne sieht sie echt aus, finden Sie nicht auch?«

»Ja.« Und sehr geschlossen. »Sie haben meine Frage noch nicht beantwortet.« Wir gingen die Stufen langsam hinauf. »Sind Sie der Lösung des Falles schon näher gekommen?«

»Bevor ich Ihnen eine Antwort gebe, muß ich Ihre Perspektive hören.« Er war kurzatmig. »Sie haben einige der amerikanischen Studenten heute morgen gesehen. Glauben Sie, daß sie zu einem Mord fähig wären? Ich glaube nicht. Jemanden bei einem Handtaschendiebstahl zu erstechen ist keine amerikanische Methode. Sie erfordert Kenntnisse über den römischen Verkehr, die Straßen der Stadt, diese höllischen Motorroller. Ein Amerikaner würde ein Auto verwenden, mit ihr in der Nacht hinaus aufs Land fahren, sie dort erschießen. Amerikaner haben eine Vorliebe für Pistolen. Dafür sorgt ihre Tradition, der Wilde Westen.«

Italienischer Humbug! »Commissario, wenn Sie wissen wollen, was ich denke, sollten Sie mir nicht Ihre Ansicht aufdrängen.«

Er senkte bekümmert das Kinn. »Pardon, aber ich interessiere mich wirklich für das, was Sie denken.«

»Ich würde sagen, keiner dieser Studenten hat Tamar getötet, weil ich nicht glaube, daß Tamar die Angreifer gekannt hat. Wenn dem doch so gewesen wäre, hätte sie sicher außer ›Toni‹ noch etwas gesagt. Ich kann mir auch nicht vorstellen, daß ein Kunststudent einen Killer anheuert, aber ich bin manchmal naiv, und vielleicht … haben Sie Erkundigungen über die jungen Leute eingeholt?«

»Ich habe ein Fax losgeschickt. Meine Männer haben sich mit allen unterhalten. Das sind nette junge Leute. Ich erwarte mir aus dieser Richtung keine Erfolge.«

»Woher wissen Sie, daß ich mich heute morgen mit den Studenten unterhalten habe?« Perillo breitete die Hände aus. »Sagen Sie nichts. Ich glaube, ich weiß es. Eine Frau mittleren Alters mit Forsythien.«

»Die Forsythien hat sie sich aus eigenem Antrieb gekauft.«

»Lassen Sie Mirella beschatten? Oder mich? Was machen Sie?«

»Ich tue meine Arbeit. Ich sammle Perspektiven.« Perillo blieb auf dem Treppenabsatz stehen und sah sich die grüne Tür genauer an. »Die Illusion hat sich aufgelöst«, sagte er. »Jetzt sehen wir nur noch bemaltes Holz. Diese Tür wird sich nicht öffnen.« Plötzlich voller Energie, drehte er sich um. »Ich finde die Perspektive von Aldo interessant, der für den Principe arbeitet. Das Messer, unser allerwichtigstes Symbol in diesem Fall, war nicht im Abfall, sondern in der Schule, sagt er. Ihre Mutter hätte nicht so loyal sein müssen. Und Sie auch nicht.«

Ich musterte einen interessanten Fleck auf seiner Stirn. Er war ungefähr so groß wie ein Pfefferkorn.

»Luca hat es in die Schule mitgebracht.« Perillo sprang jetzt die Stufen hinauf. »Vielleicht hat er es auch wieder mitgenommen.«

Ich folgte ihm wenig begeistert.

»Tamar hat den Angreifer nicht gekannt!«

»Das stimmt nicht unbedingt.« Er tippte auf seine Brusttasche, als befinde sich darin der Stein der Weisen. »Der Schock des Erkennens kann zu Abwehr führen. Möglicherweise hat sie lieber das Bild einer ungeliebten Pflegemutter heraufbeschworen, als den Verrat eines Geliebten zu akzeptieren. Mütter können in dieser Hinsicht sehr nützlich sein.«

Doppelter Humbug! »Luca war zusammen mit Nonna in Poggio delle Rose, als Tamar umgebracht wurde.«

»Und jetzt hält Luca sich in dem Büro neben dem meinen auf und beantwortet ein paar neue Fragen.«

»Haben Sie mich deshalb hierhergebracht? Damit ich ihn nicht sehe?«

»Das war einer der Gründe. Das hätte Sie nur durcheinandergebracht. Und Ihre Perspektive verschoben.«

Allmählich begann dieses Wort mich zu langweilen.

»Aber Sie haben mir davon erzählt.«

»Das Ohr hat mehr Erbarmen als das Auge.«

»Also hat mein Exmann nichts mehr damit zu tun?« Wir befanden uns jetzt in einem der oberen Ausstellungsräume und betrachteten ein Schwarzweißfoto, auf dem Anita Ekberg Fellinis Wange küßt.

Carlo hatte seine berufliche Laufbahn als Cutter mit einer Assistenz bei *La Dolce Vita* begonnen. Von dort hatte er sich nach unten bewegt, zu Spaghetti-Western, weil er es nicht erwarten konnte, Chefcutter zu werden. Dafür gab er seine Lehrstelle bei einem Genie auf. Danach hatte er nie wieder für einen großen Regisseur gearbeitet.

»Das einzige, was ich bei Fellini verstehe, sind seine Frauen«, sagte Perillo und trommelte dabei mit dem Finger gegen seine roten Lippen. »Die sind alle Mutterfiguren. Deshalb ist er auch besessen von den weiblichen Brüsten.«

Er löste widerwillig den Blick vom berühmten Ausschnitt der Ekberg und begann weiterzugehen. »Niemand ist raus. Das beantwortet übrigens auch Ihre erste Frage. Ich habe viele Verdächtige und gleichzeitig niemanden. Zuerst muß ich herausfinden, warum sie getötet wurde. Eine verloren geglaubte Zeichnung von Leonardo? Eine Erpressung mit Hilfe dieser Zeichnung? Ein anderer Grund? Ihre Mutter hat eine Unterhaltung erwähnt, die sie belauscht hat. Signor Hensen gegenüber ist sie nicht loyal.«

Aus seinem Munde klang das, als sei meine Mutter billig.

»Sie hat ihre Gründe. Wer genau ist dieser Aldo, der für den Principe arbeitet und so gut über das Messer Bescheid weiß?«

»Ich dachte, Sie kennen ihn. Sie sind doch so gut mit der Familie befreundet. Er ist der Sohn des Bauern.«

»Oreste?« Nonnas ergebener Bauer.

»Ja. Alle sind irgendwie miteinander verbunden, und das finde ich interessant. Luca und Aldo finde ich besonders interessant.«

»Was wollen Sie machen?«

Wieder gab er mir keine Antwort. Statt dessen bot er mir an, mir ein Eis zu kaufen. Dabei musterte er mein Gesicht, als könne er darin lesen, warum ich mich weigerte, Eis zu essen, und als könne es ihm dadurch gelingen, mich zu verstehen. Ich lehnte dankend ab; in meiner Brust breitete sich ein kalter leerer Raum aus.

Ich stürzte hinaus ins Tageslicht und den wirren Verkehr auf der Via Nazionale, einer Geschäftsstraße, die zur Piazza della Repubblica und dem nahegelegenen Bahnhof hin ansteigt. Ich fühlte mich unbehaglich und schrieb dieses Gefühl dem langen, schmalen Raum zu, in dem ich Perillo zurückgelassen hatte. Ein Raum voll mit kleinen Gemälden, jedes davon eine so exquisite Ansicht von Rom, daß es auch dem gleichgültigsten Emigranten zu Herzen gegangen wäre.

»Alle Wege führen nach Rom?« fragte die Ausstellung. Ich konnte nur mit »Ja« antworten.

Als ich im Bus wieder zurück zu Mirellas Wohnung fuhr,

186

störten die Worte des Commissario meine nostalgischen
Gefühle. »Aldo und Luca.« »Sehr interessant.« Ich hatte
Angst.

Nonna war – abgesehen von zwei Polizisten mit Haussu-
chungsbefehl – allein in der Wohnung. Sie waren schon
seit zwei Stunden beschäftigt. Im Augenblick holten sie
gerade die Füllung aus dem Sofa heraus.
»Das ist ja abscheulich«, sagte ich laut. Gorbi war ins Bad
eingeschlossen und bellte wie wild. »Hätten Sie nicht
warten können, bis jemand sich um sie gekümmert hätte?« Ich hatte mich mit Perillo unterhalten und Zeit
verschwendet, während Nonna zugesehen hatte, wie ihr
Zuhause entweiht wurde. »Wonach suchen Sie? Hier
ist nichts.« Ich fuchtelte ohnmächtig mit den Armen.
»Sie haben doch die Mordwaffe. Was wollen Sie
noch?« Blutverschmierte Kleidung? Bargeld? Noch eine
Leiche?
»Ich will meinen blauen Knopf«, sagte Nonna von ihrem
Sessel aus, kalt wie Hundeschnauze. »Schau mal, was sie
hinter der Frisierkommode gefunden haben.« Sie hob
ein Paar verstaubter Ziegenlederhandschuhe hoch. »Die
hab ich Mirella geliehen und den ganzen Winter nicht
mehr gesehen.«
»Nonna, das ist schrecklich! Es tut mir alles so leid.«
»Mir nicht!« Sie deutete mit dem Finger auf die Beamten.
»Der Knopf ist ungefähr so groß wie ein Gettone. Nacht-
blau. Mittags habe ich die Fünf der Kelche gelegt.« Sie
sah mich mit entblößten Zähnen an. »Und zwar auf dem
Kopf – das bedeutet die Rückkehr eines alten Freundes.
Den Knopf hab ich seit zwei Jahren nicht mehr gesehen.

Schau nicht so besorgt drein.« Ihr Blick wanderte zu den Männern, die sich über das Sofa gebeugt hatten. »*Idioti*«, sagte sie tonlos und mit zitterndem Kiefer.

Weiße Hundehaare setzten sich an ihren Hosen fest, als die Beamten die Polster drückten und darin herumstocherten. Ich hätte ihnen beiden gewünscht, daß sie an Haarballen erstickten. Perillo hatte mich aufs Glatteis geführt, mich höchstpersönlich hintergangen. Mein Koffer lag offen auf dem Eßzimmertisch, die Tampons waren aus ihrer Schachtel gefallen. Außerdem fühlte ich mich schuldig, als wäre es meine Aufgabe gewesen, sie alle vor dieser Schande zu bewahren.

Aus dem Sofa tauchten ein Kamm und ein bißchen Kleingeld auf. Nonna legte ihre Tarotkarten auf den Schoß, als könnten sie ihr sagen, wo der vermißte Knopf zu finden sei, während sich die Männer, beide mit verknitterten olivgrünen Anzügen bekleidet, über die Truhe mit der Mitgift machten.

»Was für eine Zeitverschwendung!« Ich strich die Kleidung in meinem Koffer glatt, fast versucht, alles in die Waschmaschine zu stopfen. Wie konnten sie es nur wagen? Die Tampons steckte ich in die Tasche.

»*Cazzo!*« Der Arm des Beamten mit schütterem Haar verschwand tief in der Truhe. »*Cazzo*«, wiederholte er, als habe er seinen Penis verloren und hoffe, ihn aus Mirellas Truhe heraufzubeschwören. Als Schimpfwörter verwenden die Italiener lieber die Bezeichnungen für die männlichen Genitalien als die für Exkremente.

Ich trat näher heran. »Was ist?«

»Das könnte ich Sie fragen.« In der behandschuhten Hand hielt er eine lange, schwarze Perücke.

188

»Haare«, sagte Nonna. »Die könnten Sie gut gebrauchen.«

Ich versuchte es mit einem gelassenen Blick, doch mein Magen rumpelte. Der Beamte mit den schütteren Haaren wollte etwas sagen. Sein Kollege hielt ihn mit einer Handbewegung davon ab, nachdem er Nonna angeschaut hatte.

Ich beeilte mich, Erklärungen zu geben. »Mirella Monti malt Porträts im Stil der Renaissance.« Ich deutete auf die Brokat- und Samtstoffe, die der Mann mit den schütteren Haaren aus der Truhe gezogen hatte. »Sie verwendet Perücken, Kostüme, alles, was ihr hilft, die richtige Wirkung zu erzielen.« Ich lächelte sie an. Mich hatte ich überzeugt.

»Kein Knopf?« fragte Nonna.

Der Mann mit den schütteren Haaren schüttelte den Kopf und steckte die Perücke in eine Papiertüte. Sein Kollege beschriftete ein Etikett. Aus dem Bad klang Gorbis Jammern.

»Was machen denn diese Leute hier?« fragte meine Mutter von der Tür her. Ich war zu durcheinander gewesen, um den lauten Schlüssel im Schloß zu hören. »Und warum läßt niemand den Hund raus? Er ist nicht bissig.« Sie hatte eine große Hutschachtel in der Hand.

Ich gab meiner Mutter einen hastigen Kuß auf die Wange und rannte zum Bad, glücklich darüber, eine Aufgabe zu haben. Gorbi sabberte mich vor Freude voll und raste dann den Flur zum Wohnzimmer hinunter. Meine Mutter spuckte Worte aus wie »Rechte«, »Schurkerei« und »Feigheit«. Einmal brachte sie sogar die Inquisition ins Spiel. Die Männer waren so klug, nichts darauf zu sagen.

Ich flüchtete mich in die Küche, um mich mit einer Orange zu stärken. Seit der Pizza auf dem Campo dei Fiori hatte ich nichts mehr gegessen.

Das Telefon im Flur klingelte. Ich rannte hin. Gorbi rannte mir hinterher, wohl in dem Glauben, ich wolle mit ihm spielen. Ich stolperte über das Telefonkabel, schlug mir das Knie an und ließ meine Orange fallen. Gorbi schnappte sie sich; ich ging ans Telefon.

»Mrs. Monti, hier spricht Deborah Hensen.« Eine barsche amerikanische Stimme. Arthur Hensens Tochter? Ich rieb mir das Knie. Vielleicht hatte er noch irgendwo eine Frau versteckt.

»Ich bin nicht Mrs. Monti. Möchten Sie eine Nachricht hinterlassen?« Ich schaltete eine opalfarbene Lampe an. Draußen vor dem Fenster am anderen Ende des Flurs nahm die Magnolie einen tief purpurfarbenen Ton an.

»Mrs. Monti soll mich zurückrufen.« Sie rasselte eine Nummer herunter. Bevor ich sie bitten konnte, sie zu wiederholen, fügte sie hinzu: »Ein R-Gespräch, wenn's sein muß. Aber sagen Sie ihr einen schönen Gruß: Sie braucht sich nicht die Mühe zu machen, meinem Vater einen falschen Leonardo anzudrehen. Sie hat alles von ihm bekommen, was sie von ihm bekommen kann.« Dann legte sie auf, und ich hatte keine Telefonnummer. Das war gar nicht so schlecht, dachte ich. Gorbi wedelte mit dem Schwanz und spuckte Orangenkerne aus. Mir tat das Knie weh, und meine Mutter wartete mit einer Hutschachtel. Sie haßte Hüte. Der ganze Tag ergab keinen Sinn. Daniel machte seine Arbeit nicht richtig.

»Wer war das am Telefon?« fragte sie wie immer.

»Was ist in der Schachtel?«

Die beiden Männer kamen aus dem Wohnzimmer und trotteten zur Tür. »Wir kommen gleich wieder«, sagte der Beamte mit den schütteren Haaren, die Tüte mit der Perücke fest gepackt.

»Perücken kosten Geld!« rief Nonna ihnen nach. »Ich will sie zurück! Und ich habe jeden Topf auf der Terrasse gezahlt. Gib mir mal eine Zigarette.« Sie fummelte in ihrer Jackentasche herum und holte schließlich eine zerdrückte Packung heraus.

»Die wollen auf die Terrasse?« Mamma wandte sich wieder dem Wohnzimmer zu. Ich folgte ihr hinein und hatte die unfreundliche Deborah Hensen schon fast vergessen. Ich hörte die Polizisten über uns herumscharren. Sie hatten eine Perücke gefunden, eines von Mirellas Requisiten. Mehr würden sie nicht finden.

»Warum?« fragte meine Mutter. »Wonach suchen die?« Nonna runzelte die Stirn beim Anblick einer Tarotkarte, auf der der Mond abgebildet war. Sie hatte eine krumme Zigarette im Mund. »Die verloren geglaubte Zeichnung von Leonardo. Gebt mir mal Feuer.« Eine Schachtel Küchenstreichhölzer beulte ihre Tasche aus.

Meine Mutter ließ sich aufs Sofa fallen. »Das ist absurd!« Ich setzte mich neben sie, erzählte ihr, was mit Luca und dem Messer passiert war, was Linda mir gesagt hatte, was Aldo der Polizei gesagt hatte, daß Luca im Augenblick noch einmal von der Polizei befragt wurde. Nonna betrachtete mich mit wäßrigem Blick, die Mondkarte in ihrer zitternden Hand, Gorbi zu ihren Füßen. Die Zigarette blieb kalt. Ich fummelte am Deckel der Hutschachtel herum, während meine Mutter sich ihre Gedanken über die Dummheit und Korruptheit der italienischen Beamten machte.

»Es ist wie im Mittelalter!« erklärte sie und schaltete die vergoldete Tischlampe ein, die einmal ein Kerzenleuchter auf einem Altar gewesen war.

Ich hob den Deckel der Hutschachtel hoch; sie klopfte mir auf die Finger. »Du bist kein Kind mehr, Simona. Du brauchst nicht jedes Paket aufmachen, das du siehst.«

»Dann behandle mich auch nicht wie ein Kind.« In der Schachtel lag das genaue Abbild der Haare meiner Mutter. »Warum die Perücke?«

Sie runzelte die Stirn. »Du weißt doch, wie teuer Friseure heutzutage sind.«

»Nein, das weiß ich nicht.« Ich lasse mir die Haare von einer Freundin im Büro schneiden, die sich gern der Herausforderung stellt, eine gerade Linie zuwege zu bringen, das aber nicht immer schafft. »Das letzte Mal war ich an meinem Hochzeitstag beim Friseur, und dafür hast du bezahlt. Eine Geldverschwendung.«

Meine Mutter überraschte mich mit einem Lächeln und streckte die Hand nach meinen Locken aus. »Als die Schwester im Krankenhaus dich das erste Mal zu mir gebracht hat, hattest du schon den ganzen Kopf voller Haare. Die hast du von deinem Vater.«

Ja, ja, der Vater. Mit dem mußten wir uns auch noch auseinandersetzen. »Und was habe ich von dir geerbt?«

»Zum Teufel mit deinen Haaren!« Nonna warf ihre Tarotkarten weg. Gorbi hob erschrocken den Kopf, als die Karten auf ihn herabflatterten. »Was werden die mit meinem Luca anstellen?« Die Zigarette fiel ihr aus dem Mund. Gorbi rannte bellend aus dem Zimmer.

»Signora?« rief eine Männerstimme vom Flur. Die Polizisten waren wieder da.

Meine Mutter hob verärgert den Kopf. »Der Hund beißt nicht!«

»*La prego.*« Die Stimme klang unnachgiebig.

Wir standen beide auf und gingen zur Wohnzimmertür.

»Schaut nach, ob sie keine Pflanzen mitgehen lassen«, rief Nonna.

Meine Mutter und ich starrten auf die Haustür, auf den Kollegen des Beamten mit den schütteren Haaren. Das Licht im Flur spiegelte sich in seiner Brille. Gorbi schnüffelte winselnd an seiner Hand, in der er eine verknitterte, schmutzige Khaki-Tasche mit einem Goofy-Sticker hielt, der sich vom oberen Teil schälte.

»Sie haben natürlich nichts gefunden«, sagte meine Mutter mit völlig beherrschter Stimme. »Vielleicht möchten Sie einen Kaffee. Bitte.« Mamma und ich scheuchten den Beamten in die Küche, wo Nonna uns nicht hören konnte.

»Erkennen Sie die?« fragte er.

Meine Mutter nickte mit versteinertem Gesicht.

Tamars Tasche. Ich schlang den Arm um ihre Taille. »Wo haben Sie sie gefunden?«

»Zwischen zwei Glyzinientöpfen.« Er wirkte enttäuscht, als habe auch er gehofft, die Wohnung mit leeren Händen zu verlassen. »Ich habe Sie auf den Flur gerufen, weil ich nicht wollte, daß die alte Dame einen Schock bekommt.« Er hielt ihr eine Quittung für Perücke und Tasche hin. »Der Kaffee ist nicht nötig, danke.«

»Ich hatte auch gar nicht die Absicht, Ihnen einen Kaffee anzubieten«, sagte meine Mutter, »allerdings könnte

Nonna der Geruch fehlen.« Sie faltete die Quittung ordentlich zusammen und schob sie ihren Blusenärmel hinauf, wie sie es mit allen Dingen macht, die niemand außer ihr sehen soll. »Simona?«

Ich ging in die Küche, um Kaffee zu machen, wieder einmal froh, eine Aufgabe zu haben. Die Tasche verschwand in einem schwarzen Abfallsack, den der Polizist über die Schulter schwang, aus der Reichweite von Gorbi.

»Es werden keine Fingerabdrücke drauf sein. Nicht auf Stoff.«

Wollte er uns beruhigen?

»Was werden Sie jetzt machen?« fragte Mamma. Sie sah erschöpft aus.

»Die müssen mir meinen Schlüssel für die Terrasse wiedergeben!« rief Nonna aus dem Wohnzimmer.

»Ich erstatte Bericht, alles andere liegt nicht bei mir.« Er ließ den Terrassenschlüssel auf den Küchentisch fallen und warf einen schnellen Blick auf die Fresken. Vermutlich fühlte er sich angesichts unserer Mienen nicht allzu wohl. »Hübsche Wände. Da kriegt man das Gefühl, daß man den Sonntag auf dem Land verbringt, was?«

Er tätschelte Gorbis Kopf. »Netter Hund. Hab selber einen Köter daheim.« Er bewegte sich auf die Küchentür zu, ohne uns den Rücken zuzukehren. »Ich hab ihn letzten August an einen Baum neben der Autostrada gebunden gefunden. Gleich nach Sonnenuntergang, Sie wissen schon, in der Dämmerung, wo's irgendwie gruselig ist. Fünf Minuten später, und ich hätte ihn nicht mehr gesehen. Er ist schwarz wie die Nacht.«

Wir folgten ihm hinaus auf den Flur. Gorbis Nase war steil auf die häßliche Last über der Schulter des Polizisten gerichtet. »Als ich die Hündin zu Hause hatte, hat sie fast eine ganze Badewanne voll Wasser ausgesoffen. Und jetzt ist sie mein bester Kumpel. Guter Abend. So heißt sie: Guter Abend.« Er schlüpfte mit gesenktem Kopf zur Haustür hinaus. Er hatte versucht, sich zu entschuldigen. Ich nahm meine Tasche vom Flurtischchen. »Leihst du mir deinen Wagen, Mamma?«

»Wo willst du hin? Du mußt dich umziehen. Wir essen um acht.«

»Essen?« Ich wollte gerade die Stimme senken und ihr erklären, wie absurd der Gedanke sei, am Abend zu Arthur Hensen zum Essen zu gehen.

Plötzlich stand Nonna mit dem langen, schwarzen Samtkleid und der cremefarbenen Spitze, das sie zu ihrem neunzigsten Geburtstag getragen hatte, an der Tür. Sie wedelte mit der Mondkarte. »Ein Verlobungsessen!« Ihre Augen schimmerten lebhaft. »*Finalmente!* Der Amerikaner wird um die Hand meiner Tochter anhalten. Endlich kann ich in Frieden sterben.«

»Wage es ja nicht!« sagte ich zu Nonna. Es passierte schon zu viel.

Meine Mutter lächelte. Offenbar glaubte sie kein Wort. »Haben deine Karten dir das gesagt?«

Nonna warf die Mondkarte auf den Boden, das Gesicht zornesrot. »Der Wolf und der Hund heulen den Mond an. Das ist Pech für jemanden, den ich liebe, aber ich will's nicht glauben! Nicht heute abend! Nicht Mirella!«

Gorbi trat mit der Pfote auf die Karte und nahm sie ins Maul.

»Keine Sorge, Nonna.« Mamma glättete ihren Rock mit den Händen. »Die Polizei hat nichts gefunden.«

»Natürlich hat sie nichts gefunden!« Nonna nahm Gorbi die Karte aus dem Maul. »Darüber mache ich mir keine Sorgen!«

Mamma wurde rot. Sie beäugte meine Hose. »Du siehst mit Rock viel hübscher aus, Simona.« Sie haßte Lügen und bekämpfte ihre Schuldgefühle, indem sie ihre Lieblingssticheleien anbrachte.

Ich duckte mich an Nonna vorbei, sagte ihr, wie schön sie aussehe, und schnappte mir die Wagenschlüssel aus der Tasche meiner Mutter.

»Hosen stehen dir nicht.«

»Die sind aber bequem.« Im Flur packte ich das Telefonbuch und klemmte es unter den Arm. Gorbi strich mir um die Beine, als sehe er darin ein Versprechen auf Freiheit. »Nein, *bello*, diesmal nicht.«

Meine Mutter sah Nonna hilfesuchend an. Sie wollte nicht, daß ich ging, weil sie sich nicht mit dem Fund auf der Terrasse konfrontieren und einer alten Frau etwas vorlügen wollte, die nur für ihre Familie lebte. Aber meine Mutter schaffte es nicht, zu sagen: »Ich brauche dich hier.« Und ich war ihr böse deswegen. Außerdem wollte ich nach Luca sehen.

»Simona hat deine breiten Hüften geerbt«, sagte Nonna trocken, als ich ihnen beiden von der Tür aus eine Kußhand zuwarf. »Wollen wir hoffen, daß das das einzige ist. Was ist eigentlich aus dem Kaffee geworden, den du uns versprochen hast, Olga?«

Als ich die Haustür hinter mir schloß, ließ Gorbi traurig den Kopf hängen.

14

*Sie [die Römer] bauten freundschaftliche
Beziehungen weniger dadurch auf, daß sie
anderen Gunst erwiesen, als daß sie sich
von anderen Gunst erweisen ließen.*

SALLUST,
Die Verschwörung des Catilina

Ich fuhr die Cassia hinauf, eine
schmale, tückisch ansteigende, alte römische Straße voller Autos, die nach Florenz führte. Aus der hügeligen
Landschaft mit ein paar schönen großen Villen war
durch den Nachkriegsboom ein Ort geworden, an dem
sich ausländische Privatschulen sowie teure Wohnblocks
mit pflanzenbedeckten Terrassen aneinanderreihten.
Entlang der Straße hatte man Bäume stehenlassen, um
weiterhin die Illusion vom Landleben zu vermitteln. Die
Sabiner Berge in der Ferne verstärkten diese Illusion.
Die Oase der Tarelli-Schwestern hieß Poggio delle Rose –
der Rosenhügel. Die Rosen blühten noch nicht. Ich warf
einen Blick auf die Uhr. Um fünf Uhr nachmittags, also
in der Hauptverkehrszeit, hatte die Fahrt zweiunddreißig
Minuten gedauert. Am Sonntag morgen hätte Luca dafür
höchstens zwanzig Minuten gebraucht.
Ich stellte den Wagen vor dem Haus ab, ging an einem
blühenden Kirschbaum vorbei, der viel zu zerbrechlich

wirkte vor einem breiten, achtstöckigen Wohnhaus, und
drückte die Klingel. Ich hatte die Telefonnummer in
dem Telefonbuch nachgeschlagen, das ich mir unter den
Arm geklemmt hatte, verwirrt genug, zu denken, ich sei
wieder in New York, wo es fast unmöglich ist, ein öffent-
liches Telefonbuch zu finden, und dann von Mirellas
Eckkneipe aus angerufen. Ich erinnerte Pia Tarelli, die
ältere Schwester, daß ich sie bei Nonnas neunzigstem
Geburtstag kennengelernt hatte.

Monica Tarelli bot mir Kaffee und selbstgemachte Butterplätzchen an, und wir nahmen in einem großen, behaglichen Raum mit glänzendem Marmorfußboden und
reich verzierten Eichenvertäfelungen Platz. Am einen
Ende stand ein Flügel, den Nonna sicher gern gehabt
hätte, mit tiefblauem Damast verhüllt. Monica erzählte
mir, wie sehr sie wegen des Todes von Tamar aus der
Fassung gewesen seien. Nonna, die sie Professoressa
Monti nannte, hatte ihnen alles über Tamar erzählt.
Monica war Ende Fünfzig, hatte gebleichte blonde Haare, die sich ordentlich um ihr weiches Mondgesicht legten, und schenkte mir ein strahlendes Lächeln.

»Wie ich Ihnen bereits am Telefon gesagt habe«, mischte
sich Pia ein, die kerzengerade neben ihr saß, eine dunk-
lere, ältere und argwöhnischere Version ihrer Schwester,
»kommt eine Studentin, die ich auf *la maturità* vorberei-
ten soll.« Die Italiener nennen den Gymnasialabschluß
»Matura«, die Reifeprüfung, ähnlich wie die Österrei-
cher, vielleicht weil sie davon überzeugt sind, daß dreizehn Schuljahre reif fürs Leben machen.

»Ich wollte Ihnen ein paar Fragen über Luca stellen.«
»Ich habe nur ein paar Minuten Zeit.« Pia saß auf der

198

Kante des beigefarbenen Samtsofas. Sie trug ein dunkelbraunes Kostüm, eine Farbe, die ihrem olivfarbenen Teint nicht schmeichelte.

»Ich habe den ganzen Nachmittag.« Monica deutete auf ihr bandagiertes Bein, das auf einem Hocker mit Petitpoint-Arbeiten ruhte. »Eine Venenentzündung. Ich bin in meinem Leben einfach zuviel gestanden.« Sie lächelte und griff in die kleine Tasche ihres erbsengrünen, nachgemachten Chanel-Kostüms. »Ich habe eine Boutique hier in Poggio delle Rose, direkt bei der Apotheke.« Sie hielt mir eine Karte hin, die ich nahm. »Freunde der Monti-Familie kriegen fünfzehn Prozent Rabatt.«

»Was genau wollen Sie über Luca wissen?« fragte Pia, klopfte ihre Zigarette auf dem Beistelltischchen aus und schob sie sich dann mit einer schnellen, schroffen Geste zwischen die Lippen. Am Telefon hatte ich erklärt, daß ich versuchte, zusammen mit Mirella einen Sinn in diesen Mord zu bringen. »Ein Ispettore von der Giudiziaria ist bereits hier gewesen.«

»Luca war die ganze Zeit hier«, sagte Monica, »das haben wir auch dem Ispettore gesagt. Er hatte schmutzige Schuhe. Ich habe den Eingang noch einmal wischen müssen, was gar nicht so einfach ist, wenn man das Bein hochlagern soll.« Monica biß lachend in ein Plätzchen. »Hmmm.« Sie hörte auf mit dem Kauen und preßte die Augen zusammen. »Probier eines, Pia, die sind besser gelungen als die letzten. Meine Schwester ist sehr anspruchsvoll, was Süßes anbelangt.«

Pia wandte ihren argwöhnischen Blick nicht von mir. Ich wollte ihr die Wahrheit sagen, daß Luca sich in Gefahr befand, daß die Polizei darauf aus war, das Alibi zu

199

knacken, selbst wenn sie geschworen hatte, daß er den ganzen Morgen bei ihnen gewesen war. Ich wollte dafür sorgen, daß der Polizei genau das nicht gelang. Das war etwas Greifbares, etwas, das ich meiner Mutter, Mirella und Nonna mitbringen konnte. Und dennoch zögerte ich, als stünde ich vor einer leeren Tafel und habe meine Hausaufgaben nicht gemacht. Pias Distanziertheit war mir von meiner Mutter vertraut; sie hemmte mich.

Ich wandte mich der sanfteren Monica zu. »Die junge Frau wurde um zehn Uhr achtunddreißig getötet …«

»Oh, die Professoressa war um Punkt zehn Uhr hier. Sie ist immer pünktlich.« Monica blies den Zigarettenrauch ihrer Schwester weg. »Irgendwie erinnern ihre morgendlichen Besuche uns ans Klassenzimmer. Wissen Sie, sie war im Gymnasium unsere Mathematiklehrerin. Die beste, die wir je hatten.«

Monica biß in ein weiteres Plätzchen. »Pia unterrichtet auch Mathematik. Das hat sie nur der Professoressa zu verdanken.« Sie warf ihrer Schwester einen stolzen Blick zu. »Ich müßte mit der Boutique Konkurs anmelden, wenn du nicht die Buchführung erledigen würdest.«

»Luca ist die ganze Zeit geblieben?«

Monica machte den Mund auf.

Pia beugte sich vor und legte ihrer Schwester eine Hand auf den Arm. »Warum ist das wichtig?« fragte sie. Sie hatte kluge, tiefbraune Augen, die freundlicher wirkten, als sie eigentlich wollte. »Er hat nichts mit dem Mord zu tun.«

»Davon ist die Polizei nicht so überzeugt.«

»Die Polizei ist zu nichts nütze.« Pia verschob ein Pillendöschen um ein paar Zentimeter. Der halbe Beistell-

200

tisch war voll mit glänzenden silbernen Pillendöschen.

»Was sagt Luca?«

»Daß er hier gewesen ist. Aber er ist jung, und ich kann mir eigentlich nicht vorstellen, daß er den ganzen Morgen mit drei Frauen in Erinnerungen schwelgt.«

»Wir vergeuden unsere Zeit nicht mit der Vergangenheit.«

»Luca ist in die Apotheke, um etwas für mich zu holen«, sagte Monica. »Eigentlich sollten sie nicht am Samstag kommen. Wir hatten uns für den Palmsonntag verabredet, weil wir den Papst im Fernsehen anschauen wollten.« Ein riesiger Fernsehapparat in einer Ecke spiegelte matt unser Bild wider.

»Und wer hat den Termin verschoben?«

»Luca hat am Freitag angerufen«, sagte Pia und nahm einen Zug an ihrer Zigarette. »Seine Großmutter hat vergessen, daß Mirella ein Mittagessen auf dem Bauernhof geplant hatte. Er hat gefragt, ob uns Samstag recht ist.«

»Eigentlich war es uns nicht recht«, mischte sich Monica ein, »weil ich am Samstag immer bügle. Aber bei einer Frau im Alter der Professoressa weiß man nie, ob man sie noch einmal sieht. Also mußten wir zustimmen.« Monica biß wieder in ein Plätzchen. »Sie hatte im Juni einen Herzanfall.«

»Das habe ich nicht gewußt.« Warum hatte meine Mutter mir das nicht gesagt?

»Monica«, sagte Pia leise und drückte ihre Zigarette aus. »Ich hab nicht gewußt, daß das ein Geheimnis ist.« Monica wurde rot, und plötzlich sah sie zehn Jahre jünger aus.

»Nonna hat's überstanden«, sagte ich und knabberte an einem schweren Butterplätzchen. »Das allein zählt. Wie lange ist Luca in der Apotheke geblieben?«

Es klingelte an der Tür. Pia machte Anstalten, sich vom Sofa zu erheben, unsicher, ob sie an die Tür gehen oder ihrer Schwester bei der Beantwortung der Fragen beistehen sollte.

Monica schüttelte mit abweisendem Blick den Kopf. »Wenn die Leute von der Polizei noch mal kommen, werden sie feststellen, daß er wirklich in der Apotheke war. Und ich kann nicht für dich an die Tür gehen. Wegen dem Bein.« Sie sah aus, als wolle sie gleich anfangen zu weinen.

Es klingelte weiter. »Geh doch ran!«

Ich stand auf. »Soll ich aufmachen?«

Pia machte sich mit einem warnenden Blick auf ihre Schwester auf den Weg.

»Sie mag's nicht, wenn ich so viel esse.« Monica schob den Plätzchenteller weg und tippte auf ihre Hüfte. »Sonst wachse ich zu schnell aus meinen Kleidern.«

Ich setzte mich wieder.

Monica sagte: »Die Apotheke ist gleich die Straße runter. Höchstens fünf Minuten weg.«

Wir lauschten. Die Haustür ging auf, die Studentin und Pia murmelten etwas. Schritte auf dem harten Fußboden, die einen klackend, die anderen schlurfend.

Als ich nur noch meinen eigenen Atem hörte, fragte ich: »War Luca wirklich nur fünf Minuten weg?«

Monica strich ein Spitzentaschentuch auf ihrem erbsengrünen Schoß glatt. »Die Professoressa hat uns am Samstag abend angerufen. Es war spät, schon nach elf. Sie hat uns von dem Todesfall erzählt und gesagt, daß vielleicht die Polizei vorbeikommt.«

»Nonna hat Sie gebeten zu lügen?«

Sie betrachtete die Wand, die von durchsichtigen, bodenlangen Stores verdeckt wurde. In der untergehenden Sonne schimmerten sie orangefarben. »Würden Sie bitte die Türen öffnen? Ich würde gern den Sonnenuntergang sehen.«

Ich tat ihr den Gefallen. Die überdachte Terrasse war groß genug für einen Metalltisch und zwei kleine Sessel. Große Terrakottatöpfe mit Jasmin füllten die Ecken aus. Sogar die Blätter waren makellos.

»Danke. Pia hat sie gern geschlossen.«

Ich setzte mich wieder, diesmal ein wenig näher neben Monica, in die warme Kuhle, die Pia hinterlassen hatte. In der Nachbarwohnung begann jemand, sich den letzten Akt von *La Bohème* anzuhören, die Lieblingsoper meines Vaters. »Nonna hat Ihnen gesagt, Sie sollen lügen?«

»Das mußte sie nicht. Wir haben mit der Polizei nicht über die Apotheke gesprochen, aber wenn wieder Beamte kommen, finden sie es vielleicht heraus, und dann sieht die Sache noch schlimmer aus. Die Apothekerin ist Deutsche. Signorina Sondheim sagt, die Italiener hätten kein Rückgrat. Sie ist wegen der Sonne hierhergezogen. Einmal habe ich ihr einen Teller mit meinen hausgemachten Fettuccine gebracht. Aber sie mag lieber Kartoffeln.«

Irgendwo jenseits der Terrasse sang Colline, der Philosoph, mit tiefem Baß sein Abschiedslied an seinen alten Mantel.

»Ist Luca nach fünf Minuten wieder dagewesen?«

»Ja, natürlich.« Sie war ganz vertieft in die Oper. »Fünf Minuten.« Ich konnte nicht beurteilen, ob sie log.

»Wann ist er weg? Gleich am Anfang oder später? Erinnern Sie sich, wann?«

»Spät.« Ihr schnürte sich die Kehle zu. Jemand drehte die Musik lauter, und die Klänge von *La Bohème* drangen in den Raum. »Ich hatte kein Antikoagulans mehr, und er hat mir angeboten, welches zu holen.«

»Können Sie mir genau sagen, wann?«

Sie hob ihre kleine, sorgfältig manikürte Hand, die Finger voller Ringe, als wolle sie etwas abwehren.

»Um elf.«

Auch ich lauschte der Musik.

»Mimi!« stieß der Tenor jetzt voller Qual hervor. Mimi war tot!

Monica erschauderte. »Hier fange ich immer zu weinen an, ich kann einfach nicht anders.« Sie tupfte sich die Augen mit ihrer Spitzenserviette ab. »Meine Schwester war Opernsängerin.«

»Stimmt, ich erinnere mich. Sie hat zu Nonnas neunzigstem Geburtstag aus *Madama Butterfly* gesungen.« Pias feine, zitternde Sopranstimme hatte mich überrascht, weil sie in krassem Widerspruch zu ihrem verkniffenen Gesicht und ihrem stämmigen Körper stand. »Klingt wie eine rollige Katze«, hatte Nonna nur dazu gesagt.

»›*Un bel dì vedremo.*‹ Das ist ihre beste Arie. Die Anmut und das Leiden, sie sind immer noch in ihrer Stimme.« Monica lächelte; dabei wölbten sich ihre runden Wangen. Sie machte große, überraschte Augen, als habe das Leben ihre Erwartungen nicht ganz erfüllt.

»Zwei Saisons lang haben die Kritiker Pia hochgejubelt. Ich habe alle ihre Besprechungen, ihre Opernprogramme aufgehoben. Dann ist unsere Mutter an Angina gestorben; unser Vater war bereits gestorben, als wir klein waren.« Sie schob Kekskrümel zusammen, in eine Falte ihres Rocks. »Da hat Pia ihre Stimme verloren. Die Professoressa hat sie überredet, Mathematik zu unterrichten. Das hatte sie in der Schule so gut gekonnt.«

»Eine traurige Geschichte.«

»Die Ärzte haben gesagt, die Ursache sei eine verschleppte Bronchitis gewesen. Ich behaupte, ihr ist das Herz gebrochen. Bei mir war das jedenfalls so, aber ich hatte nichts zu verlieren, außer der Freude. Danach sind wir beide immer zusammengeblieben.« Monica beugte sich ein wenig vor und stellte ihr Bein vorsichtig auf den Teppich. Dann erhob sie sich unsicher, und die Krümel fielen auf den Boden. Sie würde ihn wieder fegen müssen. »Ich würde Ihnen gern etwas zeigen.«

Wir gingen langsam auf die Terrakottafliesen der Terrasse hinaus. Die Oper war zu Ende, und die Sonne tauchte uns in aprikosenfarbenes Licht, das typisch ist für Rom. Dieser Augenblick hätte eigentlich einer lebensbejahenden Erleuchtung geweiht werden sollen, nicht dem Gespräch über einen Mord.

»Wann sind Luca und Nonna gegangen?«

»Um zwanzig nach elf. Da mache ich mich immer auf den Weg zur Boutique.« Sie stützte sich mit verschränkten Armen auf das Balkongeländer. »Ich bin so gern hier draußen im Freien. Pia könnte auch in einem Keller wohnen, so wenig macht sie sich aus allem Lebendigen.«

Monica deutete auf den sonnendurchfluteten Horizont zwischen zwei Gebäuden. »Meine Sabiner Berge. Ich sage der Professoressa immer, ich kann ihren Bauernhof von hier aus sehen. Dann erklärt sie mich für verrückt, aber sie ist ja auch eine Mathematiklehrerin. Pragmatisch. Ich sage, ein bißchen Phantasie ist wie ein Löffel von den Mittelchen, mit denen der Apotheker mich füttert. Die Phantasie ermöglicht es dem Blut, bis zum Herzen zu gelangen. Sie mag nicht hier herauskommen, um meine Hügel zu betrachten.« Sie wirkte enttäuscht.

»Sie hat Höhenangst.«

»Fenster. Heckenschützen haben im September drei-undvierzig bei der Einnahme Roms auf sie geschossen und einen Freund von ihr verwundet. Seitdem geht sie nicht mehr in die Nähe von Fenstern. Ich glaube, deshalb ist ihr Blick auch immer ein bißchen trüb. Ihre Augen bekommen nicht genug Licht.«

Monica beugte sich vor und deutete auf einen Grashügel vor der Tür zu ihrem Wohnhaus. »Das wollte ich Ihnen zeigen. Den Kirschbaum.« Der schlanke Baum beugte sich unter der Last seiner Blüten bis zum Boden. »Den Baum zeige ich Pia, wenn sie wieder mal verbittert ist. Sie begreift nicht, daß man weinen und gleichzeitig erblü-hen kann. Sie hält mich für sentimental.« Wieder lächelte sie. »Nun, ich finde, das ist nichts Ehrenrühriges.«

»Nein, da haben Sie recht.« Ich schüttelte ihre Hand und küßte sie, einem plötzlichen Impuls gehorchend, auf beide Wangen. »Danke, daß Sie so offen mit mir geredet haben.«

Sie wirkte verlegen. Ich verabschiedete mich und ließ sie auf der Terrasse stehen. Als ich aus dem Gebäude war, ging ich zu ihrem Baum und sog den leicht süßlichen Geruch der rosafarbenen Blüten ein. Von der Terrasse aus winkte Monica mir zustimmend zu. Ich winkte zurück.

Die Apotheke befand sich auf der anderen Seite der hufeisenförmigen Straße, vielleicht zwei Minuten entfernt. Ein Rosenspalier, das den Eingang einrahmte, erinnerte mich sofort an das Haus meiner Eltern. Gleich daneben befand sich La Boutique di Monique. Und über dem Laden eine Bar.

Als ich eintrat, ertönte die Ladenglocke. Ich wollte Monica nicht hintergehen, aber ich redete mir ein, daß eine Überprüfung von Lucas Alibi alles klären würde. Signorina Sondheim, eine großgewachsene Frau hinter einer Holztheke, hörte sich geduldig die Klagen eines kleinen, hektischen Mannes an. In Italien genießt der *farmacista* als Retter, Tröster, Verabreicher von Zäpfchen, Salben und Spritzen großes Ansehen. Er ist der schnellste Weg zur Gesundheit. Vor dem *medico* haben die Leute Angst, denn Ärzte stehen für richtige Krankheiten, Leiden, die zum Tod führen können.

Ich schlenderte zum einen Ende und betrachtete eine Reihe von Salbentiegelchen. Ein alter Rauhhaardackel trottete hinter mir her. Ein Poster mit einem Spitzenklassehintern darauf verkündete das Ende der Zellulitis. Ich bückte mich, um den Hund zu streicheln, und warf dabei einen Blick auf die unteren Regale. Das schwarze Telefon in der Ecke versuchte ich zu ignorieren. Es gab Cremes zur Verschönerung des Gesichts, zur Glättung des Halses, zum Zartwerden der Hände, zur Vergrößerung der Brüste, zur Straffung des Bauches und der

Oberschenkel, aber nichts für die engere Verbindung von Familien.

Ich nahm das Telefon ins Visier, griff in meine Tasche. Wenn ich nicht genug Kleingeld hatte – schließlich handelte es sich um ein Ferngespräch –, würde ich warten. Wenn mein Vater ranging, würde ich mit ihm einen Termin in der nahen Zukunft vereinbaren, bei dem er mir alles erklären konnte. Nächstes Jahr, bei meinem nächsten Aufenthalt.

Ich fand genügend Kleingeld und hatte keine Ausrede mehr.

»*Posso esser Le d'aiuto?*« Signorina Sondheim hatte ihren deutschen Akzent noch immer nicht ganz abgelegt. Sie war mindestens einsfünfundsiebzig groß, hatte die Schultern einer Schwimmerin und kurzes, graublondes Haar, das ihr in Strähnen ins Gesicht fiel.

Ich hob einen Finger und versuchte, ihr aufmunternd zuzulächeln. »In einer Minute werde ich jede Menge Hilfe brauchen können.«

Dann warf ich Münzen ein, wählte, und das Telefon klingelte. Lange. Vielleicht war er im Garten, stand bis zu den Knien im Mist. Warum hatte er keinen Anrufbeantworter? Dann hätte ich ohne Angst vor einer Antwort reden können. Ihn bitten können, daß er mir eine Nachricht auf meinem eigenen Gerät hinterließe. Noch besser: Die Anrufbeantworter könnten das untereinander ausmachen.

Keine Antwort.

Ich nahm ein Tiegelchen mit der Feuchtigkeitscreme in die Hand, die meine Mutter immer benutzte, und ging damit zur Theke. »Die Tarelli-Schwestern haben am

Samstag morgen einen jungen Mann hierhergeschickt, der ein paar Arzneien abholen sollte.«

»Ja, ich erinnere mich.« Signorina Sondheim trug einen weißen Arztkittel und lächelte mich ermutigend an. Doch das änderte sich bald. »Gibt es Probleme?« Sie tippte den Preis in die Kasse ein. »Das macht siebzigtausend Lire.«

Über fünfzig Dollar. Ich gab mir größte Mühe, nicht zusammenzuzucken. »Tja …« Ich war verlegen. Weil die Creme so viel kostete und weil ich diese Frau möglicherweise anlügen mußte. Ich reichte ihr meine Kreditkarte. Sie runzelte die Stirn. »Hat er was gestohlen?«

»Nein, nein. Ich habe nur überlegt, um welche Zeit er zu Ihnen gekommen ist.«

»Um halb zwölf. Signorina Monica kam gleich nach ihm auf dem Weg zur Arbeit hier vorbei; sie hatte wie immer Plätzchen dabei. Ihr gehört die Boutique nebenan.«

Sie packte die Creme ein, wand einen Gummi um das Päckchen und steckte die Rechnung darunter. »Brauchen Sie eine Tüte?«

»Nein, danke.« Fünfzig Dollar für eine Creme auszugeben, war doch nicht so schlimm. Denn dafür hatte ich Greifbares herausgefunden, das ich mit nach Hause bringen konnte: Luca hatte die Frauen um elf verlassen, war wahrscheinlich noch in einer Bar eingekehrt, um die Zeit totzuschlagen, und dann in der Apotheke aufgetaucht, kurz bevor er Nonna wieder abholen mußte. Tamar war vor meinen Augen um acht nach halb elf gestorben. Luca hatte ein Alibi. Ich unterschrieb meinen Kreditkartenbeleg.

Ein Junge aus der Bar kam mit einem leeren Tablett und

einem weißen Geschirrtuch herein, das ihm vom Gürtel baumelte. »Mamma braucht ein paar Aspirin. Sie hat schlimme Krämpfe.« Er ließ ein angebissenes Gebäck-stück vor der Nase des Dackels fallen. Der Junge war vielleicht vierzehn.

»Hier, Tonino.« Signorina Sondheim warf ihm ein Päck-chen zu. »Sie kann später dafür zahlen.« Der Junge lief hinaus. »Monica Tarelli hat die Medizin Tonino zu ver-danken. Ihr junger Mann hat sich ganz schön Zeit gelas-sen.«

Ich packte meine Kreditkarte. »Eine halbe Stunde. Ist das so schlimm?«

»Sie meinen eineinhalb Stunden. Ich hatte mir gerade meinen Tee gemacht. Ich trinke immer um zehn Uhr Tee. Signorina Monica hat keine fünf Minuten später angerufen, um mir zu sagen, daß ein junger Mann auf dem Weg zu mir sei. Ihre Arzneien sind rezeptpflichtig. Ich kann sie nicht einfach so verkaufen. Um halb elf habe ich Tonino rübergeschickt. Venenentzündungen darf man nicht auf die leichte Schulter nehmen.« Sie strich sich die Haare hinter der großen Brille aus der Stirn. Dahinter kamen freundliche, haselnußbraune Augen zum Vorschein. »Auf italienische Männer ist kein Ver-laß.«

»Danke.« Sie hatte gerade Lucas wunderschönes Alibi zerstört. Jetzt konnte ich niemanden mehr beruhigen. »Sie sind mir eine große Hilfe gewesen.«

Sie nickte. »Verwenden Sie die Creme dreimal täglich. Ihre Haut ist ja völlig ausgetrocknet.«

Das gleiche galt für meinen Mund.

15

A tasca vota nun ce vo' rattoppo.
Eine leere Tasche braucht keine Flicken.

RÖMISCHES SPRICHWORT

Zieh dich an, Simona.« Meine Mutter
schaute in den Rasierspiegel und legte die Perlenclips an.
Sie stand mit einem weißen Seidenslip vor einem alten
Überseekoffer, der jetzt als Schrank und Frisierkommode diente. »Wir gehen alle zum Essen zu Arthur Hensen.
Ich hab dein Kleid gebügelt. Du wirst hübsch aussehen
darin.« Sie glaubt fest daran, daß das äußere Erschei-
nungsbild unser Inneres stützt.
»Das ist absurd!« Ich setzte mich im Schneidersitz aufs
Bett und trug ihre Creme auf mein Gesicht auf. »Möglicherweise ist Luca ein Mörder, und wir tun einfach so, als
sei nichts passiert?«
Sie bedeutete mir mit einer Geste, daß ich mich beruhigen solle. Ich hörte, wie Nonna Mirella im Nebenzimmer
anwies, ihr die Haare mit Haarnadeln zurückzustecken.
Luca hatte Mirella von einer Telefonzelle aus angerufen,
kurz bevor ich wieder in der Wohnung angelangt war.
Die Polizei hatte ihn nach einer fünfstündigen Befra-
gung gehen lassen; er befand sich jetzt im Haus eines
Architektenkollegen, um an seinem Supermarktprojekt
zu arbeiten, und würde erst spät nach Hause kommen.

211

Nonna rief: »*Polizia idiota!*« und zündete sich zur Feier des Tages eine Zigarette an. Mirella hatte zuerst gelacht und dann geweint, als meine Mutter ihr erzählte, daß die Beamten Tamars Tasche gefunden hatten. Sie hatten bei laufendem Wasserhahn im Bad zusammengesessen, wie in einem alten Roman von John Le Carré. Nonna wußte immer noch nichts.

»Erzähl Mirella noch nichts von Lucas geplatztem Alibi«, sagte Mamma. Ich hatte ihr als erster davon berichtet.

»Arthur Hensen hat uns für heute abend eine Ankündigung versprochen, die seinen Ruf in meinen Augen wieder herstellen würde. Vielleicht wird er seinen guten amerikanischen Geschäftssinn beweisen und verkünden, daß er ein großes italienisches Kunstwerk hat. Oder« – sie drückte eine weiße Puderquaste auf ihre Nase – »könnte auch ein wichtiger Abend für Mirella werden.« Ich mußte an die weiße Rose denken, die mein Vater Mamma stets zum Geburtstag schenkte. Sie hob sie an die Nase und sagte: »Süß, aber unnötig.« Doch ihre Augen lächelten jedesmal dabei.

»Nonna könnte recht haben mit der Verlobung«, sagte meine Mutter. »Sie hat ein unheimliches Gespür für solche Dinge.« Jetzt lächelte Mamma nicht.

»Wunderbares Timing für so eine Feier«, sagte ich.

Meine Mutter legte die Puderquaste in ihre Dose zurück und schlüpfte in den Rock ihres marineblauen Gabardinekostüms. »Vielleicht ist Luca faul, mürrisch und selbstsüchtig, aber er ist Mirellas Sohn und deshalb nicht der Mörder. Oben auf dem Bauernhof hast du gesagt, es könnte ein gedungener Mörder gewesen sein. In so einem Fall sind Alibis nicht so wichtig.«

»Schon möglich, aber warum hat er gelogen? Er muß sich doch irgendwo rumgetrieben haben; irgend jemand muß ihn gesehen haben.«

»Zweifelsohne. Er ist ein ausgesprochen attraktiver Mann.«

»Was denkst du: Wer hat die Tasche auf der Terrasse versteckt, wenn nicht Luca?«

»Jemand, der Mirella verletzen oder dafür sorgen möchte, daß Nonna einen Herzanfall bekommt. Einen Schlüssel braucht man dazu nicht, denn das obere Schloß ist leicht zu knacken.«

»Aber der Betreffende mußte zuerst mal ins Haus kommen.«

Mamma streifte ein Unterhemd mit eingearbeiteten Schweißpolstern über. »Die Kinder im Erdgeschoß lassen die ganze Zeit den *portone* auf.«

»Vielleicht wollte jemand Luca Probleme machen. Hast du gewußt, daß Nonna diesen Sommer schon mal einen Herzanfall hatte?«

»Ja.« Mamma knöpfte die Jacke ihres Kostüms zu. Sie sah jetzt maßgeschneidert, tüchtig, fast furchterregend aus. Ich schwitzte unter der einen Zentimeter dicken Cremeschicht, die ich im Gesicht hatte, und saß zusammengekauert in der Ecke der Vorratskammer, die wir hastig in ein Behelfsschlafzimmer verwandelt hatten. Es war vollgestopft mit Erinnerungsstücken des Monti-Lebens: mit Koffern, Schulbüchern, alten Spielsachen, dem abgerissenen Poster eines Ozeandampfers, Lucas Kinderskiern. Mamma hatte lediglich einen Koffer und ein paar Kleider dort. Sie hatte ein sonniges Schlafzimmer, in dem es immer Blumen gab, in Rocca di Papa zurückgelassen.

213

»Du weißt alles«, sagte ich und unterdrückte meinen Drang, in das Kissen zu boxen wie die fünfjährige Simona, die aus Frustration, Einsamkeit oder was auch immer auf das Bett ihrer Eltern eindrosch und dafür mit einem »*Gesù Maria!*« bedacht wurde. Mamma nähte dann eilig die geplatzten Nähte des Kissens wieder zusammen und sagte meinem Vater kein Wort davon.

»Ich tappe im dunkeln«, sagte ich. »Deine Regeln sind nicht fair. Wir sollten alle hierbleiben und offen über Luca reden, was los ist mit dir und Gigi. Wir sollten Mitgefühl haben, Hände halten, uns eine Verteidigungsstrategie ausdenken, einen Anwalt anrufen, oder Gigi. Wir sollten gemeinsam was unternehmen!«

Mamma setzte sich auf das Klappbett, die Hände gefaltet, das Gesicht tieftraurig. »Dies ist ein schrecklicher Augenblick für die Montis.«

»Für dich auch.«

»Ja.« Sie ließ meine Hände los und begann, an ihrem Rock herumzuzupfen.

»Dein Rock ist absolut sauber!«

Mamma hob den Blick. »Morgen ist Dienstag. Ich habe vormittags einen Termin. Dann gehen wir bei Babington's zum Essen. Das ist so englisch, das beruhigt mich.«

Babington's Tearoom gleich neben der Spanischen Treppe gibt es seit 1896. Dort gönnt meine Mutter ihren Füßen nach einem Schaufensterbummel auf der nahegelegenen Via Condotti gern ein bißchen Ruhe. Sie liebt die dunklen Holzvertäfelungen, die strenge Atmosphäre, das Silberbesteck und die eleganten Leute dort, die sich nur gedämpft unterhalten. Der Tearoom gehört zu der alten Zeit, in der sie sich wohl fühlt. Ich persönlich finde Babington's prätentiös, stickig und schrecklich teuer.

Sie schenkte mir ein halbes Lächeln. »Da essen wir einen Blushing Bunny.«

Das ist Toast mit Pilzen, Frischkäse und Grilltomaten.

»Igitt!« Ich rutschte näher an sie heran. »Ich hab heute nachmittag in Rocca di Papa angerufen. Gigi ist nicht hingegangen. Ich weiß, daß er nicht zur Kur ist.« Ich sagte nicht dazu, woher.

»Nein, ist er nie gewesen. Er ist heute morgen ein paar Tage nach Florenz gefahren. Dort holt er für mich einige Informationen ein.«

»Dann redet ihr also miteinander!«

»Aber sicher. Schließlich sind wir seit zweiundvierzig Jahren verheiratet. Allerdings habe ich deinem Vater nicht gesagt, daß du hier bist. Bitte verzeih mir.« Sie hob meine Haare mit einer Hand hoch, als wolle sie sie wiegen. »Ich wollte dich ganz für mich haben.« Sie lächelte ein wenig, meine Haare noch immer in ihrer Hand. »Ich bin sehr selbstsüchtig.«

Sie beschützte mich. »Ich fühle mich geschmeichelt.«

»Ich bin immer schon davon überzeugt gewesen« – sie ließ die Hände in ihren Schoß sinken –, »daß du ihn am meisten liebst.« Sie lächelte scheu und zeigte eine Verletzlichkeit, die ich bei ihr nie erwartet hätte.

Ich nahm sie fest in den Arm. »Sei doch nicht albern, Mamma. Ich liebe dich mehr.« Gigi hatte mir Süßigkeiten in die Taschen gesteckt, er hatte mir den Cha-Cha-Cha beigebracht, als ich fünf Jahre alt war, den Twist mit elf Jahren, und war der Ansicht, daß ich mir die Haare niemals abschneiden lassen sollte. Er versuchte nie, mich zu verändern. Doch jetzt, da ich meine Mutter, die die Hände immer noch im Schoß gefaltet hatte, im Arm hielt – wie konnte ich sie da nicht mehr lieben, vor allen Dingen, weil ich ja überzeugt davon war, daß mein Vater der Schuldige war?

»Ich leide mit dir mit«, sagte ich.

»Die Mutter ist immer nur so glücklich wie ihr unglücklichstes Kind, nicht umgekehrt.« Sie schob mich sanft zurück und erhob sich mit verlegenem Gesicht. Sie hatte mehr als ein Kind gewollt, hatte mein Vater mir einmal gestanden, als er mich fragte, warum Carlo und ich keine Kinder hätten. Doch Gigi, dessen Mutter bei seiner Geburt gestorben war, hatte nein gesagt.

»Ich wollte sie nicht verlieren«, sagte er. »Aber das darf dich nicht daran hindern, mindestens ein Kind zu bekommen.«

»Warum solltest du mitleiden?« fragte meine Mutter jetzt. »Du weißt nichts. Und jetzt zieh dich an, sonst kommen wir zu spät.«

Wir brachten das Abendessen leidlich gut hinter uns. Wir aßen an einem über drei Meter langen *fratino*, einem dicken Refektoriumstisch aus Eiche, der dunkler schimmerte als die Terrakottarauten unter meinen Füßen. Die Eichenbalken über unseren Köpfen trugen das riesige Dach bereits seit dem sechzehnten Jahrhundert. An den dicken Wänden mit dem groben weißen Verputz hingen ein paar Landschaftszeichnungen von Dürer, das Porträt eines Mannes von Tizian und eine Madonna von Perugino.

Das Essen wurde von Sabatini unten auf der Piazza

Santa Maria in Trastevere geliefert und war *squisito* – köstlich. Ich verschwendete keinen Gedanken an sich teilende Zellen, die vielleicht meine Brüste angreifen würden.

Spaghetti alle vongole veraci, »echte« Muscheln mit rauhen Schalen, kaum größer als ein Daumennagel, in Öl und Knoblauch gebraten und mit kleinen Petersilienbüscheln bestreut. *Pesce spada alla griglia con ramolata*, dünne Scheiben gegrillten Schwertfischs mit einer Sauce aus Olivenöl, Kapern, Petersilie und Sardellen. Kleine gekochte Kartoffeln.

Carlo erwähnte, wie empfindlich seine Leber sei.

»Was hat Ihre Leber damit zu tun?« fragte Arthur und drängte uns, noch eine zweite Portion zu nehmen. Er wirkte zufrieden am Kopfende des Tisches auf seinem großen Stuhl mit dem Lederrücken, der aus einem mittelalterlichen Schloß stammte. Mit seinem grauen Anzug, dem weißen Hemd und der gedämpften Krawatte sah er aus, als wolle er eine Versammlung leiten.

»Die ist das Organ der Nation.« Nonna spuckte eine Kaper auf ihre Gabel. »Die nationale Versitzgrube.«

Mirella stupste sie mit dem Ellbogen.

»Hat das Kultusministerium Ihren Plänen, unsere Museen zu leiten, zugestimmt, Signor Hensen?« fragte meine Mutter.

»Noch nicht.« Er grinste sie mit strahlend weißen Zähnen und sonnengebräuntem Gesicht an. Seine Knollennase schälte sich. »Das heißt allerdings nicht, daß ich auf meinem Hintern sitze wie die meisten Ihrer Landsleute – ich hoffe, meine derbe Ausdrucksweise stört Sie nicht. Ich arbeite mich durch ein Labyrinth aus heiligen Mar-

217

morhallen, und sobald die Hensen Group International
das Sagen hat, verwandeln wir die Kunst der Pitti und der
Uffizien in Grußkarten, Kalender, Schmuck, Poster und
Bücher, in alles, was sich verkaufen läßt.« Arthur bedeutete dem Bediensteten, er solle Wein nachfüllen. »Sechzig Prozent des Erlöses gehen an den italienischen Staat,
vierzig an die HGI. Das ist mehr als fair, finden Sie nicht
auch?« Er ließ den Blick über den Tisch wandern, als
suche er Zustimmung.

»Sehr großzügig von Ihnen«, sagte Carlo.

Ich nickte der Höflichkeit halber, während ich mir vorstellte, wie gewisse Körperteile von Michelangelos *David*
auf Toilettenpapier prangten. Meine Mutter sah wütend
aus, Nonna nicht viel besser. Sie machte sich schon zum
zweiten Mal während des Essens auf den Weg zur Toilette
und lehnte jede Hilfe ab.

»Beim Warten muß ich immer pinkeln«, erklärte sie mit
lauter Stimme und zornigem Blick auf Arthur.

Mirella drehte ihre Haare mit traurigem Gesichtsausdruck zu Locken. Doch unser Gastgeber redete weiter:
»Die Museen werden höhere Einnahmen bringen, weil
sie länger offen sein und den Touristen italienische
Kunst zum Mitnehmen bieten werden. Das macht alle
glücklich.« Er trank einen Schluck Wein. »Die Vermark-
tungsabteilung des Metropolitan Museum in New York
bringt's jährlich auf über fünfundachtzig Millionen Dollar Einnahmen, und in guten Jahren bleiben netto über
fünf Millionen Dollar Gewinn. Tja, und das ist nur *ein*
Museum. Die Italiener müssen wirklich was tun.«

»Das Geld wird guttun«, sagte Mirella mit gequält fröhli-
cher Stimme. »Damit lassen sich Forschungsarbeiten und

Restaurierungen finanzieren. Man könnte zusätzliche Sicherheitsmaßnahmen einführen. Es wird immer noch viel zuviel gestohlen.«

»Simona meint, mein Geburtstagsgeschenk wird der verlorene Leonardo sein«, sagte Carlo. »Und zwar per Post. Unglaublich, findet ihr nicht auch?«

Ich warf ihm einen vernichtenden Blick zu. Ich hatte gehofft, daß er den Mund halten würde.

Arthur wandte mir lachend sein glänzendrotes Gesicht zu. »Wie kommen Sie denn auf die Idee?«

»Es war ein Scherz. Carlo liebt große Geschenke. Ich hab mich über ihn lustig gemacht.«

»Warum sollte jemand das Paket an ihn schicken?« fragte Mirella interessiert.

»Ich liebe Postpakete«, sagte Carlo. »Ich hab Simona früher immer gebeten, mir alle Geschenke mit der Post zu schicken.«

Ich suchte verzweifelt nach einer Möglichkeit, das Gespräch auf ein anderes Thema zu bringen. »Von wem ist denn die Zeichnung dort?« Mamma runzelte die Stirn, als ich mit dem Finger auf die schmale Wand bei dem bogenförmigen Eingang deutete. Gut erzogene Kinder deuten nicht mit dem Finger.

»Tamar Deaton konnte wirklich gut mit dem Kohlestift umgehen.« Arthur nahm einen Löffel zu Hilfe, um seine Spaghetti aufzurollen. »Das ist ein Porträt von Myrela. Tamar hat sie mit einem stolzen Gesichtsausdruck versehen, der ganz ungewöhnlich ist für sie. Das Bild ist irgendwie süß.«

Mirella spritzte Öl auf ihr wasserblaues Seidenkleid. Ich tat es ihr gleich, aus Solidarität, wie ich mir einredete.

Meine Mutter wandte den Blick ab. Der weiß behandschuhte Bedienstete brachte uns Mehl, was mich an Perillo erinnerte.

Das Dessert bestand aus einer riesigen Portion Mokkaeis von wo? Ja, natürlich von Giolitti.

»Hensen sammelt Zeichnungen«, flüsterte mir Carlo mit einem verschwörerischen Augenzwinkern zu, als wir uns vom Tisch erhoben.

»Das hätte ich nie erraten.«

Wir gingen zurück ins Wohnzimmer mit den Bodenmosaiken und dem Glastisch, dessen Platte auf den Hälsen zweier Marmortorsi ruhte. Drei weiße Leinensofas formten ein breites U am einen Ende des riesigen Raumes. In den Ecken lagen beigefarbene und braune Seidenkissen. Ein reich verzierter Travertinkamin war so groß, daß man darin hätte schlafen können. Mirella, meine Mutter und Nonna setzten sich kerzengerade auf ein weißes Leinensofa und warteten hinter einem großen Mimosenstrauß auf dem Beistelltischchen.

»Espresso für alle?« fragte Arthur, den Bediensteten im Schlepptau. Mirella und ich sagten nein. Mamma und Nonna nahmen das Angebot an. Nonna holte eine frische Packung Pall Mall aus ihrer unergründlichen Tasche und balancierte sie auf den Knien, als wolle sie ein Baby beruhigen.

»Du hast ja was gegessen heute abend, Simona«, sagte meine Mutter. »Jetzt hast du auch wieder Farbe im Gesicht.« Sie schien erfreut, obwohl sie nicht selbst gekocht hatte.

»Simona sieht wunderschön aus«, sagte Carlo und lachte dann, um die Anspannung zu lockern. Ich war natürlich verlegen. Und fühlte mich geschmeichelt. »Schau, Minetta, ich würde dir gern was zeigen.«

Ich wandte mich Arthur zu. »Ich würde gern das Fresko von Tamar und Mirella sehen.«

»Gerne, gleich hinter der Bibliothek.« Arthur bot mir seinen Arm an.

Ich hakte mich unter. Nonna starrte uns wütend und ungeduldig an. Schließlich entführte ich den Mann, der etwas ankündigen wollte.

»*Torniamo subito*«, sagte ich.

Carlo machte Anstalten, uns zu folgen. Ich drehte mich um. »Ich hab gesagt, wir sind gleich wieder da.« Ich wollte nicht, daß er mich mit meinem Kosenamen anredete, und ich wollte Arthur Hensen für mich.

Mein Exmann lächelte mich an; das sollte soviel heißen wie: Du hast wieder mal alles falsch verstanden. »Ich hab gedacht, du würdest gern das Video von unserem Fest sehen.«

»Nein.«

»Das Video kommt gleich«, sagte Arthur und dirigierte mich forsch durchs Wohnzimmer. Carlo folgte uns. In der »Bibliothek« gab es kaum Bücher, dafür um so mehr Fotos, die meisten von Hensen; Hensen auf dem Golfplatz, Hensen beim Hochseefischen, beim Skifahren, beim Tennis. Immer allein.

Am einen Ende stand die Badezimmertür offen. Ich sah die mit Fresken bedeckten Wände und eine Schale Mimosen auf dem Marmorwaschbecken.

Ich ging hinein. Auf die Wände war die römische *campagna* gemalt, mit verfallenen Ruinen, dem Aquädukt in der Ferne, Mohnblumen auf den Feldern und einem gelben Schimmer von einer Sonne, die nicht zu sehen war.

»Sehr hübsch«, sagte ich. In einer Ecke, direkt über dem Badewannenrand, baumelte das Bein einer nackten, rothaarigen jungen Frau herunter, als schicke sie sich gerade an, ins Bad zu steigen. Tamars Touch.

»Die Idee hab ich im Louvre bekommen.« Arthur trat in die Tür. »Corot hat ein ganz ähnliches Badezimmer gemalt. Myrela und Tamar sind letzte Woche damit fertig geworden. Hat ganz nett was gekostet. Haben Sie das Video schon gefunden, Carlo?«

Wir gingen zurück in die Bibliothek. Carlo klopfte mit der Videokassette auf seine Handfläche, einen erwartungsvollen Ausdruck im Gesicht.

»Schrecklich schlechte Aufnahmen von einem tollen Abend«, sagte Arthur. Carlo zögerte; er wartete auf mich. Seine Abhängigkeit von mir hatte mir damals, als wir uns kennenlernten, gefallen. Ich hatte das Gefühl gehabt, geliebt zu werden.

»Wir kommen gleich«, sagte ich zu Carlo und wünschte mir plötzlich, daß Greenhouse hier gewesen wäre und mir mit ruhigem, aufrichtigem Gesicht gesagt hätte, wie sehr er mich liebte. Greenhouse war emotional unabhängig und wollte trotzdem mit mir zusammenleben. »In fünf Minuten.«

Carlo machte auf dem Absatz kehrt, als hätte ich ihm einen Befehl gegeben, und marschierte ins Wohnzimmer zurück. »Ich könnte einen Kamillentee vertragen«, hörte ich ihn sagen. »Meine Leber macht mir zu schaffen.«

16

Der Maulwurf … lebt, solange er im Dunkeln bleibt, doch wenn er ans Licht kommt, stirbt er sofort, weil er erkannt wird. Das gleiche gilt für Lügen.

LEONARDO DA VINCI,
Fabeln und Allegorien

Über was wollen Sie sich mit mir unterhalten?« fragte Arthur mich mit ausdruckslosem Blick.

»Über Tamar.«

»Gut. Die Leute sagen, ich sei gut mit ihr befreundet gewesen.« Seine Gesichtszüge entspannten sich, als sei er erleichtert darüber, daß ich ihm keine andere Frage stellte, zum Beispiel über Mirella.

»Der Commissario hat das gesagt.«

»Ist ziemlich nervös, dieser Perillo. Er saß hier bei mir auf der Terrasse, hat ständig an seinen Augenbrauen rumgezupft und mit einem Notizbuch auf sein Knie geklopft. Immer wieder hat er mich gefragt, warum die Terrasse so kahl ist. Ich habe keine Ahnung, wie ihm das in seinen Ermittlungen weiterhelfen soll. Aber ich habe es ihm erklärt, und Ihnen erkläre ich es auch – ich war nicht mit Tamar befreundet.«

»Mirella hat erwähnt, daß Sie sie adoptieren wollten. Stimmt das?«

»Na schön. Ich muß zugeben« – seine Hand schoß hoch zu seinem schütteren Haar –, »ich muß zugeben, daß ich am Anfang ziemlich beeindruckt war von ihr. Ich lerne gern die Stipendiaten von HGI kennen, führe sie durch die Wohnung hier, damit sie sehen, was sie alles schaffen können, wenn sie hart arbeiten. Tamar hat mich sofort in meine Schranken verwiesen. Sie hat gesagt, Künstler arbeiten für die Kunst, nicht für Geld. Sie hat mich an meine Tochter Debbie erinnert. Mit ihr hatte ich zu Hause einige Probleme. Debbie ist eine ziemlich eigensinnige Frau.«

Sein Blick fiel auf den Schreibtisch, einen kleineren *fratino* mit großen Löwenpranken als Beinen. Neben dem Faxgerät stand ein Messingrahmen mit einem großen Bild von Debbie mit schlammverschmierten Shorts und T-Shirt, ein Fuß triumphierend auf einem Fußball.

»Da hatte sie gerade ihr erstes Turnier gewonnen. Sie hat schon als Zwölfjährige immer gewonnen.«

Der Anruf seiner Tochter fiel mir wieder ein. Ich hatte vergessen, Mirella etwas davon zu sagen.

»Jetzt leitet sie ihr eigenes Arbeitsteam und besteht darauf, daß man sie Deborah nennt.«

»Ich hoffe, Sie vertragen sich wieder.«

Erneut griff er sich mit der Hand an den Kopf. »Eigentlich ist sie stolz auf ihren alten Dad, aber bei der Kunst steigt sie nicht so durch. Sie meint, es wäre vernünftiger, wenn ich mein Geld für Krankenhäuser ausgeben würde. Wissen Sie, ihre Mutter ist an Brustkrebs gestorben.«

Seine letzten Worte versetzten mir einen Stich. »Das tut mir leid.«

Arthur wandte sich ab, öffnete die Verandatür und trat

hinaus auf die umlaufende Terrasse. Ich folgte ihm. Eine gestreifte Markise schützte uns vor dem leichten Regen, der eingesetzt hatte. Auf der Terrasse befanden sich lediglich ein paar Rosenstöcke in riesigen Ölkrügen aus Terrakotta. »Kennt Ihre Tochter Mirella persönlich?«

»Debbie ist noch nie in Rom gewesen.« Das Bedauern war seiner Stimme deutlich anzuhören. »Ich habe dem Commissario zu erklären versucht, daß ich kaum etwas auf die Terrasse stelle, damit nichts von der wirklichen Aussicht ablenkt.« Er deutete hinunter auf die Piazza. »Das hat er mir nicht abgekauft. Er hat was von einsamen Seelen gemurmelt. Tja, da täuscht er sich gewaltig. Ich liebe Gesellschaft.«

Ich ließ den Blick über die beleuchtete Piazza wandern, einen der gefeiertsten Plätze Roms, und sah mich nach der Forsythienfrau von Perillo um. Am einen Ende befand sich das Restaurant Sabatini, wo Carlo und ich an einem heißen Tag im Mai unseren fünften Hochzeitstag gefeiert und beobachtet hatten, wie ein hübscher amerikanischer Junge in den alten römischen Brunnen fiel. Carlo war schneller gewesen als die Eltern und hatte ihn wieder herausgeholt. Am Nachmittag hatten wir uns geküßt und einander ausgezogen und von einem Kind gesprochen. Doch im allerletzten Augenblick hatte Carlo ein Kondom herausgezogen.

»Wieso haben Sie es sich anders überlegt und Tamar dann doch nicht adoptiert?« Mir gefiel das andere Ende der Piazza mit der mittelalterlichen Basilika Santa Maria in Trastevere besser, weil es keine schmerzlichen Erinnerungen barg. Die Goldmosaiken der Basilika aus dem zwölften Jahrhundert schimmern in der Morgensonne und machen das Leben in Rom noch schöner.

Keine Forsythienfrau.

»Tamar war gierig«, sagte Arthur. »Sie hat zwar die ganze Zeit von der Kunst um der Kunst willen geredet, aber sie wollte selbst in die Kunstwelt hinein. Das hätte ich von Anfang an wissen müssen.« Sein Blick glitt hinüber zur Bibliothekstür. Ich hörte einen Pfeifton, dann das Summen des Faxgerätes.

»Sie hat Sie am Freitag angerufen.«

»Nein.« Der Wind wechselte die Richtung und blies uns Sprühregen ins Gesicht. »Ich glaube, die fünf Minuten sind vorbei.« Arthur wischte sich das Gesicht mit dem Handrücken ab. »Sonst meint Myrela noch, daß wir beide ein Techtelmechtel haben, stimmt's?«

Ich rührte mich nicht von der Stelle. »Meine Mutter hat zufällig mitbekommen, daß Tamar Ihnen unbedingt etwas zeigen wollte.«

»Ihre Mutter ...«

»Die Ankündigung!« Nonna stand in der offenen Tür. Arthur drehte sich ruckartig um. Principe Maffeo stand neben ihr und hielt den Arm meiner Mutter.

»Es wird allmählich spät«, sagte meine Mutter.

»Arthur, das hier ist eine schlechte Kopie.« Carlo kam mit der Videokassette in der Hand aus dem Wohnzimmer. »Die Farben sind verwaschen. Wo ist das Original?«

Inmitten so vieler Menschen wirkte Arthur einen Augenblick lang wie in der Falle. Dann hob er mit übertriebenem Grinsen eine Hand. »Hallo, Prinz! Wie schön, daß Sie es doch noch geschafft haben. Sie haben ein tolles Essen verpaßt.«

Carlo blieb beharrlich. »Wo ist das Original?«

»In Ihrer Hand. Wie, zum Teufel, soll ich das wissen? Ich hab jedenfalls für das Band bezahlt.«

Nonna klatschte in die Hände. »*L'annuncio!*«

Arthur blieb wie angewurzelt stehen. »Der einzige *annuncio*, den ich zu machen habe, ist, daß wir jetzt Cognac trinken. Wollen alle einen?«

Un macello, ein Gemetzel. So beschrieb meine Mutter den Abend. Arthur beantwortete keine Fragen mehr. Nonna weigerte sich zu reden. Der Bedienstete bot allen Drinks an, doch nur Arthur nahm sich einen. Carlo spielte Tamars Video noch einmal »für Simona« ab und schüttelte den Kopf über die schlechte Qualität. Principe Maffeo erzählte Mirella leise von einer neuen Ausstellung in der Schneider-Galerie, und sie nickte die ganze Zeit mit dem Kopf, als höre sie ihm zu. Meine Mutter untersuchte das Gewebe ihres marineblauen Rockes.

Das Video entpuppte sich als wackelige Aufnahme von vorbeiflanierenden Studenten, die in die Kamera lachten und winkten. Arthur tauchte hin und wieder auf, griff sich an den Kopf und stellte den traurig dreinschauenden Vertreter des Kultusministeriums jedem verfügbaren Erwachsenen vor. Carlo folgte ihm wie ein Hündchen. Er sah süß aus und ziemlich jung. Mirella zeigte sich gelegentlich mit ihrem langen, grauen Seidenkleid, das zu ihrer Haarfarbe paßte, und munterte alle mit einem Schulterklopfen und einem Lächeln auf. Meine Mutter und mein Vater waren nur einen kurzen Moment zu sehen; beide wirkten phlegmatisch und gelangweilt. Eigentlich hätte ich mir gewünscht, daß Carlo diese wenigen Sekunden noch einmal abgespielt hätte, denn ich wollte sehen, ob meine Eltern vielleicht angefangen hatten zu lächeln oder einander zu berühren, bevor Tamar die Kamera wegdrehte. Statt dessen schob ich mich auf dem Sofa näher an Mirella heran, als könne ihre Körperwärme uns beide beruhigen.

Zu Hause weinte Mirella nur, als sie sah, daß Luca tief und fest schlief und Gorbi sich mit ihm das Kissen teilte. Sie brachte die schweigsame, traurige Nonna ins Bett. Ich beschloß, mir die Nachricht von Deborah Hensens verletzendem Telefonanruf für den nächsten Tag aufzusparen. Meine Mutter verkündete, sie sei zu müde zum Reden, und wünschte uns eine gute Nacht.

Ich schloß die Wohnzimmertür, machte es mir in einer Ecke des Schlafsofas bequem und entfaltete das Faxpapier. Nonna hatte es mir auf dem Nachhauseweg im Wagen zugesteckt und gesagt: »Blasenschwäche hat auch ihr Gutes. Gib mir morgen früh eine Übersetzung. Aber nur mir.«

Erst als ich das, was auf dem Blatt Papier stand, gelesen hatte, begriff ich, daß sie es auf dem Weg zur Toilette aus Arthurs Bibliothek mitgenommen hatte. Das Fax war auf Englisch.

1. ANTWORTE SO SCHNELL WIE MÖGLICH. BEZUG: DILLER-BRIEF. WIR LAUFEN GEFAHR, GESCHÄFT ZU VERLIEREN.

2. BEIRAT HAT BESCHLOSSEN, LA CASA ENDE DES SEMESTERS ZU SCHLIESSEN. MEINE STIMME HAT AUSSCHLAG GEGEBEN.

3. WENN DU NUR EINEN CENT DER FIRMENGELDER FÜR EINEN LEONARDO AUSGIBST, EGAL OB ECHT ODER FÄL-

SCHUNG, WIRST DU AUS DEM BEIRAT AUSGESCHLOSSEN.
VERGEUDE KEINE ZEIT DAMIT HERAUSZUFINDEN, WIE
ICH VON DER ZEICHNUNG ERFAHREN HABE. DU KANNST
DIR KEINEN FEHLER MEHR ERLAUBEN.

DEBORAH

Ich schlich hinaus auf den Flur und kehrte mit dem
Telefon unter dem Arm wieder zurück. Nachdem ich ins
Bett geschlüpft war, entwirrte ich die fast fünf Meter
lange Schnur und rief Greenhouse in New York an.
Keine Antwort.
Nachdem ich mehr als eine Stunde lang alle zehn Minu-
ten seine Nummer gewählt hatte, ging Greenhouse end-
lich ran.
»Dein Anrufbeantworter funktioniert nicht!« Es war jetzt
drei Uhr früh römischer Zeit und neun Uhr abends in
New York.
»Ich hab ihn ausgeschaltet, weil ich nicht wollte, daß du
dein Geld zum Fenster rausschmeißt. Ich rufe dich zurück. Von hier aus ist es billiger.«
»Nein, du weckst nur die anderen auf.«
»Wie geht's? Besser?« Heute hallte die Verbindung nicht
wider. Er klang, als sei er gleich nebenan, und ich könnte
zu ihm hinüberrennen und ihm in die Arme fallen.
Plötzlich verspürte ich das Bedürfnis, ganz lange und
intensiv mit ihm zu schlafen, bis ich alle ungeklärten
Fragen aus meinem Kopf verbannt hätte und einschlafen
könnte. Ich erzählte ihm, daß ich meinen Vater zusammen mit einer Frau gesehen hatte.
»Was sagt deine Mutter dazu?«
»Ich hab's ihr nicht erzählt.«

»Woher willst du dann wissen, daß deine Vermutungen stimmen? Vielleicht ist sie eine Freundin, die ihm erklären kann, was Frauen wollen.«

»Was meinst du damit?«

»Vielleicht ist er derjenige, der leidet. Vielleicht hat deine Mutter einen anderen.«

»Nein, bestimmt nicht«, sagte ich sofort. »Du denkst wie ein Mann.«

»Ich bin einer.«

Sagte sie mir deshalb nichts? Wo war sie am Morgen gewesen? Was für einen Termin hatte sie am nächsten Tag? Heute abend hatte ihr der Prinz mit schmachtendem Blick erklärt, wie gut sie aussah. Sie hatte mir einen kurzen, strengen Blick zugeworfen.

»Vielleicht geht's um was ganz anderes.« Seine Stimme war wie warmes Wasser auf meiner Haut. Greenhouse hat von Anfang an diese körperliche Wirkung auf mich gehabt.

»Du ziehst voreilige Schlüsse, Simona.« Er sagte es schonend, weil er meine Gefühle nicht verletzen wollte. Und er hatte recht.

»Diesmal habe ich gute Gründe.« Wenn ich Antworten auf Fragen habe, fühle ich mich sicher, und es macht mir nichts aus festzustellen, daß ich mich getäuscht habe.

»Nicht alle Menschen sind Betrüger, Schatz. Vielleicht fällt es dir nur im Moment, in Gesellschaft deines Exmannes, schwer, das zu glauben.«

»Wahrscheinlich.«

»Willy löchert mich mit Fragen über unsere Beziehung. Wenn wir einander lieben, sollten wir zusammenleben. So sieht er es.«

Am liebsten hätte ich beide fest in die Arme geschlossen. »Willy mag klare Lösungen.« Ich war noch nicht bereit, ihm zu sagen: »Ja, ich ziehe bei euch ein«, also erzählte ich Greenhouse von der gefundenen Tasche, von Lucas fehlendem Alibi, von dem Messer in der Schule, von Deborahs Fax.

»Das paßt zu den Informationen, die ich habe. HGI ist eine diversifizierte Holding. Das Geschäft läuft nicht sonderlich gut. Ich hab mir ein paar Daten notiert.« Ich hörte, wie er tief durchatmete, und stellte mir vor, wie sich sein wunderbarer Brustkorb mit der silberfarbenen Behaarung dehnte. Warum war ich nicht in New York, wo ich meinen Kopf in die Mulde unter seinen Rippen legen konnte?

»Letztes Jahr sind die Gesamteinkünfte um siebzehn Prozent auf unter vierhundert Millionen Dollar gesunken. Das hat zum ersten operativen Verlust seit über fünfzehn Jahren geführt.«

»Arthur sagt von sich selbst, er arrangiere Dinge.« Ich wußte nicht so genau, was eine diversifizierte Holding war.

»Genau das tut er. Seine Gruppe kauft wackelige Firmen auf, bringt sie wieder auf die Beine und verkauft sie dann. Aber sie hatte zu viele Unternehmen am Laufen, als der Konjunkturumschwung eingetreten ist. Deborah Hensen möchte ihren Vater draußen haben und verbreitet das Gerücht, daß er ein Tattergreis ist.«

»Das ist er nicht, aber kann sie ihn einfach so loswerden?«

»Wenn sie ein paar Beiratsmitglieder auf ihre Seite zieht, ja. Ihre Mutter hat ihr fast so viele Aktien hinterlassen, wie ihr Vater hat. Sie haben zusammen die Mehrheit, aber sie vertragen sich nicht mehr, seit Dad Mom verlassen hat.«

»Aha, also wieder der Fall eines betrügerischen Gatten.«

»Urteile nicht vorschnell. Die Fakten verändern sich abhängig davon, wer darüber spricht. Mein Informant – er ist Reporter bei der *Minneapolis Tribune* – hat mir beide Seiten gegeben. Dad Hensen hat Mom Hensen verlassen, und ein Jahr später ist Mom Hensen an Krebs gestorben. Die Tochter und einige Freunde von Mom, die angeblich eine Schönheit war und sich eifrig für wohltätige Zwecke eingesetzt hat, behaupten, Dad habe sie sitzenlassen, als er gehört hat, daß Mom krank ist und sich beide Brüste abschneiden lassen muß.«

»Bitte, das heißt Mastektomie.« Ich hatte Greenhouse nichts von den Zysten in meinen Brüsten erzählt, weil ich Angst hatte, daß er sie deswegen nicht mehr mögen könnte.

»Entschuldigung. Ich lese von meinen Notizen ab, und genau das hat mein Informant gesagt.«

»Was behauptet Arthur Hensen?«

»Er hat sich geweigert, mit der Presse darüber zu reden, aber nach Aussage meines Informanten behaupten die Kumpels vom Country Club, Hensen hätte sie verlassen, bevor sie die Diagnose erfahren hat. Und sie ist angeblich zu wütend gewesen, um sich mit ihm zu versöhnen, als er's rausgefunden hat.«

»Eine andere Frau?«

»Niemand hat je eine andere Frau an seiner Seite gesehen.«

»Wie ist Deborah Hensen stellvertretende Vorsitzende geworden?«

»Durch ihren Dad. Seit seine Frau tot ist, versucht er, alles wiedergutzumachen.«

»Also hat er ein schlechtes Gewissen.«

»Ich würde sagen, er ist ein Vater, der seine Tochter liebt.«

»Na schön, danke. Jetzt weiß ich, warum sie ihn für eine Memme hält, ihn haßt, warum er Mirella wahrscheinlich nie heiraten wird. Aber ich habe keine Ahnung, wer Deborah von dem Leonardo erzählt hat und warum Arthur eine Ankündigung angekündigt und es sich dann anders überlegt hat.«

»Sim, laß die Sache ruhen. Versuch rauszufinden, was mit deinen Eltern los ist, und komm nach Hause. Ich vermisse dich. Ich will nicht, daß du dich in Gefahr begibst.«

»Ich weiß nichts.«

»Sim, laß mich noch mal bei dir anrufen. Es klingelt doch nur ganz kurz.«

»Ich zahle meine Rechnungen selbst.« Manchmal. Ich fand seine Sorge naiv und altmodisch. Und sexy.

»Ich werde meinen Körper einem geilen New Yorker Polizisten verkaufen.« Die nächsten zehn Minuten flüsterte ich Stan Greenhouse von der Mordkommission zu, womit ich mir mein Geld verdienen würde. Ich fing bei den Zehen an, arbeitete mich langsam nach oben vor, verhakte mich ungefähr in der Mitte an gewissen Wölbungen, drückte schließlich seinen Kopf zwischen meine Brüste, während ich seine Hände küßte. Es war ein albernes Spiel, das uns beide dazu brachte, uns auf das zu konzentrieren, was in unserer Beziehung bereits so gut funktionierte. Schließlich legten wir auf. Ich stand auf, zog mich aus und öffnete die Verandatür zum Balkon, um mich von der römischen Nachtluft abkühlen zu lassen.

Ich war irgendwie zerrissen, das merkte ich jetzt. Körperlich stand ich am Ufer der Vergangenheit, und das Ufer der Zukunft war nur eine vage, angsteinflößende Silhouette. Die Hälfte meines Herzens war hier bei meiner Familie, bei Carlo. Ich liebte ihn nicht mehr, aber ich konnte mich nicht von meinem Bedauern lösen. Ich spürte lediglich, daß jene Jahre vorbeigezogen waren und einen tiefen Schmerz hinterlassen hatten. Erinnere dich an die guten Zeiten, sagte ich mir.

Aber wenn ich das tat, begann der Schmerz erst richtig. Warum konnte ich nicht einfach ein neues Leben anfangen?

Ich streckte zitternd die Hand nach der Verandatür aus, um sie zu schließen. Unten auf der Straße schlüpfte eine Frau hinter einen Baum. Dieses Mal ohne Forsythien.

17

*Ruinen und Basiliken, Paläste und Kolos-
se inmitten einer üblen Gegenwart ...*
GEORGE ELIOT, *Middlemarch*

Nur Nonna und Gorbi waren in der
Wohnung, als ich aufwachte. Sie saß wie üblich auf ihrem
Stuhl vor dem Klavier im Wohnzimmer, die Tarotkarten
auf dem Schoß ausgebreitet, den Kopf tief über die Brust
geneigt. Gorbi hatte sich auf dem Sofa hinter meinen
Beinen zusammengerollt, die Schnauze über meiner
Taille. Sie hatten mir beide beim Schlafen zugeschaut.

»Das macht mehr Spaß, als auf den Tod zu warten«, sagte
Nonna mit einem Blick auf das Beistelltischchen. Ich
hatte das Fax zusammengefaltet unter dem Aschenbecher aus Glas liegenlassen. »Übersetz es mir. Was steht
drin über den Leonardo? Hat Hensen ihn?«

»Nach Ansicht seiner Tochter nicht. Sie glaubt, Mirella
will ihm eine Kopie verkaufen.« Ich glitt vom Sofa und
legte mich auf den Boden. Gorbi versuchte, mir das Gesicht zu lecken.

»Ihr Vater wird meine Tochter heiraten, und wenn ihr
das nicht gefällt, weißt du, was wir in Rom dann sagen?
Sie kann sich mit Knoblauch trösten!«

Ich machte ächzend fünfzigmal meine Übung für die
Bauchmuskeln und überlegte dabei, ob ich Nonna von

der geplanten Schließung der Schule erzählen sollte. Ich beobachtete sie insgeheim. Mit den Tarotkarten auf dem Schoß sah sie wie eine Prophetin aus. Weise.

Ich erhob mich mit rotem Kopf und außer Atem. »Die Hensen Group International will La Casa schließen. Es tut mir leid.«

Nonna saugte ein paar Sekunden lang an ihrer Unterlippe, als könne ihr das neue Kräfte verleihen. »Was steht sonst noch drin?«

»Daß die Tochter ihren Daddy nicht leiden kann. Sie will ihn aus dem Unternehmen raus haben.«

»Er hat genug Geld; er braucht nicht arbeiten. Sag Mirella nichts von der Sache mit der Schule. Der gestrige Tag hat sie ziemlich mitgenommen. Und vernichte das Fax.«

Sie griff danach.

»Nein, das wirst du nicht tun.« Ich zog ihr das Fax weg und steckte es in meine Tasche. »Das kommt wieder dahin zurück, wo du's herhast.«

»Gefaltet? Er wird wissen, daß wir's weggenommen haben.«

»Wir? Mach dir keine Sorgen. Ich kümmere mich um alles.«

»An solche Worte glaube ich nicht mehr.«

»Wo ist meine Mutter?«

»Sie hatte einen Termin.«

»Wieso die vielen Termine?«

»Olga möchte sich um halb zwei mit dir im Babington treffen.«

»Wo steckt Luca?« Seine Schlafzimmertür stand offen. Um zum Bad zu gelangen, mußte ich über nasse Handtücher steigen. Ich wußte, daß Mirella sich zu ihrem letzten Kurs vor den Frühjahrsferien auf den Weg zum Kapitolinischen Museum gemacht hatte. »Ich hab gedacht, der schläft immer bis mittags.« Draußen vor dem Flurfenster glänzte die Magnolie schwarz vor Regen.

»Der ist in der Uni«, rief Nonna. »Er muß sein Supermarktprojekt heute abgeben. Er hat das As der Münzen.«

Ich duschte hastig. Ich hatte mich mit Principe Maffeo um zehn Uhr in seinem Palazzo verabredet, und ich würde zu spät kommen. Es ärgerte mich, daß ich verschlafen und niemanden mehr gesehen hatte. Ich schrubbte an meinem Kopf herum, als wolle ich so zu klaren Gedanken kommen. Mir fehlten Erinnerungen an den Beginn meines Besuches. Das Erstaunen darüber, daß ich wieder in meine eigene Vergangenheit zurückgeworfen war, hatte mich in eine Art Zeitschleife versetzt, die nur so von wirren Gefühlen wimmelte.

Das heißt nicht, daß ich sonst ausschließlich in die Zukunft gerichtete, deutliche Gedanken hätte. Ich schiebe und stochere und stolpere eher über Wahrheiten, als daß ich sie aus dunklen Winkeln hervorhole. Meine Stärke ist die Beharrlichkeit, nicht der visionäre Gedanke. Ich bin mittlerweile davon überzeugt, daß auch Sturheit und Entschlossenheit etwas für sich haben, doch diesmal fiel mir nur Geschwafel ein.

Ich zog den grauen Rock vom Vorabend und einen blauen Pullover an, den Mamma mir vor mindestens zehn Jahren gestrickt hatte. Draußen regnete es noch immer. Ein kalter Wind wehte durch den Fensterspalt herein.

»Was heißt ›das As der Münzen‹?« fragte ich Nonna, die

im Wohnzimmer saß, während ich mir die Haare trocknete.

»Erfolg! Glück! Luca wird eine Eins plus für seinen Supermarkt bekommen. Und du wirst dir eine Lungenentzündung holen, wenn du mit nassen Haaren rausgehst.«

Ich ging vor ihr auf die Knie. »Eine Lungenentzündung bekommt man durch Bakterien, nicht durch nasse Haare. Nonna, Luca zu decken hat keinen Sinn!«

Ihre Augen wirkten fast durchsichtig an jenem Morgen, als habe sie sie vom Regen waschen lassen. »Er ist der Sohn meines Kindes. Ich werde ihn genauso verteidigen wie meine Tochter. Luca war am Samstag morgen mit mir zusammen, abgesehen von den zehn Minuten, die er gebraucht hat, um Monicas Mittel in der Apotheke zu holen.«

»Die Apothekerin ist da anderer Meinung.«

»Das Wort eines Deutschen ist die Spucke nicht wert, die man braucht, um es auszusprechen.«

Statt mich mit ihr zu streiten, kochte ich einen Kaffee. Kaffee ist *'na mano santa* – eine heilige Hand. Sie heilt alle Übel, zumindest die gesellschaftlichen. Wenn man einen Schluck davon trinkt, scheinen sich alle Probleme von selbst zu lösen. Meine heilige Hand würde entkoffeiniert sein (das hatte der Arzt mir geraten), eine Blasphemie für Nonna. Aber das würde ich ihr nicht sagen.

»Ich hab gar nicht gewußt, daß Oreste einen Sohn hat.« Ich trug vor dem Spiegel im Flur Rouge auf, während ich auf den vertrauten Geruch fertigen Kaffees wartete.

»Aldo. Ein Nichtsnutz. Mirella glaubt, daß er Zuneigung braucht. Zuneigung ist ihr Allheilmittel. Sie hat ihm den Job bei Principe Maffeo besorgt.«

Ich brachte zwei Tassen Kaffee ins Wohnzimmer. Fünf-zehn Minuten würde ich ohnehin zu spät kommen; da machte es auch nichts mehr aus, wenn es dreißig wurden. Allmählich fing ich wieder an, wie eine Römerin zu denken. »Sind Luca und Aldo befreundet?«

»Aldos Kopf ist nur dazu gut, seine Ohren auseinander-zuhalten. Er ist nicht die richtige Gesellschaft für Luca.«

Sie schlürfte an ihrem Kaffee, hielt inne, roch daran.

»Ich hab's verlernt«, sagte ich.

Sie nickte. »Warum fragst du nach Aldo?«

»Perillo hat ihn erwähnt. Ich habe überlegt, ob er etwas mit der Sache zu tun haben könnte.«

»Aldo würde doch nicht mal die *Mona Lisa* erkennen.« Sie stellte die Tasse weg. Der Kaffee hatte einen Rand um ihren Mund hinterlassen, der aussah wie Lippenstift und sie ein bißchen kokett wirken ließ. »Soll Perillo sich Gedanken über den Leonardo machen. Kümmer du dich lieber um deine Mutter.« Sie nahm ihr Gebiß aus dem Mund, und danach bekam ich kein Wort mehr aus ihr heraus.

Es hatte die ganze Nacht geregnet, und am Morgen, als ich aus dem Bus ausstieg und eine meiner Lieblings-straßen in Rom hinunterging, riß der dunkle Himmel auf. Die Sonne zeichnete helle Flecken auf die Gebäu-de, die jetzt wieder pfirsichfarben glänzten. Der Palazzo Brandeschi liegt an der Via dei Coronari, der Straße der Rosenkranzmacher, und wird flankiert von Renaissance-gebäuden, in denen sich kleine, aber feine Antiqui-tätenläden und ein paar vorwitzige Trödelläden befin-den. Die Straße ist schmal und kerzengerade; sie führt

239

zur Sant'Angelo-Brücke und dem Vatikan auf der anderen Seite des Tiber.

Mein Vater sagt gern: Vielleicht führen alle Straßen nach Rom, aber innerhalb Roms führen alle Straßen zum Vatikan. Er selbst hatte den Weg nach Florenz vorgezogen. Mamma weigerte sich, mir zu sagen, warum.

Der Eingang des Palazzo lag an der Piazzetta San Simeone gegenüber der blaßrosafarbenen Seite des strengen, frisch restaurierten Palazzo Lancellotti. Im Gegensatz dazu wirkte der Palazzo Brandeschi wie ein dunkelgraues, beengtes, vierstöckiges Gebäude mit ausbleichenden Grisaille-Arbeiten. Ein dickes, grünes, aus einer Reihe von Plastikteilen zusammengesetztes Gummirohr führte von einem Fenster im dritten Stock herunter. Die Renovierung hatte begonnen. Auf einem blauweißen Schild stand »La Casa dell'Arte«. An einer Ecke des Gebäudes befand sich ein Fresko der Madonna hinter Glas. Eingehüllt in ein buntes Brokatkleid, von dem das Gold schon längst abgerieben war, die Hand auf ewig erhoben, sah sie ein bißchen verwirrt aus, als wisse sie nicht so recht, wen sie segnen solle. Unter ihr ergossen sich aus einem aufgerissenen Müllsack Suppenknochen. Auf der anderen Seite, in einem Hare-Krishna-Zentrum, konnte man vegetarisch essen.

Principe Maffeo erwartete mich bereits auf dem Treppenabsatz. Ich rannte die ausgetretenen Steinstufen hinauf, die fünf Jahrhunderte geformt hatten, und entschuldigte mich für meine Verspätung.

Er verschränkte seine großen weißen Hände vor dem Bauch und sah ganz ungewohnt aus mit seinen Bluejeans und einem alten blauen Schildkrötenkragenpullover,

240

wie ihn die italienischen Fischer tragen. »*Subito*. Das ist das Lieblingswort der Römer. Wenn man um etwas bittet, hört man immer: ›Sofort!‹ Aber weil dies hier die Ewige Stadt ist, ist unser Gefühl für das, was ›sofort‹ bedeutet, ein wenig verzerrt.«

»Dann verzeihen Sie mir also.« Ich stellte ihm Fragen über Tamar – als Einstieg in unser Gespräch.

»Die junge Frau hat mich mit ihrem offenen Bedürfnis, es sich in einem warmen Nest bequem zu machen, entwaffnet.« Im Treppenhaus war es feucht und düster; dunkle, fadenscheinige Gobelins bedeckten die über einen halben Meter dicken Wände. Das, was ich im Erdgeschoß von Mirellas Schule gesehen hatte, war im Gegensatz hierzu blendend weiß gewesen.

»Dann waren Sie also mit Tamar befreundet?« Ich wollte das, was Luca mir erzählt hatte, überprüfen, ohne meine Quelle preiszugeben. Mein Vorwand für diesen Besuch war das vieldiskutierte Porträt Caterina Brandeschis von Francesco Melzi, einem Schüler Leonardos. Das Gemälde hing direkt hinter dem ernsten Gesicht des Principe.

»Das Mädchen kannte keinerlei Grenzen. Ich lebe allein, und meine Privatsphäre ist mir wichtig. Das konnte sie nicht verstehen. Wir sind im Zwist geschieden, was ich nur bedauere, weil sie tot ist. Man möchte sich die Freundschaft der Toten immer gern erhalten, damit sie später keine schreckliche Rache nehmen.«

»Sie sind abergläubisch?« Ich trat einen Schritt zur Seite, um das Gemälde besser sehen zu können.

»Nein.« Er folgte meinem Blick und drehte sich um. Dabei hob er eine schwere Hand zu dem spärlich beleuchteten Porträt seiner Vorfahrin. »Obwohl es in einer Ballade heißt, daß meine Vorfahrin sich auf schreckliche Weise gerächt hat.«

Trotz Melzis flacher, wenig anmutiger Art zu malen wirkte Caterina Brandeschi hübsch. Sie hatte ein weiß schimmerndes, ovales Gesicht, sinnliche Augen mit schweren Lidern und die knospenförmigen Lippen, die so typisch sind für Renaissancegemälde. Die leuchtend roten Haare hatte sie in der Mitte gescheitelt und nach hinten gebunden; eine Reihe Staubperlen spannte sich kaum sichtbar über ihre Stirn. Anderen Schmuck trug sie nicht. Durch das schwarze Kleid und den schwarzen Hintergrund schien das weiße Gesicht mit den roten Haaren auf mich zuzuschweben. Dem Gemälde wäre ich mitten in der Nacht in einem dunklen Winkel des Treppenhauses nur ungern begegnet.

»Wie ist sie gestorben?« Ihr nachdenklicher Blick erinnerte mich an Tamar. Sie grübelte über etwas nach.

»Das erzähle ich Ihnen bei einem Kaffee.«

Der Prinz machte den Kaffee selbst. Er schaltete das Neonlicht in der vergilbenden Marmorküche mit den vergoldeten Stukkaturen an der Decke ein, die früher einmal als Musikzimmer verwendet worden war. Die ursprüngliche Küche hatte sich im ersten Stock neben dem Stall befunden, der nun genau wie sie zu La Casa dell' Arte gehörte. Principe Maffeo hatte keinen entkoffeinierten Kaffee, und aus Höflichkeit tat ich so, als mache das nichts aus. Ich muß gestehen, daß sein Titel mir doch etwas Respekt einflößte. Außerdem kamen mir die Worte von Greenhouse wieder in den Sinn: »Vielleicht hat deine Mutter einen anderen.«

242

Durch das Bleiglasfenster hörten wir den Regen auf das Kopfsteinpflaster draußen in dem kleinen Hof prasseln. Ein Student rief, er brauche einen Schirm. Eine junge Frau antwortete. Ich fragte beiläufig nach Aldo. Hatte er ihn erst vor kurzem eingestellt?

»Ja, vor ein paar Wochen. Als Hilfssteinmetz. Hören Sie sie nicht?« Er legte den Kopf schräg. Durch die dicken Wände drang fernes Hämmern. »Aldo ist allerdings heute nicht hier. Der Steinmetzmeister hat mir mitgeteilt, daß er heute morgen seinem Vater dabei hilft, ein Schwein zu schlachten.« Er atmete tief durch. »Ich bin schon seit Jahren Vegetarier.«

»Hat er sich mit irgendwelchen Studenten angefreundet? Zum Beispiel mit Tamar?«

»Ich halte mich, so gut es geht, von der Schule fern. Und die Steinmetzen habe ich gebeten, es genauso zu machen.« Principe Maffeo griff nach einer silbernen Zuckerschale in einer hohen Glasvitrine. Ihr Glanz überraschte mich.

»Ich liebe die Stille«, sagte er. Der Prinz drehte sich bedächtig halb herum. All seine Bewegungen waren langsam, als ließe er sich von nichts und niemandem antreiben. »Verdächtigt die Polizei Aldo?«

»Die Beamten interessieren sich für ihn.«

Der Finger des Prinzen schwebte in der Luft zwischen uns. »Sie sind klug wie Ihre Mutter. Sie fragen nach Aldo, um etwas über mein Alibi zu erfahren. Ich war am Samstag nicht in Rom. Commissario Perillo kennt alle Einzelheiten. Ich bin nicht Ihr Mörder.«

»Natürlich nicht, aber wir könnten es mit einem gedungenen Mörder zu tun haben. Vielleicht wurde er nur dafür bezahlt, eine Zeichnung zu stehlen, und hat sich im allerletzten Augenblick hinreißen lassen.«

»Ich heuere nur Steinmetzen an. Die arbeiten mit Ziegeln.« Er bedeutete mir mit einer Geste, ich solle ihm folgen. »Egal, ob der Mörder gedungen war oder nicht, und immer vorausgesetzt, es handelt sich überhaupt um einen ›Er‹ – er hätte wissen müssen, daß die junge Frau die Zeichnung bei sich hatte. *Falls* wir uns über eine Zeichnung unterhalten.« Mit zwei Tassen auf einem Plastiktablett durchquerten wir den Ballsaal, einen langen, eisig kalten Raum, in dem Wollmäuse über die geometrischen Muster des Marmorbodens tanzten und drei mit rußgeschwärzten Tüchern verhängte Kerzenleuchter von der Decke hingen.

»Würde die junge Frau es hinausposaunen, wenn sie die Zeichnung hätte?« fragte der Prinz.

Büschel vergoldeter Rosenknospen und Blitze verkörperten oben an der Decke Schönheit und Kraft – das Motto der Brandeschis –, und halbnackte Nymphen drifteten von einem durchbrochenen Himmel herunter.

»Der Mörder brauchte nichts davon zu wissen«, sagte ich.

»Er mußte nur glauben, er wisse etwas.« Verstreute Silberstreifen, die letzten Überreste von ehemals spiegelbedeckten Wänden, reflektierten unterschiedliche Splitter unserer Körper, als wir an ihnen vorbeigingen. Meine Wohnung in Greenwich Village hätte ungefähr zehnmal in diesen Raum gepaßt. »Was hätte sich noch gelohnt, ihr zu stehlen, wenn sie keinen Leonardo hatte?«

»Bargeld. Das ist das Bedarfsgut, das sich die meisten Leute wünschen.«

Im Speisesaal war es genauso kalt wie im Ballsaal, doch

hier hatten die Nymphen Kleider angezogen und hielten Körbe voller Obst in den Händen. Ein Pfirsich sah aus, als könne er jeden Augenblick auf meinen Kopf fallen. Ich fragte mich, wie sehr dieser Palazzo seinen Besitzer belastete. Würde er je den Mut aufbringen, wegzugehen und anderswo ein neues Leben zu beginnen, wie ich es getan hatte? Einen Moment lang stellte ich mir meine Mutter in diesen Räumen vor, als Hausherrin. Sie mochte es sauber und ordentlich. Sie würde den Palazzo hassen. Wir nahmen in einem kleinen Arbeitszimmer Platz, in dem die Bücherstapel vom Boden bis zur Decke reichten. »Ich habe ein paar von den Räumen aufgeteilt«, sagte der Prinz. »Und die Decken niedriger machen lassen. Leider bekomme ich aufgrund meines Adelstitels keinen Nachlaß auf Brennstoffe. Und auch nicht auf Steuern. Es sei denn, ich würde den gesamten Palazzo restaurieren.«

»Also hätten Sie nichts dagegen, einen Leonardo zu finden.« Ich setzte mich auf einen alten, zerschlissenen Damastsessel.

»Das ist richtig.« Er bot mir Zucker an, den ich ablehnte. »Aber ich habe ihn nicht gefunden, und ich bin mir auch nicht so sicher, ob ich ihn gern finden würde.« Er rührte seinen Kaffee um. »Der Aufruhr in der Kunstwelt. Die Medien. Wissenschaftler, die in meinen Privatbereich eindringen würden.«

»Gibt es Dinge in Ihrer Familie, die Sie lieber unter Verschluß halten würden?« fragte ich ein wenig kokett.

Der Prinz brachte ein kleines Lächeln zuwege. Wieder hatte ich den Eindruck, daß Mimik nicht seine starke Seite war. »Geheimnisse sind der Zement, der die Palazzi zusammenhält. Jedenfalls wollen die Romanciers uns das glauben machen. Wahrscheinlich hat auch Caterina Brandeschi ihre Geheimnisse gehabt. Sie wurde an ihrem Hochzeitstag ermordet. Durch einen Dolchstich ins Herz, wie das amerikanische Mädchen. Sie sind doch hergekommen, um etwas über Caterina zu erfahren, stimmt's?«

»Ich bin hergekommen, um meiner Mutter zu helfen. Sie möchte, daß Tamars Tod rasch aufgeklärt wird.«

»Olga ist eine großartige Frau. Sie …«

»Werden Sie Ihren Palazzo an Arthur Hensen verkaufen?« Ich wollte nichts über meine Mutter hören, nicht von diesem Mann.

Er verkrampfte sich. »In einem Augenblick der Schwäche habe ich Arthur gesagt, ich würde es mir überlegen. Aber jetzt habe ich meine Meinung geändert.«

»Darf ich fragen, warum? Sie haben keine Erben.«

»Ich möchte den Rest meines Lebens hier wohnen. Nach meinem Tod geht er an den italienischen Staat über. Der wird ihn dann rosa oder gelb anmalen, wie er es Schritt für Schritt in ganz Rom macht. ›Bonbonfarben‹ hat *The Economist* das genannt. Ich finde die Farben jugendlich. Vielleicht wird der Palazzo dann zu einem Jugendzentrum. Der Gedanke an junge Leute gefällt mir, allerdings mag ich den Lärm nicht, den sie machen. Ich höre die Studenten unten im Hof mit ihren gräßlich lauten, amerikanischen Stimmen. Sie haben kein Verständnis für das Gewicht der Historie. Doch ich werde sie vermissen.«

Sie vermissen? Wußte er, daß HGI vorhatte, La Casa zu schließen? »Wird die Schule denn geschlossen?«

Er preßte die Augen zusammen. »Natürlich nicht.« Also

wußte er Bescheid. Das sah man an seinem betretenen Gesicht und an den Händen, mit denen er sich plötzlich über die langen Oberschenkel strich. Wie hatte er das herausgefunden?

»Wir haben bald Ostern«, sagte er. »In zwei Tagen sind sie weg und erkunden die anderen Teile Italiens.«

Ich ließ es dabei bewenden, weil ich mich mit einem Freund meiner Mutter nicht über geklaute Informationen unterhalten wollte.

»Suchen Sie immer noch nach der Zeichnung?« fragte ich.

»Ich suche nach überhaupt nichts. Diese Amerikanerin hat alles danach durchwühlt, bis ich es ihr untersagt habe. Vielleicht hat sie sie Mittwoch abend in meiner Bibliothek gefunden.«

»War die Bibliothek nicht schon davor durchsucht worden?«

»Hmm.« Er stellte die Beine nebeneinander. »Ja. Luca hatte dafür gesorgt. Die Möbel wurden weggerückt, der Fußboden untersucht. Alle Bücher wurden in meiner Gegenwart durchgeblättert. Ich habe mindestens tausend.«

»Das macht es ziemlich unwahrscheinlich, daß sie die Zeichnung an jenem Abend gefunden hat. Warum ist sie dann zurückgekommen?«

»Ich weiß es nicht, aber sie hat mir gesagt, ich sei ein dummer alter Mann, weil ich sie nicht als Tochter wollte.« Er strich sich mit der Hand übers Gesicht. »Ich habe keine Kinder. Und keine Frau.« Das Licht, das durchs Fenster hereindrang, warf fahle Schatten auf sein Gesicht. Er sah aus, als habe er am Spieltisch verloren.

»Ich habe Ihre Mutter in der Osterzeit kennengelernt, als ich an der Universität studiert habe. Kurz vor dem Krieg. Es gibt einen kleinen Brandeschi-Palazzo in Venedig, der mittlerweile verkauft ist. Merkwürdig, daß wir uns an Ostern wiedertreffen sollten.« Sein Gesicht wurde weicher und wirkte nun älter. »Ich habe immer sehr viel von Olga gehalten, aber damals ist meine Mutter …« Er ließ eine Hand auf die Armlehne sinken.

Ich spürte, wie ich heiße Wangen bekam. Meine Mutter, die Tochter von Krämern, wäre nicht die richtige Braut für ihn gewesen. Einen kurzen Moment stellte ich mir vor, Principessa Simona Brandeschi zu sein und diesen Palazzo mein Zuhause zu nennen.

»Nichts als Flausen im Kopf«, hätte Nonna gesagt. Seine Tochter wäre eine völlig andere Person gewesen als ich.

»Ihr Vater kann sich glücklich schätzen.« Sein Kiefer hing schlaff herunter; um die Augen zeichneten sich Tränensäcke ab. Principe Maffeos Liebe zu meiner Mutter war etwas Greifbares, und sie machte mich verrückt.

»Sie hätten um sie kämpfen sollen!« hätte ich am liebsten geschrien, doch dann fühlte ich mich plötzlich wie eine Verräterin meinem Vater gegenüber; ich war verlegen und wand mich aus der Situation heraus, indem ich nach der Geschichte um Caterina fragte.

»Tragisch«, sagte er. Ich wußte nicht, ob er die Geschichte oder seine eigene vertane Chance meinte.

Caterina wurde an ihrem Hochzeitstag umgebracht, wiederholte er, erstochen an der Ecke des Palazzo, direkt unter dem Fresko der Madonna. Der Volksglaube machte ihren Bräutigam für ihren Tod verantwortlich, einen

Lancellotti, der auf der anderen Seite der Piazza wohnte und sechs Monate später in die viel bessere und wohlhabendere Orsini-Familie einheiratete.

»Wir haben nur einen Kardinal in der Familie«, sagte der Principe völlig ohne Ironie. »Keine Päpste.«

Ein Diener des Bräutigams, den man zusammen mit dem Messer unter seinem Bett fand, wurde zuerst gefoltert und dann gestreckt und geviertelt, doch der römische *popolino* – die »kleinen« Leute – dachte sich andere Versionen aus, die alle in den zahlreichen Strophen der Ballade aufgezeichnet sind: Der Diener liebte Caterina und tötete sie aus Eifersucht. Die Mutter des Bräutigams, die diese erniedrigende Verbindung nicht zulassen wollte, ließ die junge Frau umbringen. Caterinas eigene Mutter erstach sie, weil die Tochter von ihrem Vater schwanger war. Der Vater ließ sie meucheln, weil er Angst hatte, daß der Name der Brandeschis entehrt würde, wenn der Bräutigam entdeckte, daß seine Braut keine Jungfrau mehr war. Caterinas Rache bestand darin, sie innerhalb von zwei Jahren alle von der Pest dahinraffen zu lassen. Nur ihr Vater überlebte ihren Zorn, hieß es in der Ballade.

Ich lauschte Principe Maffeo, dessen Gesicht beim Erzählen lebhafter wurde. Wir taten hier etwas typisch Römisches: Wir saßen da und unterhielten uns, eine Tasse Kaffee in der Hand, über etwas ziemlich Nebensächliches, während sich draußen Dinge ereigneten, von denen wir keine Ahnung hatten.

Im Viale Parioli saß meine Mutter in einem Büro und hörte sich die Möglichkeiten an, die sie hatte.

In Florenz trank mein Vater mit einem alten Freund

einen Kaffee und fragte ihn vor der berühmten Kopie von Michelangelos *David* um Rat.

Am Piazzale del Verano verließ Luca, eine Eins plus in der Tasche für sein Supermarktprojekt, die Leichenschauhalle, um Tamars Leiche zum Flughafen zu begleiten.

In der Via San Vitale befragte Perillo im Polizeirevier die deutsche Apothekerin.

Im alten Rom wartete der Mörder.

18

Ich glaube, mein Herz hörte einen Augenblick lang zu schlagen auf, und ich mußte mich sehr zusammennehmen, um nicht besinnungslos zu Boden zu sinken.

LADY ANNA MILLER,
Letter from Italy (1776)

Ich erinnerte mich wieder an das Fax, als ich Nina, die blonde Inhaberin der Osteria dell'Antiquario, dabei beobachtete, wie sie die Tische abwischte, Schichten karierter Tischtücher über die Schulter geworfen wie einen Umhang. Jetzt, da es zu regnen aufgehört hatte, hatte sich die Piazzetta San Simeone in ein verzaubertes Fleckchen Erde verwandelt, das von der römischen Sonne beschienen wurde. Ich begrüßte die Inhaberin.

»*Simona! Bella mia!*« Nina eilte zu mir herüber, wedelte mit dem feuchten Tuch und umarmte mich. Sie roch nach Rosmarin. Sofort hatte ich ein schlechtes Gewissen, daß ich nicht vorhatte, etwas bei ihr zu essen.

»Du hast dich kein bißchen verändert!«

Ich erklärte ihr, daß meine Mutter auf mich wartete, und versprach wiederzukommen. Das Essen war wie zu Hause, die Sonne strahlend. Nach meiner Trennung von Carlo hatte ich eine Weile in einer nahegelegenen Nebenstraße, der Via di Panico, gewohnt, eine passende Adresse unter den gegebenen Umständen. Damals war die Osteria dell'Antiquario mein zweites Zuhause gewesen.

Ich mußte an Carlo denken, und wieder fiel mir das Fax ein. Ich wollte, daß er es Arthur zurückbrachte und sagte, ich habe es versehentlich mitgenommen. Ich wollte nicht verantwortlich für ein gescheitertes Geschäft oder schuld daran sein, daß Arthur nichts von der Schließung seiner Schule erfuhr. Eigentlich hatte ich darauf gehofft, Arthur ein Fax aus einem Copyshop schicken zu können, ein sauberes, ungefaltetes Exemplar, doch dann hatte ich mir das Blatt genauer angesehen. Datum, Uhrzeit und Nummer des Absenders waren deutlich lesbar darauf vermerkt. Also mußte Carlo es vorbeibringen. Ich rief Carlo von der Osteria aus an. Konnte ich kurz vorbeischauen? Ich war in Eile, aber er mußte mir einen Gefallen tun. Der Gedanke schien ihn zu freuen. »*Subito. Subitissimo.*« Er sagte etwas von einem tollen Ausblick.

Ich erinnerte ihn daran, daß ich wenig Zeit hatte, und legte auf. Bis zum Mittagessen mit meiner Mutter waren es noch eineinhalb Stunden. Und ich war mir ziemlich sicher, daß ich die nicht mit Carlo verbringen wollte.

Nina blieb neben mir stehen. »Ich hab dich aus dem Palazzo Brandeschi kommen sehen. Da würde ich nicht hingehen, wenn ich du wäre. Eine amerikanische Studentin ist ermordet worden.«

»Tamar ist nicht dort ermordet worden.«

»Ach, dann weißt du also Bescheid. Tja, ich glaube, Caterinas Rache …« Sie ließ meinen Arm los und sah hinüber zu einem amerikanischen Pärchen, das hinauf zum Himmel schaute und dann auf die leeren Tische.

Nina deutete auf die Sonne. »*Bello!* Gut für Sie.« Dann eilte sie zu einem Tisch und rückte zwei Stühle zurück. Sie klopfte auf ihren Bauch. »*Buono.* Billig.«

Der Amerikaner lachte und setzte sich. »Komm, Ethel, setz dich! Meine Füße bringen mich noch um. *Dos* Gläser *blanco vino, por favor.*«

»Schätzchen, das ist Spanisch.« Ethel strich über den Stuhl, um festzustellen, ob er naß war, und setzte sich, den grünen Michelinführer fest in der Hand. »*Due bicchieri di vino bianco, per favore.* So heißt das richtig.«

Nina war bereits wieder hineingegangen. Sie versteht jede Sprache der Welt, wenn jemand einen Wein bestellen möchte. Ich folgte ihr.

»Hast du Tamar gekannt?« fragte ich sie.

»Sie hat manchmal hier gegessen. Abends. Immer allein. Sie hat mit Zeichnungen bezahlt. Mein Mann sagt, sie sind wertlos und ich bin verrückt, aber ich konnte sie doch nicht einfach wegschicken, oder?« Sie füllte zwinkernd eine Literflasche mit Weißwein aus einem Faß. »Die fangen mit zwei Gläsern an, dann macht sich die römische Trägheit breit, und sie trinken die ganze Flasche leer. Das ist immer so.«

»Warum konntest du Tamar nicht wegschicken?«

»Sie hat gesagt, meine Küche ist so gut wie die ihrer Mutter. Und außerdem hat sie mich an dich erinnert.« Sie eilte mit mir im Schlepptau hinaus. »*Allora,* heute koche ich *spezzatino con patate* – Rindfleischeintopf mit Kartoffeln –, *pollo alla cacciatora* – Hühnchen nach Jägerart – und Rigatoni mit *salsiccia.*«

Ich ging wieder hinein, in Richtung Küche. Ihr Mann, ein massiger Kerl mit Kugelfischkopf, kochte.

»Zeigen Sie mir die Zeichnungen der jungen Frau«, sagte ich.

»Wollen Sie welche kaufen?« Er erinnerte sich nicht an mich.

»Vielleicht.«

»Tja, da sind Sie zu spät dran. Die Lehrerin hat heute morgen, als ich die Gemüse vom Markt hergebracht habe, alle sechs gekauft.«

»Was für eine Lehrerin?« Ein riesiges Sieb mit halbfertigen Rigatoni wartete neben der Spüle darauf, wieder ins Wasser geworfen und je nach Bedarf fertig gekocht zu werden.

»Diese hübsche grauhaarige Dame. Sie hat ein Fahrrad, das könnte noch aus dem Römischen Reich stammen.« Mirella.

»Was waren das für Zeichnungen?«

»Köpfe. Das Mädchen konnte das einfach. Sie hat sogar mich gezeichnet. Den Mann im Mond. Die Zeichnung hab ich auch verkauft. Mir sind einfach Zehntausendlirescheine mit dem Porträt von Leonardo lieber. Die letzte Zeichnung hat sie am Mittwoch dagelassen. Ich glaube, ein Selbstporträt.«

Mein Herz setzte einen Schlag aus.

»Gino!« rief Nina vom Gastraum aus. »*Un rigatone e un pollo!*«

»*Subito!* Sagen Sie Nina nichts davon, sonst will sie gleich wieder neue Tischdecken kaufen.«

Ich schob den unangenehmen Gedanken, daß Mirella sich im Besitz des Leonardo befand, beiseite und schlenderte zu Carlos Wohnung. Ich vergaß Amerika völlig, als ich in die vertrauten Läden schaute, vor denen Körbe

254

mit Geranien zur Feier des bevorstehenden Antiqui-
tätenmarktes hingen. Eine Frau, die ich jeden Werktag
auf dem Weg zum Bus gesehen hatte, saß noch immer an
der Stelle, an der ich sie verlassen hatte, neben dem
Fenster eines englischen Antiquitätenladens, und rauchte ihre übliche Zigarette. Ihr champagnerfarbener
Zwergpudel lag auf ihrem Schoß. Ihre Haare waren jetzt
röter, und der Hund jünger.
Die Eckkneipe war auf Vordermann gebracht worden,
das Haus, in dem ich früher gewohnt hatte, strahlend
ockerfarben gestrichen, und die Balkone waren voll von
Alpenveilchen. Eine hübsche rosafarbene Schleife am
portone kündete von der Geburt eines kleinen Mädchens
in der dortigen Familie. Der Postbote nickte mir beim
Vorübergehen zu. Mein Gesicht kannte er, aber er ver-
band dieses Gesicht nicht mit einem Namen und einer
Adresse. Er wußte nicht, daß ich seit vier Jahren nicht
mehr hier wohnte, sondern mich in einem völlig anderen
Land aufhielt, einem Land, das mich dazu zwang, dyna-
misch, zupackend und glücklich zu sein und mein Leben
selbst in die Hand zu nehmen.
Ich betrachtete mein Spiegelbild im Schaufenster meines
alten Geschirrladens. Hatte ich mich verändert? Wenn
ja, warum versuchte ich dann verzweifelt, an einem selbst-
gestrickten Ideal von meinen Eltern festzuhalten? Im
Babington würde meine Mutter mir möglicherweise sagen, daß Gigi sie betrogen hatte oder daß sie Principe
Maffeo liebte oder daß die Ehe sie langweilte.
Ich stützte den Kopf gegen das Fenster, das immer noch
ein bißchen naß vom Regen war, und wünschte mir
plötzlich, ich könnte das Leben zehn Jahre zurückspulen

in eine Zeit, in der ich noch mit Carlo verheiratet und in der Rom mein Zuhause gewesen war, in der wir uns einmal im Monat mit meinen Eltern bei Piperno im Ghetto trafen und Artischocken und knusprig gebratenen Kabeljau schlemmten, ohne irgendeinen Gedanken an Katastrophen.

»Gott verdamme Carlo!« sagte ich laut. Jemandem die Schuld zu geben, machte alles leichter.

Carlo wohnte in der Via Paola, einem kleinen Gebiet, das im Italien der Renaissance das Bankenzentrum gewesen war. Seine Wohnung befand sich in einem schmalen Gebäude aus dem sechzehnten Jahrhundert gleich neben einer Trattoria. Eine Busladung deutscher Touristen drängte sich auf dem Gehsteig und wartete darauf, hineinzutrotten. Hinter ihnen, auf der anderen Seite des Tiber, erhob sich das Castel Sant'Angelo – Hadrians Grabmal und gleichzeitig die Festung der Päpste. Der Engel auf seiner Spitze, der angeblich das Rom des sechsten Jahrhunderts vor der Pest bewahrt hatte, steckt sein Schwert in die Scheide, als habe er seine Arbeit getan. Am anderen Ende, jenseits des breiten Corso Vittorio Emanuele II, sah die weiße Fassade von San Giovanni dei Fiorentini wie eine frisch bemalte Opernkulisse aus. Ein toller Ausblick, Carlo hatte recht gehabt.

An der Tür zu seinem Haus gab es kein Schloß. Ein Zettel, der an der Tür klebte, informierte mich, daß am Gründonnerstag ein Priester vorbeikommen würde, um das Haus zu segnen. An den vier Briefkästen befanden sich keine Türen. Eine kleine, spinnwebenverhangene Lampe über der Tür spendete kein Licht; ich schaffte die steile Treppe hinauf zu Carlos Wohnung nur, weil vor seiner Tür im ersten Stock eine nackte Glühbirne baumelte.

Er hatte die Tür für mich angelehnt. Ich ging einen langen Raum entlang, der durch die Einbauschränke auf einer Seite noch enger wurde. Holzbalken unterteilten die hohe Decke in ein Schachbrettmuster. Das einzige Tageslicht kam von den beiden Fenstern am Ende. Dies war die römische Version einer Loftwohnung in Soho.

Der Geruch verbrannten Kaffees brachte mich zum Lächeln. Carlo vergaß immer den Kaffee auf dem Herd, weil ihm schon längst etwas anderes eingefallen war.

»Carlo, der Kaffee brennt an!« Ich ging an einem dunklen Schlafzimmer mit schwarzen Einbaumöbeln vorbei. Wie oft hatte ich das in meinem Leben schon gerufen?

Die Küche war winzig und fensterlos und wurde eingegrenzt von windigen Gipswänden. Eine New Yorker Küche, dachte ich und schaltete das Gas ab. Zwei braunweiße Tassen, wie sie in Bars verwendet werden, warteten auf der Edelstahlspüle. Ich füllte nur eine mit Kaffee, gab zwei Stück Zucker dazu und nahm sie mit zum Ende des langen Raums. Wie oft hatte ich Carlo schon Kaffee gebracht?

Ein Filmdrehbuch lag aufgeschlagen auf einem kleinen runden Tisch. Indische Tücher verhüllten drei durchgesessene Sofas. Eine Tonlampe stand auf dem Boden, die Glühbirne eingeschaltet. Helle Rechtecke fielen durch zwei Verandatüren auf den Boden. Tomatensaucenspritzer waren noch von der letzten Mahlzeit zu sehen.

Der Raum hätte eine Putzaktion wirklich vertragen können, aber das war bei mir zu Hause im Village nicht anders. Die Wohnungen waren sich gar nicht unähnlich. Bei beiden handelte es sich um Studios, das von Carlo war allerdings viel größer; beide strahlten jene Schludrigkeit und Flüchtigkeit aus, die Menschen mit der Hoffnung auf ein baldiges besseres Leben eigen ist.

Auf der anderen Seite der Straße, über Carlos leerem Balkon, beobachtete mich eine Frau aus einem Fenster über der English Methodist Church. Sie hatte ein ausgemergeltes, fahles Gesicht; auf ihrem Kopf thronte eine billige Perücke. Sie war sehr krank, soviel war klar. Als sich unsere Blicke trafen, zog sie sich hinter den Vorhang zurück. Wie viele Frauen hatte sie wohl schon in dieser Wohnung gesehen? Ein Transparent quer durch ihr Zimmer verkündete: »Gott ist mit dir!«

»Dein Kaffee wird kalt!« Ich stolperte über das Telefonkabel, verfolgte es mit den Augen eine enge Holztreppe hinauf zu einem dunklen, niedrigen Loft. Saucenspuren führten nach oben.

»Bist du im Bad?« Warum war es so still in der Wohnung? Ich warf einen Blick auf die immer noch nassen Flecken. Mein Herz setzte einen Schlag aus. Die Farbe stimmte nicht!

Ich rannte die acht Stufen zu dem Loft hinauf und merkte nicht einmal mehr, daß ich die Kaffeetasse noch in der Hand hatte.

Carlo lag auf dem Boden zwischen zwei Betten.

Ich schrie auf und verschüttete Kaffee über das Blut auf seinem Hemd. Dann sank ich auf die Knie und legte die Hand auf sein Herz. Es schlug noch.

Ich nahm ihn in den Arm, dankbar dafür, daß er noch am Leben war, und dachte in meiner Panik nicht einmal daran, das Telefon zu benutzen, das auf einem Marmortischchen, nur ein paar Zentimeter von mir entfernt, stand. Ich streichelte seine Wange, weinte, sagte ihm, daß alles wieder gut werden würde.

Als ich schließlich die Nummer 113 wählte, tönte schon Sirenenlärm herauf.

Der Notarzt kam vom Santo-Spirito-Krankenhaus jenseits des Flusses. Carlo hatte sich den Hinterkopf angeschlagen. Es war Blut an dem Marmortisch.

»*Na brutta botta*«, sagte ein kräftiger Sanitäter mit rauher Stimme, während ich ein langes Formular in dreifacher Ausfertigung ausfüllte. Ein ziemlicher Schlag.

»Kann das nicht warten?« fragte ich und kramte in meiner Erinnerung nach dem Namen des längst verstorbenen Vaters von Carlo.

»Machen Sie sich keine Sorgen, sein Zustand ist stabil. Ciccio gibt ihm erst mal eine ordentliche Dosis Sauerstoff. Bedanken Sie sich bei der Dame auf der anderen Straßenseite.« Er deutete auf das Fenster. »Sie hat Krebs, und sie ist ständig im Santo Spirito. Sie kennt sich aus mit dem Tod.«

»Carlo ist nicht tot!«

»Habe ich das vielleicht behauptet?« Der Sanitäter machte mir ein Zeichen, daß ich mich beeilen solle.

In die Rubrik »Allergien« trug ich Tetracycline ein. Ich wußte, daß da noch etwas anderes war, aber es fiel mir nicht mehr ein.

»Jemand hat ihm auf die Nase gehauen.« Der Sanitäter nahm mir das Formular ab. »Und in den Magen. Er hat Erbrochenes im Mund. Ehi, Ciccio, wen müssen wir anrufen, wenn jemand zusammengeschlagen worden ist?

Gleich fange ich an, Lotto zu spielen.« Sein Begleiter rief die Polizei.

Ich folgte der Tragbahre nach unten. Als ein Nachbar die Haustür weit aufhielt, fiel mir das Blut auf den Stufen auf. Man hatte ihn also in dem schmalen Eingang zusammengeschlagen. Sein Briefkasten war als einziger leer, das bemerkte ich.

»Sie bleiben hier und warten auf die Polizei«, sagte der Mann mit der tiefen Stimme, während er Carlo in den Krankenwagen schob.

Schaulustige auf dem Gehsteig diskutierten fachkundig über den Fall.

»Nein, ich fahre mit!« Zum Teufel mit der Polizei! Ich wollte nichts zu tun haben mit diesen endlosen Fragen.

»Er ist mein Mann!« Die Angst um sein Wohlergehen ließ mich Scheidung und Zorn vergessen.

»Ihr Mann?« Er musterte mich argwöhnisch, als sei ich als Ehefrau nun plötzlich auch verdächtig geworden.

»Tja, zu dumm, aber Sie müssen warten.« Er ließ niemanden bei mir zurück, der auf mich aufgepaßt hätte, nicht, weil er mich für unschuldig hielt, sondern weil es seine Aufgabe war, beim Opfer zu bleiben, nicht beim Täter.

Da fiel es mir wieder ein: »Er ist auch allergisch gegen Lakritze!« Die Tür des Krankenwagens schlug zu.

Ich rannte zurück in Carlos Wohnung, um meine Tasche zu holen und eine kurze Nachricht für die Polizei aufzuschreiben, in der ich den Beamten mitteilte, wo sie mich finden konnten und daß sie Commissario Perillo einschalten sollten. Dann klopfte ich an den Fensterrahmen und formte mit dem Mund ein stummes Dankeschön für die Frau mit der Perücke. Sie nickte. Dann sprang ich

260

wieder hinunter auf die Straße und hastete über die Sant'Angelo-Brücke und an senegalesischen Händlern vorbei, die ihre nachgemachten Chanel-Taschen feilboten. Ihr Anblick gehörte inzwischen genauso zu Rom wie die lächelnden Steinengel der Brücke.

Der *Pronto Soccorso*, die Notaufnahme des Santo-Spirito-Krankenhauses, hallte wider von Schreien und Husten. Auf den Fluren, die ich kopflos entlangrannte, wimmelte es nur so von Betten. Ich suchte nach der Rezeption, nach dem kräftigen Sanitäter von vorhin. Ein alter Mann hob den Blick; seine Augen leuchteten auf, als ich an ihm vorbeieilte. Vielleicht verwechselte er mich mit einer Verwandten oder einer Ärztin. Sein Arm ruhte schlaff neben seinem Oberschenkel. Eine Frau an einem Bett winkte mir mit einem Handtuch und bat mich um Wundalkohol. »Die Kleine hat Schmerzen!« Eine Schwester nahm sich des Kindes an und beruhigte es. Ein Arzt hastete an mir vorbei. Ich packte ihn am Arm. »Wo ist die Aufnahme?« Er deutete auf einen Raum mit einer geschlossenen Glastür.

»Carlo Linetti«, erklärte ich einer blonden Frau, die kaum Platz hatte zwischen all ihren Akten. Blauer Rauch stieg hinter ihrer Schreibmaschine auf. »Sie haben ihn gerade erst eingeliefert. Er hat eine Kopfverletzung. Ich bin seine Frau.«

»Ist es eine schwere Verletzung?« Sie füllte gerade ein Formular mit einem Füller aus.

»Ich weiß es nicht. Er ist bewußtlos.«

Sie schrieb mit gebeugtem Kopf weiter, so daß ich ihre schwarzen Haarwurzeln betrachten konnte. »Der Name sagt mir nichts. Die schlimmen Fälle bringen sie gleich hoch in den OP oder zum Röntgen. Ich kriege die Akte später, vorausgesetzt, jemand erinnert sich dran. Kafka hätte seinen Spaß hier.« Sie seufzte und streckte die Hand nach ihrer Zigarette aus. »Versuchen Sie's doch unten an der Information.«

»Das habe ich schon!«

Sie hob nicht einmal den Blick.

Ich hielt eine Schwester in Nonnentracht an, die eine volle Bettpfanne balancierte. Sie schickte mich in die Röntgenabteilung im dritten Stock. Carlo war nicht dort.

»Wo ist der OP?« fragte ich einen Pfleger, einen kinnlosen Mann mit stumpfem Blick.

»Was hat's für einen Sinn, wenn ich Ihnen das sage? Da dürfen Sie sowieso nicht hin. Wenn er eine Kopfverletzung hat, kommt er früher oder später hier durch.« Er deutete auf ein braunes Sofa unter einem Bogenfenster. »Von dort aus können Sie ein kleines Stück von der Kuppel sehen. Es ist ein hübsches Plätzchen zum Warten.«

Der Anblick des Petersdoms oder eines Stückchens davon sollte mich also trösten. Eine schwarzgekleidete Frau saß an einem Ende des Sofas, das Kinn auf der Brust, tief schlafend. Welke weiße Knie lugten zwischen den schwarzen Kniestrümpfen und dem Rocksaum heraus.

»Gleich fange ich zu schreien an«, flüsterte ich. Mein Mund war so trocken, daß ich die Worte kaum herausbrachte.

Der Pfleger streckte seine Hand nach der meinen aus. »Ich bringe Ihnen ein Glas Wasser.«

»Ich will kein Wasser. Ich will meinen Mann!«

Er hatte Erbarmen mit mir und fing an, die verschiedenen Abteilungen anzurufen und immer wieder mit schwacher Stimme »Carlo Linetti« zu sagen, wie ein reuiger Sünder, der den Rosenkranz betet. Beim fünften Anruf klopfte er auf seinen Schreibtisch.

»Er ist bei Dottor Cardinale und wird gerade untersucht. Danach bringen sie ihn hier herunter.« Er verzog das Gesicht zu einem Lächeln. »Jemand mit dem Namen kann auch nur hier arbeiten, kaum zwei Schritte vom Vatikan entfernt.«

Ich ging hinauf auf den Flur, rief Mirella an und bat sie, mir meine Mutter zu geben, die allerdings bereits zum Restaurant unterwegs war. Dann sagte ich Mirella, Carlo sei hingefallen und habe sich verletzt. Sie schnappte nach Luft und erbot sich, sofort zu kommen.

»Nein, bitte nicht.« Ich sehnte mich nach meiner Mutter mit ihrer vernünftigen, kühlen Art, Notfälle zu bewältigen. Mirella würde mich in den Arm nehmen, mich streicheln und mich damit nur zum Weinen bringen. Das half Carlo nicht, und so fand man auch keinen Mörder. Außerdem wollte ich nicht, daß Mirella davon erfuhr, wenn Carlo tatsächlich angegriffen worden war. Vielleicht versuchte ich, sie zu beschützen, vielleicht machte mich der Gedanke an die Zeichnungen im Restaurant mißtrauisch. Ich weiß es nicht.

Ich rief im Babington an. Es war zehn nach eins. Meine Mutter war noch nicht da. Ich hinterließ eine Nachricht. Ein Arbeiter kam die Krankenhaustreppe herauf, die Mütze aus Zeitungspapier in der rauhen, gebräunten Hand. Tränen standen ihm in den Augen. Ich senkte den

Kopf, als er an mir vorbeikam, weil ich ihm nicht das Gefühl geben wollte, daß ich ihn beobachtete.

In der Röntgenabteilung schlief die Frau mit den nackten Knien immer noch. Auf ihrem Schoß lagen zwei Orangen und eine Tafel Schokolade. Zumindest sie war auf die Warterei vorbereitet.

»Die Gehirnerschütterung Ihres Mannes birgt zwei Risiken«, sagte Dottor Cardinale genau siebenunddreißig Minuten später, während er seine dezent gestreifte Manschette unter seinem weißen Kittel hervorzog. Hinter ihm war die Kuppel des Petersdoms zu sehen.

»Wird er sterben?«

»Das ist ziemlich unwahrscheinlich, aber es könnte ein Blutgerinnsel im Gehirn sein; das wird sich erst durch eine Computertomographie erweisen.« Er lächelte, als sollte mich sein gutes Aussehen mehr interessieren als Carlos Gesundheit. Er roch nach etwas, das ich anfangs für Desinfektionsmittel hielt. »Natürlich ist es gut möglich, daß sich später noch ein solches Blutgerinnsel bildet, obwohl jetzt noch keines vorhanden ist.« Dottor Cardinale trat näher an mich heran. Da merkte ich, daß er nach After-shave roch.

»Man hat ihn angegriffen.« Ich hatte Carlo nur kurz gesehen, als sie ihn hereingeschoben hatten. Sein Hinterkopf war rasiert, sein Gesicht von Blut gesäubert. Es hatte eine schimmelige Farbe angenommen; nur die eine Wange war ein bißchen rot. Er sah aus wie eine Leiche. Ich hatte die Fäuste geballt, um nicht laut loszuheulen.

»Ja«, sagte Dottor Cardinale, »jemand hat ihm einen heftigen Schlag in die Magengrube versetzt und ins Gesicht, was zu starkem Nasenbluten geführt hat. Dann hat er das Bewußtsein verloren und ist mit dem Kopf auf einer scharfen Kante aufgeschlagen.«

Der Mörder hatte auf die Post gewartet, wahrscheinlich war er durch die offene Tür hineingeschlüpft, nachdem der Postbote gegangen war. Und Carlo hatte ihn gestört. »Er ist wieder nach oben«, sagte ich. »Er wollte zum Telefon.« Beim Anblick von Blut wurde ihm immer übel.

»Und wie sieht das zweite Risiko aus?«

»Es besteht die Möglichkeit, daß eine diffuse Axon-Verletzung vorliegt.« Dottor Cardinale strahlte mich an.

»Was bedeutet ›Axon‹?« Am liebsten hätte ich Dottor Cardinale auf die Nase gehauen, damit er seine hübsche Missoni-Krawatte vollgeblutet hätte.

»Wenn ungefähr hundert Nerven in einem kritischen Bereich verletzt sind, könnte er kognitive Probleme bekommen, Sprachstörungen, Gedächtnisverlust. Das muß natürlich nicht sein. Wir werden mehr erfahren, wenn er das Bewußtsein wiedererlangt. Wer hat ihn verprügelt?«

»Das werde ich rausfinden«, sagte Perillo, und seine Timberland-Schuhe quietschten auf dem Travertinboden dazu. »Wann können wir uns unterhalten?« Er begrüßte mich mit einem Nicken und stellte sich dem Arzt vor. Dabei rieb er sich mit dem Finger über die Augenbrauen.

Der Arzt warf einen Blick auf die Uhr an der Wand. Verärgerung machte sich auf seinem Gesicht breit. »Ich muß wieder nach unten.«

Perillo folgte ihm. Die schlafende Frau hob ruckartig den Kopf und sah mit halbgeöffneten Augen seinen lauten Schuhen nach. »Warten Sie auf mich«, rief mir Perillo über die Schulter gewandt zu.

265

»Das sagen sie alle«, brummte die Frau. »Ich bin vom Warten alt geworden.«

Ich ging.

Ich hätte bleiben sollen, um Perillos Fragen zu beantworten und mich um Carlo zu kümmern. Das hätte ich tun sollen, aber ich konnte es nicht.

In kritischen Situationen laufe ich meistens weg. Diesmal flüchtete ich nur bis zur Lungotevere, der breiten Straße, die am Tiber entlangführt. Die Luft war voll von Abgasen und der Lärm ohrenbetäubend, als Autos und Busse sich sinnlos hupend gegen den mittäglichen Verkehr wehrten. Die Italiener halten ihre Autos für eine Verlängerung ihrer Sexualorgane, für etwas, ohne das sie nicht auskommen können, egal, wie viele U-Bahn-Linien eröffnet werden, und egal, wie schlimm der Verkehr wird.

Auf den Gehsteigen wimmelte es von Nonnen, die sich zum Osterwochenende in Rom versammelten. Eine Zeit der großen Trauer und der großen Freude, hatte meine Mutter mir beigebracht. Ich ging auf und ab, während ich auf sie wartete.

Zehn Minuten später kam sie zu Fuß über die breite Vittorio-Emanuele-Brücke, die Handtasche fest gepackt, eine Horde von Zigeunermädchen im Teenageralter um sie herum. Eine davon versuchte, ihre Hand zu ergreifen, um ihr die Zukunft vorherzusagen. Mamma sah mit grimmigem Blick geradeaus.

Eine *vigile* mit einem Rock, so kurz, daß die Autofahrer bewundernd stehenblieben, scheuchte die Zigeunermädchen weg. Zufrieden stopfte sie ein paar schwarze Haarsträhnen unter ihre schräg auf dem Kopf sitzende weiße Kappe.

Meine Mutter dirigierte mich sofort wieder zum Krankenhaus zurück. »Du mußt deine Pflicht tun«, sagte sie in einem Ton, der keinen Widerspruch duldete.

Perillo lehnte an einer Wand von Carlos Zimmer und las *La Repubblica*. Carlo lag noch immer bewußtlos und mit offenem Mund hinter einem blauen Vorhang, eine Kanüle an seinem Arm. Durch Schläuche in der Nase wurde er mit Sauerstoff versorgt. Verwandte der anderen vier Patienten drängten sich in dem Raum.

Ich starrte Carlo an, versuchte, ihn durch die Kraft meiner Blicke dazu zu bringen, daß er die Augen aufschlug. Ich wünschte, daß seine Lippen sich bewegen und er zu mir sagen würde: »Ciao, Minetta, was führt dich hierher?« – überrascht wie damals, wenn ich ihn am Sonntag morgen mit einer Tasse Kaffee in der Hand aufweckte.

»Es ist gut, wenn Sie mit ihm reden«, sagte Perillo. »Man nimmt sogar im Koma Dinge wahr.«

Meine Mutter sah ihn zweifelnd an. »So wie Sie daherreden, haben Sie hier drin nichts verloren.« Sie setzte sich kerzengerade auf den einzigen freien Stuhl.

Wir gingen zusammen mit anderen Freunden und Verwandten auf dem Gang auf und ab, die alle müde und erschöpft wirkten nach langem Wachen. Perillo sah genauso aus. Ich beantwortete seine Fragen und erklärte ihm meine Theorie über den Angriff.

»Der Postbote hat die Aushändigung eines Pakets bestätigt«, sagte Perillo. »Carlo hat vor dem Haus gewartet, zusammen mit einer Horde hungriger Deutscher, die nebenan abgefüttert werden sollten.«

»Hat jemand den Angreifer gesehen?«

»Der Postbote nicht. Und die Touristen sind in Richtung Pompeji weitergefahren. Wir sind gerade dabei, die Nachbarn zu befragen. Interessant ist, daß das Päckchen ziemlich genau zweiundzwanzig mal dreißig Zentimeter groß war, die Größe also, in der Leonardo die meisten seiner Skizzen angefertigt hat. Sie sehen, ich habe meine Hausaufgaben gemacht. Abgesehen vom Leicester-Codex, der ...«

»Commissario, warum haben Sie Carlo nicht beschatten lassen?«

»Es ist meine Schuld, daß das passiert ist, aber *il dottore* hat mich gebeten, Ihnen zu sagen, daß keine Hinweise auf ein Blutgerinnsel gefunden wurden.« Er gab sich keine Mühe, seinen sizilianischen Akzent zu verbergen. Irgend etwas hatte ihn dazu gebracht, seine Bemühungen aufzugeben. »Dottor Cardinale ist optimistisch. Signor Linetti kann jede Minute, jede Stunde aufwachen. Jeden Tag. Hoffen wir auf Gott.« Wieder quietschten seine Timberland-Stiefel.

»Ich habe mich auf die Polizei verlassen. Sie haben gesagt, Sie fangen die Post ab.«

»Ich habe darum gebeten, ja. Ich habe auch um Beschattungskräfte gebeten, aber ich habe keine Kontrolle mehr über die Angelegenheit. Man hat mir den Fall entzogen.« Er tippte mit seinen kurzen, breiten Fingern gegen seinen vollen, pflaumenroten Mund. Er sah alles andere als erfreut aus.

»Weil Sie ihn noch nicht gelöst haben?«

Er zuckte die Schultern. Dann ging er ein paar Schritte weg und hob die Augenbrauen. »Die Sache liegt jetzt in den Händen meines Chefs und der Kunstexperten. Die

Möglichkeit, daß es einen verloren geglaubten Leonardo gibt …«

»Die machen ihre Sache nicht besonders gut!«

»Danke, daß Sie meinen Namen auf die Nachricht geschrieben haben. Sonst hätte man mich nicht informiert. Ich werde einen Bericht über unser Gespräch verfassen und ihn weiterleiten. Sie hatten Glück, daß Signor Linettis Nachbarin aus dem Fenster geschaut hat. Ihre Schilderung, wie Sie beim Auffinden Ihres Mannes reagiert haben …«

»Meines Exmannes.«

»… spricht Sie von jedem Verdacht frei.«

Ich lachte. »Sie hatten mich in Verdacht?«

»Ich nicht, aber vielleicht andere. Ich werde versuchen, den wenigen Einfluß, den ich noch habe, geltend zu machen, damit man Sie und Ihre Mutter nicht behelligt.«

Er streckte mir die Hand hin. Ich ergriff sie.

»Ich war so frei, Signor Linettis Mutter zu informieren.«

»Danke. Daran hätte ich selbst denken müssen.«

»Was meinen Sie – könnten wir vor Ihrer Rückkehr in die Staaten noch mal ein *sorbetto* bei Giolitti essen?« Er sah mich traurig an.

Ich nickte. Nichts lag mir im Moment ferner als der Gedanke an Giolitti.

»Ich rufe Sie an. Und reden Sie mit Ihrem Mann … Exmann. Schöne Sachen, damit er wieder aufwachen möchte.«

Dazu hatte ich keine Gelegenheit, denn Carlos Mutter stolzierte – von einem Nerzmantel und einer Parfümwolke umhüllt und Lea, die Freundin Carlos, schüchtern im Schlepptau – herein.

Signora Linetti – sie hatte mir in den sechs Jahren meiner Ehe mit Carlo nicht angeboten, sie beim Vornamen zu nennen – hastete zu ihrem Sohn und küßte ihn, die Hände um seine Wangen gelegt. »*Tesoro mio*, was haben sie bloß mit dir gemacht?« Sie stieß einen Schrei aus. »Deine schönen Haare! Die haben so viel wegrasiert!«

Meine Mutter schaute verblüfft drein. Ich war an solche Ausbrüche gewöhnt. Carlos Mutter ist wie viele andere italienische Mütter, die meinen, ein Sohn sei ein Gottesgeschenk. »*Bello mio, bello di mamma*« heißt es, wenn die stolze Mamma den Penis ihres Sprößlings zum ersten Mal erblickt. Sie schmeichelt ihm beim Wickeln, beim Badehosenwechsel, beim Abtrocknen nach dem Bad und sieht ihm beim Wachsen zu. Nur widerwillig überläßt sie dieses geheiligte Organ später einer Ehefrau.

In den Staaten hätte man Signora Linetti möglicherweise wegen Kindesmißbrauch angeklagt. Carlo jedenfalls wuchs in dem Glauben auf, daß seine Lenden das reine Gold waren.

»Tut mir leid, Signora Linetti, er war…«, wollte ich sagen.

»Sie haben meinen Sohn fast umgebracht durch die Scheidung«, flüsterte sie, den Rücken mir zugewandt. »Und jetzt wollen Sie ihn wieder umbringen.«

Meine Mutter erhob sich laut und vernehmlich von ihrem Stuhl, Gewitterleuchten in den Augen.

Lea umarmte mich. Die Tränen liefen ihr über die Wangen. »Gott sei Dank haben Sie ihn gefunden.« Ich beruhigte sie und sagte ihr, was ich wußte.

Mamma packte ihren Mantel und ihre Tasche. »Bis bald, Carlo.«

Sie drückte seinen Fuß.

»Reden Sie mit ihm«, sagte sie zu Lea. »Das hilft ihm, aufzuwachen.« Dann packte sie meinen Arm. An der Tür drehte ich mich noch einmal um.

»*Arrivederci*, Signora Linetti. Es tut mir leid.«

Carlos Mutter bedankte sich mit einem eisigen Blick. »Fahren Sie zurück nach Amerika«, sagte sie. Lea hielt Carlos Hand.

Mamma dirigierte mich über den Fluß zurück, die Schritte schwer vor Zorn. Ich war verblüfft.

»Ist es zu spät fürs Babington?« fragte ich. Sie hatte ihren Panda auf einen vollgeparkten Gehsteig gezwängt. Mittlerweile war es drei Uhr.

»Das Babington wird warten müssen. Du hast genug erlebt für heute.«

Als sie sich vorbeugte, um die Autotür zu öffnen, brach ich in Tränen aus; ich konnte einfach nicht anders.

Mamma reichte mir ein Taschentuch. »Wir unterhalten uns morgen.«

»Nein! Ich muß das jetzt erledigen.« Ich wollte endlich nicht mehr so abgefertigt werden.

19

… hundert schwere Geheimnisse lauern
hinter dieser ausdruckslosen Maske.

HENRY JAMES, *Italian Hours*

Wir saßen auf einer grau-weißen Bank in der Ecke eines Cafés mit dem Namen Biancaneve – Schneeweißchen. Ich versuchte, an einem Hühnchensandwich zu knabbern. Meine Mutter aß schweigend die berühmte Eiscreme der Bar, *la mela stregata*, der verzauberte Apfel. Durch das Fenster hinter ihr waren das Castel Sant'Angelo und der Engel zu sehen, der die Pest vertrieben hatte. Mamma eröffnete das Gespräch mit einer Bemerkung über Carlo – daß er schon zurechtkommen würde.

»Er hat jetzt einen netten Menschen, neben dem er aufwachen kann. Lea wird ihm eine gute Partnerin sein, wenn er dich erst mal vergessen hat. Vielleicht hat ihm der Sturz dabei geholfen.« Sie kicherte, ein ziemlich ungewöhnliches Geräusch für meine Mutter. Ich merkte, daß sie sich bemühte, alles auf die leichte Schulter zu nehmen. Ich erzählte ihr, daß man Perillo den Fall abgenommen hatte.

»Gut. Das einzige, wodurch er berühmt werden könnte, ist seine Ähnlichkeit mit Caravaggios Bacchus.«

»Ich finde ihn irgendwie süß.«

»Du hast immer schon eine Vorliebe für verirrte Seelen gehabt. Aber jetzt paßt du auf, ja? Hör auf mit deiner Fragerei. Ich hab einen Fehler gemacht, als ich dich in die Sache hineingezogen habe.«

»Es muß jemand beim Abendessen gewesen sein.«

»Was, *cara*?« Sie sah geistesabwesend zum Fenster hinaus, den Blick auf einem jungen Autofahrer, der den Sitz seiner Haare im Seitenspiegel seines Lasters überprüfte.

»Carlos Angreifer muß bei Arthur Hensens Abendessen dabeigewesen sein.«

»Einer von uns also?« Die Ampel sprang auf Grün. Der Laster rumpelte vorbei. Meine Mutter zupfte mit den Fingern einen Schokoladenkrümel von ihrem Eis und ließ ihn auf ihre Zunge gleiten. Sie verzog dabei keine Miene.

»Carlo hat, dumm, wie er nun mal ist, das Päckchen erwähnt, das Tamar ihm geschickt hatte, und daß ich dachte, es könnte der Leonardo drin gewesen sein. Deswegen ist er angegriffen worden. Das Päckchen ist tatsächlich bei ihm angekommen. Perillo hat den Postboten befragt. Er hat ein Päckchen ausgeliefert, das groß genug für eine Zeichnung gewesen wäre. Niemand sonst wußte Bescheid.«

»Ich kann Signor Hensen zwar nicht leiden, aber ich kann mir auch nicht vorstellen, daß er mit den Fäusten auf jemanden losgeht. Und Maffeo schon zweimal nicht.« Ihre Augenlider flatterten. »Principe Maffeo«, korrigierte sie sich.

Ich sagte nichts dazu. »Principe Maffeo ist erst später zu dem Abendessen gekommen. Ich will damit auch nicht sagen, daß tatsächlich einer von uns Carlo niedergeschlagen hat. Das war irgend so ein junger Kerl, der sich schnell mal fünfzigtausend Lire verdienen wollte.«

Mamma betrachtete stirnrunzelnd den Schokoladenfleck an ihrem Finger. »Mirella hat es Principe Maffeo erzählt, während du mit Signor Hensen draußen auf der Terrasse warst. Mirella könnte es auch jemandem von La Casa gesagt haben.«

»Dazu bestand kein Grund. Die Studenten kennen Carlo doch kaum. Er hat mir erzählt, daß er nur ein einziges Mal dort gewesen ist, und zwar zu der Dokumentarfilmparty. Allerdings könnte sie es Luca gesagt haben.«

Mamma seufzte ungeduldig. »Es muß niemand von uns sein. Bitte, Simona, hör auf damit. Sollen die Kunstexperten sich darum kümmern.« Sie wischte sich die Hände an einer rosafarbenen Serviette ab. »Wenn sie nicht gerade damit beschäftigt sind, Schmiergelder einzustecken. Ein Industrieller, der in den Erpressungsskandal verwickelt war, hat gestern Selbstmord begangen. Das habe ich heute morgen in der Zeitung gelesen.« Sie sah erfreut aus, nicht über den Selbstmord des Mannes, sondern weil es ihr gelungen war, das Gespräch auf sicheres Terrain zu lenken, auf Fremde. Sie wußte, daß ich sie in dieses Café mit dem Märchennamen gelockt hatte, um über sie selbst zu sprechen.

»Zum ersten Mal fliegt eine Pilotin die Concorde. Hast du den Artikel darüber gelesen?«

»Ich hab gedacht, du möchtest schnelle Lösungen«, sagte ich. Dabei hatte ich das Gefühl, als hätte ich ein Loch im Magen.

»Stimmt, aber das war nur so eine kindliche Laune.«

Der Barmann, der nur so groß wie ein Jockey war, sich

abrupt bewegte und seine Rolex aufblitzen ließ, wann immer sich eine Gelegenheit dazu bot, brachte Kaffee. Das Loch in meinem Magen wurde größer. Ich spürte meine Finger nicht mehr und wagte es nicht, die Kaffeetasse zum Mund zu führen.

»Erzähl mir davon, Mamma.« Egal, was sie sagte, es wäre mir nicht recht, das wußte ich. Das erkannte ich an ihrem angespannten Gesichtsausdruck. Meine Mutter bemühte sich sehr, die englische Contenance zu bewahren, die sie so sehr bewunderte, doch die Haut unter ihrem Kinn zitterte. Sie sah mich zornig an.

»Sag mir, warum du Gigi verlassen hast.«

»Ich habe ihn nicht verlassen. Bitte, Simona, wir müssen uns Sorgen über Carlo machen, über nichts sonst.«

Ich packte ihre Hand. »Na komm schon, Mamma, du möchtest doch drüber reden. Bitte sprich mit mir.« Ich kroch schon auf dem Boden vor ihr herum, wie weit sollte ich mich noch erniedrigen? »Vielleicht können wir uns gegenseitig helfen. Warum bist du gegangen?«

Sie machte den Mund auf, schloß ihn, machte ihn wieder auf. Ich ließ ihre Hand los, lehnte mich zurück, wartete. Sie rührte ihren Kaffee um und sagte endlich etwas.

»Ich hatte einfach das Bedürfnis, mein Leben hinter mir zu lassen. Nein, nicht *mein* Leben. Schließlich kann ich mich nicht von mir selbst trennen, wenn ich weiterleben will. Und das möchte ich. Ich bin selbst erstaunt, wie groß mein Wunsch zu leben ist.« Plötzlich lächelte sie mich an, und am liebsten hätte ich sie auf die Wange geküßt. »Das, was ich mir in den letzten zwei Wochen geschaffen habe, ist eine Pause von meinem Eheleben, eine Pause zum Nachdenken, eine Pause, in der ich mich selbst finden kann. Eine Zeit, in der ich weder Ehefrau noch Mutter sein muß.« Sie beugte sich ein wenig vor und tätschelte meine Hand. »Deshalb wollte ich nicht, daß du herkommst. Ich wollte die einfache, ungebundene Olga Vanin wiederfinden. Ich bin einen Tag in ein Hotel gegangen, aber da war's mir zu einsam. Mirella hat mich bei sich aufgenommen. Dort habe ich Menschen um mich, die nichts von mir erwarten. Sie mischen sich nicht in meine Überlegungen ein.«

»Worüber mußt du nachdenken? Was hat Gigi getan?«

»Dein Vater hat keine andere. Ich weiß, daß du das denkst. Deine eigene Geschichte macht dich so blind, daß du überall nur Betrug witterst.«

»Ich hab ihn aber mit ihr gesehen!« Ihre Worte verletzten mich. »Sonntag abend in Rocca di Papa. Und am Samstag ist sie ans Telefon gegangen und hat mich angelogen. Sie hat behauptet, Gigi sei nach Spanien gefahren.«

»Er hat sie gebeten, das allen Anrufern zu sagen. Dein Vater ist ziemlich wütend auf mich, daß ich mir diese Pause nehme. Elena und Giorgio sind Freunde, die ich zwar, das muß ich zugeben, nicht sonderlich leiden kann, aber sie sind gut mit deinem Vater befreundet. Ich glaube, sie sind das Wochenende über bei ihm geblieben, um ihn aufzumuntern. Er ist auch nicht gern allein.« Mit einem Löffel tauchte sie ein paar Sekunden lang einen Zuckerwürfel in ihre Tasse. Sie mag es nicht, wenn ihr Kaffee zu süß wird.

»Es hat kein Betrug stattgefunden«, sagte sie, nachdem sie einen Schluck getrunken hatte. »Wenn er mich in der Vergangenheit betrogen haben sollte, hat er darauf geachtet, daß ich es nicht merkte. Und jetzt ist er, glaube ich, einfach zu alt. Mittlerweile wäre ich dankbar, wenn ein Betrug unser einziges Problem wäre.«

»Nein, das wärst du nicht! Du hast nicht begriffen, wie das ist. Du hast gewollt, daß ich bei Carlo bleibe.«

»Ich wollte nicht, daß du wegrennst. Ich hab gedacht, ihr könntet gemeinsam eine Lösung finden. Ich bin immer der Meinung gewesen, daß es für alles eine Lösung gibt. Wenn man sich gut benimmt, seine Pflicht tut, kaum Ansprüche stellt, wird alles gut. So haben mich meine Mutter und die Kirche erzogen. Vielleicht war ich sogar wütend, daß du den Mut besitzt, mit der Tradition zu brechen. Jedenfalls war ich wütend, daß du mich verlassen hast. Und jetzt stecke ich voller Ressentiments, auf die ich alles andere als stolz bin.« Sie sah zum Fenster hinaus. Wolken hatten die Sonne verhüllt, und auf der dem Fluß zugewandten Seite der Lungotevere spielte eine Frau mit einer roten Schottenmütze Saxophon. Der Verkehr floß schneller dahin als der Tiber.

»Ich bin jetzt fünfundsechzig Jahre alt, und was habe ich aus meinem Leben gemacht? Ich hab das Wirtschaftsstudium aufgegeben; ich bin deinem Vater um die halbe Welt gefolgt, hauptsächlich zu Orten, die mir nicht gefallen haben, immer die gute Diplomatengattin. Ich hab Abendeinladungen gegeben, wenn ich viel lieber ein Buch gelesen hätte, und mich mit Leuten angefreundet, die mir nichts bedeutet haben. Dein Vater hat gutes Essen erwartet, gebügelte Hemden. Er hat sich mit dem Kopf auf seine Karriere konzentriert und mit dem Herzen auf dich. Er hat mich keine weiteren Kinder mehr bekommen lassen. Und du wolltest die ganze Zeit hinaus in den Park, zu den anderen Kindern. Seit dem Kindergarten hab ich dich nie mehr dazu bringen können, nur bei mir zu bleiben. Ich war dir anscheinend nie genug. Aber ihr beide mußtet mir genügen.« Draußen beugte sich eine Mutter über ihr Baby, um es einzuwickeln. Eine Gruppe asiatischer Nonnen, alle in kurzen grauen Trachten, bewegte sich den Gehsteig hinunter. Die Saxophonistin war verschwunden. Es war kühler geworden. Die Passanten schlugen die Mantelkrägen hoch.

Mamma wandte sich wieder mir zu. Ihr Blick war freundlich. »Doch, du warst genug. Vergib mir, Simona. Du bist mir immer am wichtigsten gewesen, aber jetzt ist das ein bißchen schwierig.«

Ich erhob mich und setzte mich neben sie auf das Bänkchen. »Du bist noch jung. Du bist elegant und perfekt, und bei mir ist immer so ein Durcheinander. Ich komme mir vor wie ein Versager, wenn ich sehe, wieviel Rückgrat du hast.« Meine Stimme wurde leiser, fast zu einem Flüstern. »Wirst du dich auf den Prinzen einlassen? Er hat mir erzählt, daß er dich noch aus Venedig kennt. Warst du damals sehr in ihn verliebt?«

»Sei nicht albern, natürlich nicht.« Sie wurde tiefrot und versuchte das zu kaschieren, indem sie sich noch einen weiteren Kaffee bestellte, obwohl sie kaum einen Schluck von dem ersten getrunken hatte.

»Mamma, sag mir die Wahrheit.«

»Mit achtzehn habe ich ihn wirklich attraktiv gefunden, aber ich habe keinen Moment daran gedacht … Für ihn war ich immer nur eine Ferienliebe. Ich war mir darüber im klaren, daß ich für seine Familie aus zu bescheidenen Verhältnissen kam.«

»Ist gleich danach Gigi aufgetaucht?«

»Zwei Jahre später. Ich wohnte bei einer Tante in Rom und besuchte die Universität. Aber das weißt du ja alles.« Sie verzog das Gesicht. »Du stellst so viele Fragen, ich kriege ja schon einen ganz trockenen Mund.«

»Bist du deswegen nach Rom gezogen? Um Principe Maffeo nah zu sein? Ja, genau, deswegen hast du's gemacht!« In meiner Begeisterung stieß ich mit dem Ellbogen gegen den Tisch; der schmutzige Kaffeelöffel fiel mir in den Schoß. »Du bist dickköpfig, Olga Vanin; so leicht gibst du nicht auf. Ich würde wetten, daß du ihm jeden Tag über den Weg gelaufen bist, an jedem Arm einen Mann, wunderschön, und er hat sich schrecklich gegrämt.«

Sie mußte lachen. »Was du immer denkst!«

Auch ich lachte, glücklich darüber, daß es mir gelungen war, die düstere Stimmung zu vertreiben.

»Nun, er hat mir tatsächlich seine Liebe erklärt in Rom. Er hat mir auch einen Heiratsantrag gemacht, aber inzwischen hatte ich ja deinen Vater kennengelernt, und« – sie drückte einen Finger gegen die Oberlippe – »Gigi ist mir passender erschienen.«

Kein Wort von Liebe.

»Du hättest sicher nicht gern in dem Palast gewohnt. Denk doch bloß an die Spinnweben!«

Der Kellner brachte noch zwei Kaffee. Meine Mutter ließ einen mit bestimmter Miene zurückgehen. »Ich habe nur einen bestellt. Du hast recht, Simona. Ich bin pragmatisch, wie alle Venezianer, und ich habe ein Händchen fürs Geschäft. Bitte nimm den Löffel von deinem Schoß. Hier.« Sie tauchte eine Spitze ihrer Serviette in ihr Wasserglas und reichte sie mir. »Dein Vater war letztlich die bessere Alternative. Bei ihm mußte ich mich wenigstens nicht mit der Mutter auseinandersetzen.« Ihr Gesicht wurde ausdruckslos. »Tut mir leid. Ich sollte nicht schlecht über die Toten reden.«

Sie senkte den Kopf und suchte hektisch in ihrer Handtasche herum.

»Was ist los, Mamma? Was suchst du?«

Sie hob mit verblüfftem Blick den Kopf. »Meine größte Angst ist, daß dir was zustößt. Ich habe dir das nie gewünscht.«

»Was hast du mir nie gewünscht?«

Sie weinte; das hatte ich noch nie gesehen.

»Brustkrebs.«

Es gab mir einen Stich ins Herz. Einen Augenblick lang sah ich meine Mutter als die Frau, die gegenüber von Carlos Wohnung aus dem Fenster geschaut hatte. Ausgezehrt vom Krebs, eine Perücke auf dem Kopf, graue Haut von der Chemotherapie. »Sie kennt den Tod«, hatte der Sanitäter gesagt.

Am liebsten hätte ich geweint und geschrien über die Ungerechtigkeit der Welt. Obwohl ich wußte, daß meine Mutter sich Zurückhaltung gewünscht hätte, tröstete ich sie mit Worten – nicht nur sie, sondern auch mich. Ich hielt ihre Hand und erinnerte sie an all die Dinge, die sie für mich getan hatte. Sie hatte jeden Morgen zwei Eigelb mit Zucker für mich verrührt, damit ich anständig wuchs; sie hatte mir die Haare mit Bändern gebunden, die noch warm waren vom Bügeln; sie hatte mir ihre kühle Hand auf die fieberheiße Stirn gelegt, bis ich beruhigt einschlief; sie hatte mir in Amerika ziemlich große Freiheiten eingeräumt und damit sowohl meinen Vater als auch

280

mich überrascht; und sie hatte mir eine Schale mit Gardenien auf den Nachttisch gestellt, als sie meinte, ich habe die Liebe entdeckt. Ich beschwor Bilder herauf, die meine Mutter für immer in meinem Gedächtnis halten würden. Eine Art von Gebet.

»Ich liebe, dich, Mamma. Du wirst wieder gesund, das verspreche ich dir.«

Meine Mutter nahm ihr Taschentuch wieder zurück und tupfte sich damit die Augen trocken. »Ich habe auch die Absicht, wieder gesund zu werden. Es ist nur …« Sie hielt inne, und plötzlich waren ihre Stärke, die Metallstangen des Korsetts, das sie ihr Leben lang getragen hatte, verschwunden. Sie war in sich zusammengesunken, eine Frau mit reduzierter Zukunftsperspektive. Meine Mutter.

Ich legte meine Hand auf ihre Wange, gab ihr die Geste zurück, die sie mir in der Kindheit geschenkt hatte. »Es ist nur …?«

»Tja, beim Krebs sind Absichten nicht genug.«

Wir machten einen Spaziergang, einen *braccetto* – untergehakt, Schulter an Schulter –, die Via del Governo Vecchio hinunter, blieben vor Secondhand-Kleiderläden stehen, vor *rigattieri*, deren alte Sachen und Möbel nicht mehr gut genug waren, um sie in die Antiquitätengeschäfte zu schaffen. Wir gingen an dem mittelalterlichen Palazetto vorbei, der Carlo und mich dazu gebracht hatte, jede Woche in der Hoffnung, ihn uns eines Tages kaufen zu können, Lotto zu spielen. Wir schlenderten hinter Universitätsstudenten und ihren Motorrollern herum, die vor Giovanni's standen, weil sie weiße Pizza mit Ricotta und Schokolade kaufen wollten. Wir hatten die Hände in den Taschen, um sie warm zu halten.

Sie erzählte mir von dem Knoten, den sie einen Monat zuvor in der linken Brust entdeckt hatte, nur drei Monate nach ihrer letzten Mammographie. Sie hatte eine Biopsie vornehmen lassen und meinem Vater nichts davon gesagt.

»Ich wollte ihm nicht unnötig Sorgen machen. Ich war fest davon überzeugt, daß mir nichts fehlt.«

Wir überquerten die Piazza Pasquino mit ihrer »sprechenden« Statue, einem fast völlig formlosen alten römischen Torso, an den die Leute Liebesbriefchen und Zettel mit politischen Witzen hängten. Die heutige Botschaft lautete: *Carolina, non me lascià. Son tuo. Roberto.* Verlasse mich nicht. Ich gehöre dir.

Ein weiterer Zettel, der an Pasquinos Bauch hing, verkündete den Fall der Götter.

»Sie haben nicht alles entfernt bei der Biopsie. Ich wollte zuerst hören, daß ich Krebs habe, und nicht plötzlich mit einer Brust aufwachen. In zehn Tagen werde ich operiert, an der Brust und an den Lymphknoten unterm Arm. Heute morgen hat mein Arzt mir die Alternativen erläutert. Dein Vater hält sich in Florenz auf, um mit einem anderen Spezialisten zu sprechen, einem alten Schulfreund. Er hofft, mich davon überzeugen zu können, daß ich keine Mastektomie vornehmen lasse.«

Ich erschauderte. War eine Abnahme der Brust nötig, fragte ich. Traf sie ihre Entscheidung aus ihrer wütenden Ohnmacht heraus? Hatte sie noch eine zweite, dritte oder sogar vierte Meinung eingeholt?

Ich unterhielt mich völlig ruhig mit ihr, als redeten wir darüber, was ihre Schneiderin aus einem Ballen guten englischen Tweedstoffs machen könne. Sie glaubt, daß die Ruhe eine Tugend ist, die in jeder Situation eine Lösung bringt. Ich versuchte, jegliche Verbindung zwischen ihr und dem Krebs zu durchtrennen. Krebs, das war ein Wort, das man am besten zerknüllte und in den Tiber, den Hudson River, den Mississippi warf. Es war ein Wort – nein, eine Krankheit –, das kann ich heute im Rückblick sagen. Eine Krankheit, die auch in meinem Leben als Möglichkeit aufgetaucht war. Klein zwar, aber da.

Mamma? Nein, sie war vollkommen gesund. Unbezwingbar.

Wir überquerten das südliche Ende der elliptischen Piazza Navona, die im alten Rom als Stadion angelegt, in der Renaissance im Sommer oft für nachgestellte Seeschlachten und in kalten Wintern zum Eislaufen überflutet worden war. Die Gebäude, die die Piazza säumten, wirkten trotz der Alpenveilchen und Narzissen auf den Balkonen heruntergekommen. Die dunklen Flecken auf den gelben und ockerfarbenen Fassaden sahen aus wie Tränen. Nur wenige der Häuser waren kürzlich saniert worden. Kinder jagten einem Fußball hinterher, der in Berninis Vier-Ströme-Brunnen landete. Ein Hund sprang unter dem Gelächter der Zuschauer hinein, um ihn herauszuholen. Teenager blieben stehen, um einem Gitarrenspieler vor der Kirche zuzuhören. Alle schienen Händchen zu halten, sich unterzuhaken, sich zu umarmen – Männer und Männer, Frauen und Frauen, nicht wegen bestimmter sexueller Vorlieben, sondern weil sie die Körperwärme des anderen genossen. Ich drückte mich näher an meine Mutter heran. Diesmal wich sie mir nicht aus.

Trotz der Kälte saßen einige Touristen vor den teuren Cafés an den Seiten, um alles besser sehen zu können. Es war noch nicht Hochsaison; nur ein paar Karikaturisten, die ihre Begabung zu Geld machen wollten, hockten zusammengekauert beieinander. Eine Dreijährige schaute ihrem grünen Mickymaus-Ballon zu, wie er in den Lüften verschwand.

»Jetzt erlebt sie das erste Mal, was es heißt, etwas zu verlieren«, sagte meine Mutter und ging weiter. »Tamars Tod hat mir geholfen, auch wenn er traurig gewesen ist. Wenn ich besonders starkes Selbstmitleid habe, denke ich an das arme Mädchen. Sie hatte noch das ganze Leben vor sich und wollte die Liebe festhalten. Verzweifelt, dumm, aber zumindest kämpfte sie. Sie hatte mehr Recht zu leben als ich.« Sie sah zu der grauen Kuppel von Sant'Andrea della Valle vor uns hinauf. »Und wo ist Gott bei solchen Dingen?«

»Mamma, du wirst nicht sterben!«

»Vielleicht nicht. Über meine Angst werde ich hinwegkommen. Ich werde kämpfen, aber im Augenblick brauche ich meinen Zorn, meinen Haß. Ich habe das Gefühl, ein Recht darauf zu haben. Ich bin im Moment keine gute Gesellschaft.«

Ich zupfte an ihrem Arm. »O doch. Du bist immer gute Gesellschaft.«

Sie nahm mich auf der Via degli Sediari in den Arm, der Straße der Stuhlmacher – eine öffentliche Liebesbezeigung, wie ich sie nie für möglich gehalten hätte.

»Ich mache mir Sorgen um dich«, sagte sie und kaschierte ihre Gefühle, indem sie ihren Mantel glattstrich und sich hastig mit der Hand durch die kurzen Haare fuhr. »Was für ein schreckliches Erbe hinterlasse ich dir nur?«

»Mir wird nichts passieren, Mamma.« Damals schwor ich mir, daß ich die Zyste in meiner Brust nie erwähnen würde. »Nur eine geringe Prozentzahl aller Brustkrebserkrankungen wird vererbt.«

»Das sind bereits zu viel.« Sie zog Handschuhe an. Es wurde kühler. Dann stellte sie den Kragen meines Mantels hoch, nahm meine Hand und führte mich weiter.

Die Straßenlaternen waren noch nicht an, obwohl es dunkler wurde. Ich hatte das Gefühl, meine Umgebung durch das Selenit zu sehen, das die frühen Kirchenfenster der Stadt noch immer bedeckt. Dieser magische Moment des Lichts, sanft und unwirklich, verwischt die Härte der Dinge.

Wir überquerten den Lieblingsplatz meiner Mutter, die Piazza Sant'Eustachio, und gingen am Pantheon vorbei bis zu der kleinen Piazza Sant'Ignazio. Plötzlich wurden die Straßenlaternen eingeschaltet, die den kulissenhaften Charakter der Piazza verstärkten.

Wir gingen immer weiter, als könnten wir so die schlechten Nachrichten verstreuen wie Asche auf Kopfsteinpflaster und uns unserer Lasten entledigen.

Jetzt fällt mir die Asche wieder ein, Aschehäufchen entlang meines Lebensweges.

20

La donna ne sa più del diavolo.
Die Frau weiß mehr als der Teufel.

RÖMISCHES SPRICHWORT

Luca ist verhaftet worden!« sagte Mirella und hielt dabei die Haustür halb offen, ohne uns hereinzulassen. Ihre Augen waren voller Angst. »Irgend so ein schrecklicher Richter hat Anweisung gegeben, Luca nach Regina Coeli zu bringen. Er war völlig ungerührt, als ich mir die Augen ausgeweint und ihn angefleht habe, es sich noch einmal zu überlegen; er war ungerührt und hat mir erklärt, daß Luca schuld ist, das hat er schon gewußt, bevor die Tasche gefunden wurde, und jetzt wissen sie auch noch über Samstag morgen Bescheid.« Gorbi steckte den Kopf zwischen ihren Knöcheln durch. »Luca ist mit Nonna zu den Tarelli-Schwestern gefahren, um Messungen für den Supermarkt im Olympischen Dorf vorzunehmen. Er hat versucht, ihnen die Sache mit seinem Uni-Projekt zu erklären, aber sie wollten nicht zuhören. Rückschrittliche Faschisten, genau das sind sie. Wie Luca gesagt hat.«

»Das war sicher hilfreich«, sagte Mamma trocken, als sie die Tür aufdrückte. Sie nahm Mirellas Arm, legte ihn über den ihren und dirigierte sie sanft in die Wohnung. »Hast du deinen Anwalt verständigt?«

»Ich kann Artuur nicht finden. Ich hab Paolo vom Hundepark angerufen. Den Besitzer von Nikki. Der ist Anwalt und hilft immer allen Hundebesitzern.«

»Bist du von allen guten Geistern verlassen?« Nonna stand mit einer offenen Brandyflasche in der Hand an der Schwelle zur Küche. Meine Mutter holte ihren großen Lederkalender heraus, in dem sie die Nummern all ihrer Freunde notiert hatte, und ging zum Telefon. Sie hielt Mirella fest, als sei diese ein Baby, das meine Mutter nicht einfach absetzen konnte.

Ich war zu erschöpft, um nachzudenken.

»Versuch's noch mal bei Artuur!«

»Ein Amerikaner hat im italienischen Justizsystem keine Chance. Vietnam war im Vergleich dazu ein Kinderspiel.«

»Trink das da.« Nonna reichte Mirella die Flasche. »Hier in der Wohnung gibt's kein einziges sauberes Glas. Nicht mal im Klo!« Nonna Monti war mit einem abgetragenen marineblauen Wollkostüm bekleidet. Sie hatte Schmuck angelegt, sich das Gesicht gepudert, sogar ein wenig Lippenstift auf ihre schmalen Lippen aufgetragen. Offenbar hatte sie einen großen Auftritt im Polizeirevier gehabt.

»Warum hat mir niemand was von der Tasche gesagt?« fragte sie. »Gehöre ich nun zu dieser Familie oder nicht?« Meine Mutter sprach mit höflicher Stimme am Telefon. Sie unterbrach das Gespräch, um Paolos Nachnamen zu erfragen.

»Bietti«, antwortete Mirella ihr. »Die Polizei ist in die Schule gekommen, nach dem, was mit Carlo passiert ist. Linda hat ihnen gesag« – sie schwang die Brandyflasche –, »Linda hat ihnen gesagt, sie hat Luca auf der Sant'Angelo-Brücke gesehen, zu der Zeit, als Carlo überfallen wurde. Er hat das zugegeben, aber er wollte nicht sagen, warum er dort war. Mein Gott.« Sie lehnte den Kopf an die Schulter meiner Mutter. »Es tut mir leid, Olga. Ich hab überhaupt nicht an dich gedacht; hast du's Simona gesagt?« Mirella ließ die Flasche los.

»Ja, ich weiß jetzt Bescheid.« Ich fing die Flasche auf. Meine Mutter hatte noch immer das Telefon in der Hand.

»Ich bin noch nicht tot!« Nonna riß mir die Flasche aus der Hand und schnupperte daran. »Ich bin hier die Hausherrin, ihr könnt mich nicht so einfach wegschieben!«

»Wir haben uns Sorgen gemacht wegen deinem Herzen«, sagte ich. »Deshalb haben wir dir nichts erzählt.«

Nonna betrachtete mich mit trüben Augen. Sie sah aus wie eine blinde Furie. »Mach dir um dein eigenes Herz Sorgen. Das meine ist aus Beton.«

Durch das Telefongespräch mit einem Anwalt hatte meine Mutter herausgefunden, daß Paolo Bietti ein guter Verteidiger mit einiger Erfahrung im Strafrecht war. Mamma sagte Mirella, sie solle sich das Gesicht waschen und sich die Lippen eincremen. Mir trug sie auf, Gläser zu spülen, während sie selbst dünne Scheiben Brot herunterschnitt, mit einem Holzlöffel Butter und Sardellen zerdrückte und diese miteinander vermengte.

»Ich will meinen Luca zurück!« schrie Nonna und schlug mit ihrem Stock gegen die Wände des Flurs.

Als Mamma fertig war, dirigierte sie uns alle ins Wohnzimmer, wo wir Brandy tranken und Oliven und Sardellen-Butter-Kanapees aßen. Ich tat so, als habe ich Hunger, um ihr einen Gefallen zu tun. Morgen würde ich meiner Mutter von der fettlosen Diät erzählen, die amerikanische Ärzte Krebspatienten empfahlen. Heute abend hatte sie nur Gedanken für Luca. Gorbi bekam eine geschälte Orange.

»Wir brauchen all unsere Kraft«, sagte sie einfach. »Auch wenn wir nichts unternehmen können.« Nonna Monti versuchte, Antworten in ihren Tarotkarten zu finden. Mirella marschierte im Zimmer herum, klopfte mit fettigen Butterfingern auf die Papiere dort, schob Notenblätter hin und her, stellte die eine oder andere Nippesfigur an einen anderen Platz, als könnte eine ordentlich aufgeräumte Wohnung Luca wieder zurückbringen.

Ich rief im Santo-Spirito-Krankenhaus an. Signora Linetti hatte Carlo in ein Einzelzimmer verlegen lassen. Er war immer noch ohne Bewußtsein. Ich versuchte es im Hotel meines Vaters in Florenz, weil ich mich entschuldigen und ihm sagen wollte, daß ich ihn liebte. Luca war mir weniger wichtig als meine eigene Familie. Gigi war nicht in seinem Hotel. Ich hinterließ eine Nachricht.

»Hatte Luca ein Päckchen dabei?« fragte ich Mirella, die gerade die Prüfungsarbeiten ihrer Studenten mit Haarnadeln zusammensteckte. »Hat Linda gesagt, daß er was in der Hand gehabt hat, als sie ihn gesehen hat?«

»Warum fragst du das? Das hat die Polizei auch gefragt. Er hat nichts in der Hand gehabt! Glaubst du ihm das denn nicht?«

»Doch, sicher«, sagte ich automatisch, obwohl ich mir nicht so sicher war. Ich war alles andere als stolz auf mich. Mirella nahm mich in den Arm, ihre Hände wie Klauen auf meinem Rücken. »Linda meint, daß ich sie jetzt durchfallen lasse. So ein dummes Mädchen; sie ist eine Einserschülerin. Wie könnte ich sie da nicht bestehen lassen?« Sie schüttelte den Kopf. Ihre grauen Haare rochen nach Granatäpfeln und Sardellen.

»Laß uns rausgehen«, flüsterte ich. Ich mochte diese Frau, ich mußte ihr helfen. »Laß uns einen langen Spaziergang mit Gorbi machen.«

Mirella legte eine Hand auf die Brust. »Ein *negroni* im Lo Zodiaco auf dem Monte Mario!« Sie versuchte ein Lächeln, aber ihre Lippen zitterten.

Der Hund raste schwanzwedelnd zur Haustür, wo er an seiner Leine knabberte.

Meine Mutter nickte zustimmend. »Ich bleibe am Telefon, obwohl ich mir sicher bin, daß sich vor morgen nichts klären wird. Trink ruhig zehn *negroni*, wenn du willst. Simona bringt dich sicher nach Hause.« Das Lokal war nur fünf Autominuten entfernt.

Mirella packte ihren Mantel. Gorbi wartete bei der Tür; sein Schwanz schlug heftig auf den Boden. »Lo Zodiaco bringt Glück.«

»Glück hat damit nichts zu tun!« Nonna knallte eine Karte auf den Eßtisch. »Es hat mit Dummheit zu tun. Darüber stolpert der Esel. Über seine eigene Hirnlosigkeit!«

»Liebende kommen hierher«, sagte Mirella, einen großen roten Drink vor sich, Gorbi zu ihren Füßen. »Und Liebende bringen Glück.« Wir saßen auf dem Monte Mario, auf dem sich das Observatorium und das ausgedehnte Gelände des Hilton befinden. Zu unseren

Füßen breitete sich das hellerleuchtete Rom aus. Der Tiber sah aus wie eine Lichterkette inmitten zeitloser Monumente.

»Bist du schon mal mit Arthur Hensen hiergewesen?«

»Nein. Artuur geht lieber in vornehme Restaurants.« Lo Zodiaco liegt versteckt hoch oben auf dem Hügel. Im Sommer kann man dort auf der Terrasse sitzen, unter Bäumen schmusen und hin und wieder die spektakuläre Aussicht genießen. Heute war es zu kalt zum Draußensitzen, aber wir hatten immerhin einen Fenstertisch. Das gehörte auch zum Glück, hatte Mirella gesagt.

»Ich komme oft mit Gorbi hierher und beobachte all die jungen Leute, denen die Liebe vom Gesicht abzulesen ist. Am liebsten würde ich auch etwas davon abbekommen.«

»Das sind nur die Hormone bei den jungen Leuten.« Ich fummelte an dem halbvollen Glas mit Pfirsichsaft herum.

»Nein, nein! Petrarca mit seiner Laura, Dante mit seiner Beatrice. Byron, Keats.« Sie zitierte auf Englisch: »›My heart aches and a drowsy numbness pains me. 'Tis not through envy of thy happy lot, but being too happy in thine happiness.‹ – ›Mein Herz schmerzt, und träge Benommenheit quält mich. Das liegt nicht an meinem Neid auf dein Glück, sondern daran, daß ich zu glücklich bin über dein Glück.‹« Sie trank einen großen Schluck von ihrem *negroni*, einem starken Cocktail aus Campari, süßem Wermut und Gin. »Luca ist sogar noch romantischer.« Sie machte die Augen zu. »Er glaubt, daß Liebe nicht heucheln darf. Was für ein Narr. Nonna hat schon recht: Wir sind alle Narren in unserer Familie.«

»Ich weiß Bescheid über das Heroin, das du in Tamars Schublade gefunden hast. Du hast sie rausgeschmissen.«

Mirella schob ruckartig den Kopf vor; ihr Kinn befand sich nun fast auf gleicher Höhe mit dem Tisch. »Drogen!« flüsterte sie. »Drogen in meinem Haus. Sie machen mir panische Angst. Ich habe Luca beobachtet, jedesmal den Atem angehalten, wenn er spät nach Hause kam. Ich habe ihm in die Augen geschaut, um zu sehen, ob seine Pupillen erweitert sind. Als Luca zwölf war, habe ich ihn zum Ponte Milvio mitgenommen. Dort hat er einen Jungen angestarrt, der war nicht viel älter als er und saß zusammengekauert hinter einem Wagen, eine Aderpresse am Arm, eine Nadel in der Vene. Der Junge hat meinen Luca angegrinst und ihm gesagt, wie toll Heroin ist. Besser als Sex. Ich hab Luca weggezogen und den Jungen angeschrien, er soll aufhören, sein Leben zu ruinieren, aber der Junge hat sich das Zeug trotzdem in den Arm gejagt. Monatelang hat Luca hinter jeden geparkten Wagen geschaut, an dem er vorbeigekommen ist.«

»Also hast du Angst, daß Luca Drogen nimmt.«

Ich hörte sie tief durchatmen und sah Zweifel in ihren Augen. »Nein.« Sie hob den Kopf und betrachtete ihr Glas. »Er kann sie sich ja nicht mal leisten.«

Ich brauchte sie nicht daran zu erinnern, daß manche Menschen dafür stahlen und andere Menschen umbrachten.

»Er hat gesagt, daß er keine nimmt, und ich glaube ihm das.« Ich wußte, ich würde ihr ihre Zweifel nicht nehmen. Das mußte sie selbst mit Luca ausmachen, immer vorausgesetzt, er kam jemals wieder aus der Himmelskönigin heraus.

»Ich glaube Carlo und Lea. Die haben gesagt, Tamar hätte aufgehört mit den Drogen. Wenn sowohl Luca als auch Tamar clean waren, was hatte dann das Heroin in deiner Wohnung zu suchen?«

»Vielleicht hat Nonna sich ja das Zeug in den Arm gejagt!« Sie verschüttete ein bißchen von der roten Flüssigkeit auf ihren weißen Pullover, weil sie gleichzeitig lachte und trank. Gorbi streckte sich, um sie abzulecken.

»Das glaube ich nun wieder nicht. Vielleicht waren das Heroin und die Spritze dazu gedacht, Tamar loszuwerden?«

Mirella wirkte überrascht. »Schließlich habe ich sie eingeladen, bei mir zu wohnen. Wieso sollte ich sie loswerden wollen?«

»Ich hab auch nicht an dich gedacht. Nonna konnte Tamar überhaupt nicht leiden.«

»Ich habe sie um Erlaubnis gebeten, bevor ich Tamar eingeladen habe. Sie hat gesagt, daß sie von allen nur ausgenutzt wird, aber sie hat sich einverstanden erklärt. Sie mag gern neue Menschen um sich.«

»Vielleicht hat Nonna es sich anders überlegt.«

»Sie wußte, daß sie nur nein sagen muß. Meine Familie hat immer an erster Stelle gestanden. Tamar hat das Heroin selber in ihre Schublade gesteckt, niemand sonst!«

Ich versuchte, das Gespräch auf weniger heikle Themen zu lenken und fragte sie nach der Theorie zu dem verlorenen Leonardo. Glaubte sie, daß etwas dran war?

»Tamar hat auf der Dokumentarfilmparty damit angefangen. Sie hat den *onorevole* vom Kultusministerium an der Tür abgepaßt. ›Wie viele Aktenkoffer mit Geld würden Sie für eine Zeichnung von Leonardo bezahlen?‹ hat sie gefragt. Natürlich wollte der gleich wissen, was für ein Leonardo. Principe Maffeo hat versucht, die Sache zu kaschieren, aber ich habe gemerkt, daß er fuchsteufelswild war. Und Artuur auch. Sie war ziemlich derb. Sie hat uns alle in Verlegenheit gebracht.« Mirella ließ ein paar Erdnüsse in Gorbis Maul fallen. »Tamar wirkte so schrecklich überzeugt von der Sache.

Wir haben das alle schon mal erlebt: Eine Frau bleibt mitten auf der Straße stehen und schaut in die Luft. Alle anderen Passanten bleiben auch stehen. Sie deutet hinauf. ›Schaut mal, der Vogel da droben!‹ Jetzt sind alle davon überzeugt, daß es den Vogel wirklich gibt. Und wenn sie lange genug hinschauen, taucht der Vogel tatsächlich auf.«

»In unserem Fall haben wir zumindest eine Vogelfeder«, sagte ich. »Es gibt eine Eintragung in dem Kontenbuch: ›Zweiunddreißig Scudi an Messer Leonardo.‹«

»Tamar hat einen Traum in Umlauf gesetzt. Das ist immer gefährlich. Aber er könnte ja wahr sein. Gerade erst hat man einen bisher unbekannten Caravaggio in einer Jesuitenschule in Irland gefunden. In Speichern sind schon viele Meisterwerke aufgetaucht.« Mirella wandte mir den Kopf zu, die Wangen fast so rot wie ihr Drink. »Nun, vielleicht nicht immer Meisterwerke, aber doch oft gute, wertvolle Gemälde. Sollen wir anrufen? Was ist, wenn Luca wieder daheim ist?«

»Mamma weiß, wo wir sind.«

»Im Polizeirevier hat es von Anwälten nur so gewimmelt.

Ein paar von den reichsten Männern Roms sind heute nacht im Gefängnis. Daran würde man nie denken, wenn man hier die Aussicht genießt. Rom verfault von innen heraus, und mein Luca ist unschuldig.«

»Wir werden den wahren Mörder finden.«

»Ja?« Sie schien Angst zu haben vor dieser Aussicht. Dachte sie an Arthur? Schließlich erzählte ich ihr von Deborah Hensens unangenehmem Anruf.

Mirella schüttelte den Kopf. »Sie will ihren Vater und alle, die ihr Vater liebt, vernichten. Warte! Woher wußte sie von der Zeichnung?«

»Arthur hat's ihr nicht gesagt. Das stand klipp und klar in dem Fax.«

»Was für ein Fax?«

Es steckte immer noch in meiner Tasche. Ich zeigte es ihr. Jetzt erfuhr sie also, daß La Casa geschlossen werden würde.

Mirella warf kaum einen Blick darauf. »Nonna! Was für eine verrückte Familie. Kein Wunder, daß Artuur sich nicht näher an mich herantraut. Ich werde es zurückgeben und mich entschuldigen.« Sie ließ das Fax in ihrer Handtasche verschwinden. »Wenn ich Deborah nur kennenlernen könnte, dann würde sie sehen, daß ich harmlos bin.«

»Aber *sie* ist alles andere als harmlos! Sie hat den Beirat dazu gebracht, La Casa zu schließen!«

Mirella spielte mit Gorbis Ohr. »Das weiß ich. Der Principe hat's mir letzte Woche gesagt. Artuur bestreitet es.«

»Woher wußte Principe Maffeo das schon letzte Woche?«

Mirella zuckte die Schultern. »Im Mai werde ich kein

Einkommen mehr haben.« Sie lächelte traurig. »Nonna hat auch kein Geld mehr. Diesmal wird Luca uns helfen müssen.« Sie schwieg einen Augenblick und schaute hinunter aufs nächtliche Rom. Die Stadt wirkte ruhig, ewig. »Es verfault alles.«

Ich kam mir hilflos vor.

Sie sah mich mit schräggelegtem Kopf an. Die Schulter schob ihr dabei die Haare hoch, so daß sie merkwürdig einseitig ausschaute. Wie eine kaputte Puppe, dachte ich. »Wer leitet die Informationen an Deborah weiter?« fragte ich. »Hast du eine Ahnung?«

Mirella runzelte die Stirn. »Du glaubst doch nicht, daß Carlo …«

»Nein!«

»Tut mir leid, aber mit seiner Arbeit läuft's nicht so gut, vielleicht …«

»Die Mamma mit dem Nerzmantel wird ihn immer wieder raushauen.«

»Nun, ich bin nicht Deborahs Spionin, obwohl ich das Geld bei Gott gebrauchen könnte.«

»Du hast der Osteria dell'Antiquario Tamars Zeichnungen abgekauft.«

»Ich konnte den Gedanken nicht ertragen, daß sie fettig werden. Dafür hatte sie einfach zuviel Talent.« Mirella sah verärgert aus, nicht so, als hätte sie Schuldgefühle.

»Hast du sie dir genauer angeschaut?«

»Warum? Was denkst du? Du meinst, ich verstecke den Leonardo!«

»Nein.« Ich verdächtigte sie nicht mehr, sondern hoffte. »Mittwoch abend hat Tamar dem Restaurant die letzte Zeichnung gegeben, ein wunderbares Selbstporträt, hat der Besitzer gesagt. Hast du es dir angeschaut? Könnte es sein ...«

Mirella drückte meine Hand. »Du! Es ist dein Porträt. Tamar muß mehr als eines gezeichnet haben. Dieses ist jedenfalls wunderschön. Es wird gerahmt.« Sie lächelte mich herzlich an. »Ich wollte dich damit überraschen.« Jetzt war ich der Narr.

»Tamar hat mit jemandem getauscht.« Es war sieben Uhr abends New Yorker Zeit. Ich holte mir gerade meinen allnächtlichen Trost von Greenhouse ab. Diesmal hatte ich ihn gebeten, mich zurückzurufen. Ich hatte das Telefon nur ganz kurz klingeln lassen und erzählte ihm nun von Mammas Brustkrebs, daß ich das Gefühl hatte, die Welt hätte mich in eine Falle gelockt, weil ich nicht in der Lage war, meiner Mutter zu helfen, und unfähig, den Schrecken wirklich nachzuempfinden, den sie im Augenblick durchlebte. Ich warnte ihn vor meiner eigenen Zyste in der Brust, als sei ich plötzlich ansteckend.

Greenhouse hörte zu. Dann erklärte er mir leise, daß ich begeisterungsfähig, abenteuerlustig, leidenschaftlich, stark sei.

»Wieso stark?« Ich putzte mir die Nase so heftig, daß es mir fast die Augen herausdrückte.

»Du bist nur einfach zu chaotisch, um zu dir selbst zu finden.« Genau wie meine Mutter liebt Greenhouse die Ordnung. »Und außerdem liebe ich deine Kochkünste und deinen Körper, egal, ob du nun Zysten in den Brüsten hast oder nicht.«

Er brachte mich zum Lachen.

Er erzählte mir, daß sein Sohn Willy mich wirklich gut leiden konnte, es aber noch nicht schaffte, mir das zu sagen, weil er Angst hatte, daß sich dadurch seine Liebe zu seiner leiblichen Mutter verringern würde.

»Du hast unser Leben wirklich verändert, Sim.«

»Klar, ihr habt beide ein paar Pfund zugenommen.«

»Ich liebe dich.« Er sagte das wieder und wieder. Während ich mich ausweinte, hüllte mich Greenhouse, ein Mann, der seine Gefühle normalerweise nicht zur Schau stellt, in Liebe. Ich mußte an Mirella denken, die allein war mit ihrem Hund und verzweifelt versuchte, an der Liebe anderer Menschen teilzuhaben. Ich war wirklich ein Glückskind.

Dann redeten wir über den Mord. Greenhouse ließ mir meinen Willen. Wir wußten beide, daß ich froh war über jede Ablenkung.

»Tamar bietet jemandem, wahrscheinlich Arthur Hensen, den Leonardo, ich weiß nicht, vielleicht für … eine Adoption an. Und für viel Geld.«

»Warum Hensen?«

»Meine Mutter hat eine Unterhaltung zwischen ihm und Tamar belauscht. Ich will damit nicht sagen, daß er Tamar umgebracht hat. Jemand anders könnte gemerkt haben, daß sie den Leonardo hatte, und sie erwischt haben, bevor sie ihn an Hensen verkaufte. Dieser Jemand könnte zum Beispiel Principe Maffeo gewesen sein. Letzte Woche hat er herausgefunden, daß die Schule geschlossen werden würde, was bedeutet, daß er ab Juni keine Miete mehr bekommt, und trotzdem hat er Steinmetzen für die Restaurierung seines Palazzo angeheuert. Woher hat er das Geld? Vielleicht wußte er, daß Tamar den Leonardo gefunden hatte und daß es nur eine Frage der Zeit wäre, bis er an ihn rankommen würde.«

»Er könnte ja auch ein paar Gemälde oder Möbel oder ein paar Liter gesundes Blut verkauft haben. Hör zu, Sim, ich hab dir gerade erklärt, wie sehr ich dich liebe, und ich möchte, daß du auf dieser Welt bleibst, damit ich und deine Eltern dich weiterhin lieben können. Eine Studentin ist bereits ermordet worden, und ein Exmann liegt im Koma. Ich möchte dich bitten, die Sache den italienischen Behörden zu überlassen.«

»Ha, glaubst du, hier tun die Behörden was? Die haben das Recht, einen Verdächtigen ohne förmliche Anklage achtundvierzig Stunden festzuhalten, und für Mordverdächtige gibt's keine Kaution. Um Mirella zu zitieren: ›Hier verfault alles.‹«

»Bleib bei deiner Mutter. Und bei deinem Ex, wenn du willst.« Die Sache mit dem Ex fügte er ein wenig zögernd hinzu.

»Um Carlo kümmern sich schon zwei Frauen.«

»Macht dir das Kopfschmerzen?«

Die Frage gefiel mir nicht. »Welche Gefühle hast du gegenüber dem Freund deiner Exfrau?«

»Ich bin erleichtert, daß ich nicht mehr für sie verantwortlich bin.«

Mir fiel ein, was ich empfunden hatte, als ich das Krankenzimmer unter den wütenden Blicken von Carlos Mutter verlassen und wie Lea Carlos Hand gehalten hatte. Es hatte mir überhaupt nicht gefallen. Warum? Ich liebte doch diesen Mann auf der anderen Seite des Ozeans, nicht Carlo.

»Ich weiß es nicht, wie ich mich fühlen soll.«

»Vielleicht solltet ihr zwei euch mal unterhalten«, meinte
Greenhouse mit trauriger Stimme. »Wenn er aufwacht.«
»Ja.«
»Und noch eines zu deinem Mordfall. Welcher vernünf-
tige Mensch würde die Tasche schon auf der Terrasse
verstecken, wo sie mit Sicherheit gefunden werden würde?«

Ich konnte nicht schlafen, weil mir alles weh tat, besonders mein Hals. Das Mittel meiner Mutter gegen solche
Leiden war Gurgeln mit warmem Salzwasser. Ich schlich
auf Zehenspitzen in die Küche. Meine Mutter stand am
Tisch, die Haare gekämmt, den Bademantel mit einer
perfekten Schleife zugebunden, und füllte Olivenöl in
grüne Flaschen.
»Gut«, sagte sie, ohne den Blick zu heben. »Du kannst
den Trichter halten. Dann geht's schneller.«
Mein rauher Hals würde warten müssen. »Machst du das
immer um zwei nachts?«
»Ich arbeite am effektivsten, wenn ich nicht schlafen
kann. In der Nacht kann mir dein Vater nicht dazwi-
schenreden. Ein Ehemann im Ruhestand ist nicht immer
leicht zu ertragen. Ich hab mir überlegt, daß es nett wäre,
wenn du ihn vom Bahnhof abholst.«
»Eine Überraschung also?«
»Nein, ich hab ihm erzählt, daß du da bist. Er hat sich
darüber gefreut.«
Und ich freute mich darauf, ihn endlich zu sehen. »Was
sagt der befreundete Arzt über deinen Krebs?« Sie wischte die volle Flasche ab und verschloß sie mit einem
Korken. Ich ließ Öl vom Trichter auf den Tisch trop-

fen. Würde sie mir jemals antworten? Mein Hals tat mir weh.

Mamma tupfte einen Tropfen Öl mit dem Finger auf und probierte davon. »Das ist kein Extra-Vergine-Olivenöl! Oreste sollte sich was schämen.« Sie führte meine Hand zu einer leeren Flasche.

»Ich muß feststellen, daß mich der Gedanke an Tamars Mörder nicht losläßt«, sagte sie. »Stell dir vor, ich habe geträumt, daß ich ihn mit einer Stricknadel aufspieße. Ich habe ihm beim Sterben zugesehen; er ist einfach zerfallen wie ein Vampir mit einem Pfahl im Herzen. Du weißt schon – diese gräßlichen Filme, die du dir als Kind immer so gern angeschaut hast.« Wieder füllte sie Olivenöl durch den Trichter in die Flasche.

»Das Schreckliche daran war, daß ich mich darüber gefreut habe«, sagte sie. »Wahrscheinlich habe ich mein Glück laut hinausgeschrien.«

»Das ist ganz normal. Du kämpfst eigentlich gegen deinen Krebs an. Ein Arzt hat mir mal die Geschichte eines siebenjährigen Jungen mit Knochenkrebs erzählt. Um ihm ein Gefühl der Kontrolle zu vermitteln, hat der Arzt ihm ein Videospiel gegeben und ihm gesagt, er soll die bösen Zellen damit wegzappen.«

Mamma stellte die Korbflasche auf den Tisch und hörte mir zu.

»Der Junge hat das so gern gemacht, daß seine Mutter ziemlich durcheinander war, als er sich geweigert hat, weiter mit dem Video zu spielen. Sie versuchte, ihn dazu zu überreden, weil sie glaubte, er hätte aufgegeben. Doch da hat er ihr gesagt, daß er das Spiel nicht mehr braucht, weil er die Zellen alle weggezappt hatte. Und tatsächlich, als sie ihn untersuchten, haben sie festgestellt, daß der Krebs zurückging.«

Mamma wandte sich mit einem ungeduldigen Geräusch wieder den Flaschen zu. Wir waren jetzt bei der dritten und damit letzten angelangt. »Wahrscheinlich stimmt die Geschichte nicht, aber ich finde sie wunderbar. Also wetz du ruhig weiter deine Stricknadel.«

»Ich möchte wirklich, daß der Mörder gefunden wird. Ich habe mein ganzes Leben lang daran geglaubt, daß es eine Ordnung gibt, und ich weigere mich, jetzt von diesem Glauben abzuweichen, nur weil ich Krebs habe. Tamar« – sie schüttelte den Kopf –, »Tamar verdient es, daß der Mörder gefunden und zur Rechenschaft gezogen wird. Wahrscheinlich wollte ich deshalb, daß du ihn aufspürst. Dann könnten wir gemeinsam kämpfen.«

»Nonna hat gesagt, du willst mich von der Wahrheit ablenken.«

»Vielleicht.« Sie wischte sich mit ausdruckslosem Gesicht die Hände ab. Die Korbflasche war jetzt leer. Olivenöl – das hatte jemand geliefert. Mein Kopf fühlte sich an wie nasse Watte. Wenn nur ein Gedanke ihn zusammendrückte, würde er so klein wie eine Erbse werden. Ich erinnerte mich vage an eine Stimme. Samstag.

Meine Mutter reichte mir das Geschirrhandtuch. »Aber bitte versprich mir, daß du die Sache jetzt der Polizei überläßt …«

Ich beugte mich über den Tisch und küßte ihre hohe Stirn, die nach Hautcreme schmeckte. »Du hörst dich genauso an wie Greenhouse.«

Sie ließ sich auf einen Stuhl sinken, plötzlich ganz Ohr.

302

»Erzähl mir mehr von ihm«, sagte sie zum ersten Mal. »Liebst du ihn wirklich?«

Ich stellte eine Gegenfrage: »Wer hat das Öl am Samstag gebracht?«

»Die Korbflaschen auf der Terrasse? Nun, Orestes Sohn Aldo.« Ihre Augen wurden groß, und sie schlug sich auf die Brust. »Meinst du, Aldo hat unser Öl einfach ausgetauscht?«

Ich erzählte ihr von Greenhouse und meiner Liebe zu ihm.

21

Was gibt es in Rom für mich zu sehen, das
andere noch nicht vor mir gesehen ha-
ben? ... Was kann ich entdecken?

MARK TWAIN,
Die Arglosen im Ausland

Nonna hatte recht. Als ich am nächsten Morgen, Mittwoch, aufwachte, lastete Gorbi schwer auf meinen Füßen und eine Erkältung schwer auf meinem Kopf.

Das Triumvirat der Mütter war zur Himmelskönigin gefahren, um Luca zu besuchen. Ich rollte von meinem Schlafsofa herunter. Gorbi wedelte mit dem Schwanz und machte es sich in der warmen Kuhle bequem, die ich zurückgelassen hatte. Mit einem Nasenloch nahm ich den Geruch von *biscotti* wahr, die meine Mutter gebacken hatte, während ich schlief. Luca liebte *biscotti.*

Ich rief Principe Maffeo an. Aldo habe gekündigt und sei auf dem Weg nach Hause, sagte er mir. Darüber war der Steinmetzmeister froh. »Aldo ist ein bißchen langsam.« Er hüstelte. »Warum wollten Sie mit ihm sprechen?« Wieder hüstelte er. War er nervös?

»Meine Mutter ist nicht zufrieden mit dem Öl, das Aldo geliefert hat.« Plötzlich hatte ich trotz meiner Erkältung einen Einfall.

»Außerdem wollte Mamma Sie um einen Gefallen bitten. Deborah Hensen hat angerufen und eine Nachricht für Mirella hinterlassen, aber Mamma hat die Nummer falsch notiert. Sechs-eins-zwo-sieben-acht-drei ...« Ich hatte Deborahs Telefonnummer von dem Fax abgeschrieben. »... sechs-zwo-fünf-eins.«

»Sechs-zwo-vier-eins.«

»*Grazie.*« Ich legte auf, bevor er merkte, daß er sich verraten hatte.

Ich duschte hastig, während Gorbi, den Kopf auf dem Toilettensitz, noch ein bißchen ausruhte. Principe Maffeo war Deborahs Informant, da war ich mir sicher. Er kannte ihre Telefonnummer auswendig. Das bedeutete, daß sie oft miteinander telefonierten. So hatte er auch vor Arthur Hensen von der Schließung von La Casa gewußt. Und deshalb wußte Deborah über die Suche nach der Zeichnung von Leonardo Bescheid. Es erklärte vielleicht auch, warum der Prinz, nachdem er Hensens Angebot, den Palazzo zu kaufen, angenommen hatte, sich dann doch anders entschieden hatte. Deborah hatte in ihrem Wunsch, die Pläne ihres Vaters zu durchkreuzen, möglicherweise Geld geboten. Genug Geld, um ein Team von Steinmetzen für kleinere Ausbesserungsarbeiten zu bezahlen.

Ich zog meinen grauen Lieblingsrock und dazu ein GAP-Sweatshirt an. Die Kombination ließ mich wie einen Betonblock aussehen, der gleich in den Tiber geworfen werden sollte. Ich nahm Mirellas Autoschlüssel vom Flurtischchen, als Gorbi mit seiner Leine angesprungen kam. Als erstes machte ich am Krankenhaus halt. Wenn Aldo den Bus nach Haus nach Magliano Sabino genommen hatte, hatte ich genug Zeit. Ich stellte mich hinter dem Castel Sant'Angelo in die zweite Reihe, gab einem der zahlreichen Männer in Rom, die sich ein unversteuertes Einkommen verdienen, indem sie den Gehsteig als ihren Grund und Boden beanspruchen und fürs Parken kassieren, Geld, versicherte dem Mann, daß Gorbi ihn nicht beißen würde, und suchte Carlos neues Zimmer auf. Bevor ich eintrat, band ich mir Mund und Nase mit einem Schal zu wie eine Banditin.

»Er wird bald aufwachen«, sagte Bob, nachdem er mich bei der Tür umarmt hatte. Bob ist ein weißhaariger amerikanischer Cutter mit heiserer Stimme, der seinerzeit zusammen mit Joe Mankiewicz wegen der berühmten Taylor-Burton-Verfilmung von *Cleopatra* nach Rom gekommen war und es seitdem nicht mehr verlassen hatte. Er ist einer von Carlos wenigen männlichen Freunden.

Ich blieb an der Tür stehen, weil ich Angst hatte, weiter in den Raum zu gehen. Ich wollte Carlo nicht anstecken. Zu sehen waren lediglich sein kleines, rosiges Gesicht und die Locken, die an seiner Stirn klebten. Zwei Schläuche in der Nase versorgten ihn mit Sauerstoff. Das Fensterbrett war voll mit Blumen. Auf dem Boden stand ein Obstkorb, so groß wie ein ganzer Marktstand, daran eine Karte mit der Aufschrift *La tua mamma*.

»Was sagen die Ärzte?« Carlo schien Lichtjahre von mir entfernt.

»Was für Ärzte?« Bob lachte. Dabei formten sich Fältchen um seine Augen, die so blau waren wie ein Himmel von Tiepolo. »Hast du schon mal 'nen Arzt gesehen in einem italienischen Krankenhaus? Ich sehe hier nur Krankenschwestern und Nonnen. Lea hat mir Bescheid gesagt. Sie ist gerade zur Arbeit. Carlo hat phantasiert, die Betten zerwühlt. Er wird sich wieder erholen.« Bob lehnte sich gegen den Türpfosten, ein großer, massiger Mann, der seinen selbstgebrannten Wodka und seine eigenen grandiosen Kochkünste liebte. »Und wie geht's dir?«

»Ich hab eine Erkältung.« Ich wandte den Blick nicht von Carlo, weil ich hoffte, daß er sich bewegen, etwas sagen würde. Die Krankheit meiner Mutter war so schlimm, daß ich kaum damit fertig wurde. Ich hatte keine Kraft mehr übrig, um mir auch noch um Carlo Sorgen zu machen. Und trotzdem mußte ich das. Schließlich lag er nur deshalb im Krankenhaus, weil ich den Mund zu weit aufgerissen hatte. Und er war einmal mein Mann gewesen. Die Verbindung war noch immer da, egal, wie oft ich »Ex« sagte.

»Schade, die Sache mit Tamar«, sagte Bob.

»Du hast sie gekannt?«

»Carlo hat sie mal ins Aufnahmestudio mitgebracht. Ich hab ihr geholfen, das Video von der Dokumentarfilmparty zu schneiden.«

»Wieviel hast du weggeschnitten?«

»Hier und da ein bißchen was. Ich wollte ein paar Szenen neu arrangieren, damit die Party interessanter, lustiger, verrückter wirken würde. Ich wollte die Tänze schneller machen. Aber Tamar hat nein gesagt. Sie hat gesagt, sie will, daß das Ding wie ein Amateurfilm aussieht. Genauso langweilig. Das ist ihr auch gelungen.«

»Hast du Kopien für sie gemacht?«

»Ja. Für Carlo und diesen Hensen. Für die Schule. Ich glaube, es waren insgesamt drei.«

»Wo ist das ungeschnittene Original?«

»Sie hat's mitgenommen.«

Carlo hob den Arm. Der Ständer für den Tropf geriet ins Wackeln.

Bob hastete hin, um ihn aufzufangen. »Hör auf mit der Winkerei, Carlo. Du bist nicht der Papst.«

»Ciao«, sagte ich. Der Schal über meinem Mund wurde naß von meinem Atem. »Wie geht's dir?«

Carlo wandte sich mir zu. Dabei öffnete er langsam die Augen. »Minetta.« Er hob lächelnd die Hände. Bob hielt den Ständer für die Infusion fest. »Wirst du mich halten?« Dann verlor Carlo wieder das Bewußtsein.

Oreste war auf seinem Hof und verkaufte ein ausgenommenes Schwein an *la macellaia*, die örtliche Metzgerin. Eine kühle Brise wehte mir Mistdüfte in das eine, nicht verstopfte Nasenloch. Jetzt waren keine Wolken mehr am Himmel. Ich lutschte an einem Hustenbonbon und bekam die Augen kaum noch auf.

»Wann ist dieses Schwein denn geschlachtet worden?« fragte die Metzgerin, wischte sich die Hände an ihrer blutigen Schürze ab und beäugte den Kadaver. »Damals unter Mussolini?«

Oreste lachte. »Heute früh um fünf Uhr. Fragen Sie meine Frau, wenn Sie's nicht glauben.«

»Klar, aber die ist's ja gewöhnt, Ihre Lügen zu kaschieren.«

Oreste sah zuerst Gorbi, der am einen Ende des Hofs die flatternden Hühner in einem Drahtverschlag mit Holzplanken und Wellblech verbellte. Hinter dem Stall fiel das Land zu einem weißblühenden Mandelbaumhain ab.

»Hör auf damit!« brüllte Oreste, »sonst legen sie keine Eier mehr.« Er nahm einen Stock in die Hand und warf ihn in Richtung des Mandelbaumhains, knapp an einer Leine mit bunter Unterwäsche vorbei, die zwischen den Bäumen hing. Gorbi rannte los.

»Gut, daß Sie mich erinnern«, sagte die Metzgerin und hievte das Schwein auf den Vordersitz ihres alten Fiat 500. Eine ingwerfarbene Katze mit einem abgebissenen Ohr sah von der Motorhaube aus zu. Sie schaute aus wie ein Überlebender der Punischen Kriege. »Wie viele Eier haben Sie denn für mich?«

Als Oreste mich sah, nahm er seinen Hut ab. »Signora Monti braucht etwas?«

»Ich suche nach Aldo.«

»Der ist in der Arbeit!« Oreste sah finster drein. »Er hat sich jetzt endlich einen guten Job gesucht. Bei Principe Maffeo.«

Die Metzgerin grinste verächtlich. »Je nobler die Leute, desto geiziger sind sie. Aber wenigstens hat er eine Arbeit.«

Ich überlegte, ob ich Oreste sagen sollte, daß sein Sohn seine Arbeitsstelle gerade verloren hatte. Schließlich entschied ich mich dagegen, weil ich das nicht vor Publikum machen wollte. »Haben Sie gestern auch ein Schwein geschlachtet?« Diese Ausrede hatte Aldo angeführt, um nicht im Palazzo Brandeschi auftauchen zu müssen.

Oreste fuhr mit seinen abgearbeiteten Händen über den Mund. Seine Haut hatte die Farbe und Beschaffenheit verwitterter Eichenborke. »Nein, bis jetzt haben wir in dieser Woche nur das hier geschlachtet.«

»Von meinem Sohn könnte ich nicht behaupten, daß er

einen festen Job hat«, sagte die Metzgerin. Sie war kräftig gebaut, klein und hatte kurze braune Haare, die ihr in die Höhe standen wie einem Igel. »Er will nicht im Fleischgeschäft arbeiten. Wenn er Blut sieht, wird ihm schlecht, sagt er. Mit Mörtel verbrennt er sich die Hände, bei Holz zieht er sich Splitter ein. Das einzige, was er kann, ist Schmusen. Der Jungfrau Maria sei's gedankt, daß ich noch meine sechs Töchter habe.«

Oreste entblößte grinsend seine strahlend weißen Kronen. »Wie wär's, wenn Sie dafür Ihrem Mann danken? Oder hatte der Heilige Geist was damit zu tun?« Oreste humpelte zu dem Hühnerstall hinüber, machte ihn auf und bückte sich nach einem Korb. »Sie können so viele Eier bekommen, wie Sie wollen, solange Sie dafür zahlen.«

Die Metzgerin eilte mit ihren schlammverschmierten Stiefeln hinüber, hängte den Korb über den Arm und trat auf den mit Dreck, Mist und Stroh bedeckten Boden des Hühnerstalls. Über ihr hingen Mais und Cocktailtomaten zum Trocknen. Weiße Hennen liefen zu ihr, weil sie glaubten, sie bekämen etwas zu fressen.

»Was wollen Sie von Aldo?« Jetzt sah Oreste nicht mehr so finster drein. Er holte eine Flasche aus einem Raum mit Weinfässern und Dutzenden von Gläsern mit eingelegten Tomaten. Er bot mir ein Glas weißen, trüben Wein an, der nach süßen Trauben schmeckte. »Das ist der letzte von der Oktoberlese. Ein alter Spruch heißt: ›junges Öl und alter Wein‹, aber dieser *vinello* ist auch jung gut.«

Oreste wartete geduldig darauf, daß ich trank und ihm eine Antwort gab. Hinter seiner linken Schulter schmieg-

310

te sich das Städtchen Calvi um einen Hügel wie der Schwanz einer Katze.

»Aldo hat am Samstag Öl geliefert«, sagte ich. »Meine Mutter meint, es ist kein Extra-Vergine-Öl.«

»Fehler können immer mal passieren«, sagte Oreste, ohne eine Miene zu verziehen. Wenn Aldo das Öl ohne sein Wissen ausgetauscht hatte, ließ er es sich nicht anmerken. »Haben Sie's dabei?«

»Daran habe ich nicht gedacht.«

»Wie viele Korbflaschen hat Aldo Ihnen geliefert?«

»Wissen Sie das denn nicht?« Ich hatte zwei gesehen auf der Terrasse.

Oreste rückte den Hut auf seinem Kopf zurück. »Ich bin fünfundsiebzig Jahre alt. Ich habe während der Resistenza Köpfe eingeschlagen, um dieses Land von den Nazis zu befreien. Ich habe drei Kugeln abbekommen.« Er schlug sich auf das Bein, mit dem er hinkte. »Ich habe den größten Teil meines Lebens achtzehn Stunden am Tag gearbeitet. Ich weiß einfach nicht mehr, wie viele Korbflaschen ich der Monti-Familie geliefert habe. Wenn sie dafür bezahlt hätte, könnte ich Aufzeichnungen darüber haben, aber da sie das nicht macht, zerbreche ich mir darüber auch nicht lange den Kopf.« Er trank seinen Wein. Gorbi legte Oreste erwartungsvoll den Stock vor die Füße, den dieser geworfen hatte.

»Hey«, rief die Metzgerin, »ich will auch was von dem *vinello*, wenn ich mir schon immer Ihre Kriegsgeschichten anhören muß.« Sie machte den Hühnerstall wieder zu. »Achtzehn Eier. Ich zahle alles am Ende des Monats. Und sagen Sie doch Ihrer Frau, ich bringe die Kalbshaxen heute abend auf dem Heimweg vorbei.« Sie schwang den vollen Korb in ihren Wagen und ging zu der Hütte mit dem Wein hinüber. Eine strahlend gelbe Zitrone mit rauher Haut fiel vom Baum. »Ich hole mir ein Glas.«

»Aber nur ein kleines.« Oreste wandte den Blick nicht von ihr. Die Metzgerin lachte in der Hütte.

»Tut mir leid«, sagte ich. »Ich wollte damit nichts andeuten.«

Er nahm meine Entschuldigung mit einem Kopfnicken an, obwohl ich den Verdacht hegte, daß er meinen Versuch, ihn aufs Glatteis zu führen, bemerkt hatte. Er zog den Korken aus der Flasche. Die Metzgerin kam nicht aus der Hütte.

»Die Gläser sind in der Spüle!« rief Oreste.

Sie kam immer noch nicht heraus. Oreste bewegte sich langsam, stärker hinkend, als sei die Luft plötzlich feucht geworden.

»Was ist denn das?« Die Metzgerin stand in der Tür der Hütte, ein gerahmtes Gemälde in der Hand, die Bildrückseite zu mir. »Was macht denn das hinter dem Waschbecken? Das geht doch kaputt da.«

»Meiner Frau gefällt's nicht.«

»Seit wann? Das ist doch ihr Augapfel.«

Mein Herz machte einen Satz. Den Bruchteil einer Sekunde dachte ich, ich hätte den verlorenen Leonardo gefunden. Dann drehte die Metzgerin das Bild um. Ich erhaschte nur einen kurzen Blick darauf, bevor Oreste damit wieder in der Hütte verschwand. Es handelte sich um ein Ölporträt eines Mannes im Stil der Renaissance. Purpurrote Ärmel, schwarze Weste, schwarze Kappe und krause Haare. Ein attraktives Gesicht, so was erkenne ich gleich. Und irgendwie vertraut.

»Das hat doch Mirella gemalt«, sagte ich vorwurfsvoll.

»Mirella Monti, ja.« Die Metzgerin ging zu ihrem Wagen zurück; das Glas Wein war offenbar vergessen. »Es stellt Aldo dar. Bloß die Haare sind anders. Die von Aldo sind kurz und lockig. Er sieht aus wie ein junger Gott.« Sie plumpste auf den Fahrersitz und ließ den Motor an. Die ingwerfarbene Katze sprang von der Motorhaube, und Gorbi rannte ihr nach. »Ich habe meine Töchter gewarnt, daß sie sich von ihm fernhalten sollen. Alle Männer mit Kinngrübchen lügen. Hab ich recht, Oreste?«

Er stand jetzt mit halb ins Gesicht gezogenem Hut vor dem Zitronenbaum, das Grübchen im Kinn deutlich sichtbar. Eine Korbflasche mit Öl hielt er mit beiden Händen fest.

»Grübchen im Kinn, gespaltene Zunge!« rief die Metzgerin lachend und fuhr mit dem geschlachteten Schwein auf dem Beifahrersitz davon.

Oreste lud die Korbflasche in Mirellas Wagen, der auf der Straße stand. *»Puro olio vergine«*, sagte er. Gorbi, der sich in der Zwischenzeit in einen Staubwedel verwandelt hatte, sprang mit erschrecktem Blick und zerkratzter Nase ebenfalls in den Wagen. Die ingwerfarbene Katze kauerte auf einem Ast über uns und leckte sich eifrig die schmutzige Pfote.

Ich bestand darauf, für das Öl zu bezahlen. Oreste bestand darauf, mein Angebot auszuschlagen. »Sagen Sie mir ruhig, wie viele Korbflaschen ich den Montis noch schulde.«

»Nur noch eine«, sagte ich. »Jetzt erinnere ich mich wieder.« Seine scharfen braunen Augen sagten mir, daß er mir nicht glaubte.

»Wenn Sie das Porträt nicht mehr wollen, kaufe ich es Ihnen ab.« Ich sah es nicht gern, wenn Mirellas Arbeiten wie Müll behandelt wurden.

Oreste sog die Luft ein, als habe sich etwas zwischen seinen Zahnkronen verfangen. »Aldo widerspricht seiner Mutter, da nimmt sie das Bild von der Wand. Dann verzeiht sie ihm und hängt es über dem Fernseher wieder auf. So kann sie beides gleichzeitig anschauen.« Wieder sog er die Luft ein. »Ich mische mich da nicht ein. Das ist kein Mangel an Respekt. Die Monti-Familie steht meinem Herzen sehr nahe.«

»Darf ich fragen, warum?«

»Weil das gute Leute sind. Von denen gibt es heute nicht mehr so viele.«

»So gut, daß Sie sie mit teurem Extra-Vergine-Öl versorgen. Das ist sehr freundlich von Ihnen.«

»Wir kennen uns schon lange.« Dann ging er mit leisem Pfeifen wieder in seinen Hof zurück. Die ingwerfarbene Katze sprang von ihrem Ast herunter und folgte ihm.

»Hab ich noch nie im Leben gesehen«, sagte die Metzgerin, als sie ein halbes Dutzend Wildschweinwürste, eine der Lieblingsspeisen meines Vaters, in rosafarbenes Papier wickelte. »Donatella, hast du das Mädchen schon mal gesehen?« fragte die Metzgerin. Eine junge Frau, die Orestes Eier mit einem feuchten Tuch saubermachte, reckte den langen Hals, um einen Blick auf die drei Bilder von Tamar zu werfen, und schüttelte dann langsam den Kopf. Sie hatte den breiten Mund der Metzgerin geerbt.

314

Bianca – der Name der Metzgerin war auf den weißen Kittel gestickt, den sie trug – gab mir den Fotostreifen zurück. »Donatella müßte es wissen, denn sie schaut sich jede junge Frau an, die sich bis auf fünfzehn Kilometer an diesen Ort heranwagt. Sie mag keine Konkurrentinnen.«

Donatella wandte sich wieder den Eiern zu. Ihr Nacken wurde rot.

Die Metzgerei befand sich an der Hauptstraße – die ideale Stelle, um alle Menschen hereinzulocken, die in den Ort kamen. Der Laden war vom Boden bis zur Decke mit weißen Fliesen bedeckt, die heller glänzten als Orestes Kronen. In einer großen gebogenen Glasvitrine lagen Kutteln, eine purpurfarbene Milz, panierte Kalbsschnitzel, Lammnieren, umhüllt von einer Fettschicht und mit einem Lorbeerblatt garniert, fertig für den Grill, sowie dünne *vitellone*-Steaks von Jungstieren. Die italienischen Züchter warteten zu ungeduldig darauf, daß ihre Investitionen sich auszahlten, als daß sie die Tiere hätten auswachsen lassen. Ein in goldenes Knitterpapier eingewickeltes Osterei auf der Theke hätte eine Tyrannosaurus-Mutter vor Neid erblassen lassen. Für zweitausend Lire konnte man sich ein Los für eine Lotterie kaufen, in der dieses Ei der Hauptgewinn war.

»Glauben Sie nicht alle Kriegsgeschichten, die Oreste Ihnen erzählt.« Bianca formte etwas Hackfleisch zu einem Kloß für Gorbi, der auf dem Rücksitz des auf der anderen Straßenseite geparkten Wagens stand, die Zunge flach gegen die Scheibe gepreßt. »Ich kann Ihnen ein paar wahre Kriegsgeschichten erzählen.« Sie drückte ein Hackbeil gegen die Brust.

Ich lehnte mich gegen die Vitrine, um ihr zuzuhören, die Augen auf die Straße gerichtet. Ich machte mir immer noch Hoffnungen, daß Aldo auftauchen würde. Wenn er mir dann gegenüberstünde, würde mir die göttliche Eingebung alle möglichen sachdienlichen Fragen einflößen, so zum Beispiel: Wo haben Sie sich am Samstag vor der Auslieferung des Öls aufgehalten, das alles andere als *vergine* – jungfräulich – war?

»Die Nazis haben Kämpfer der Resistenza oben auf dem Stadtplatz erschossen«, sagte Bianca. »Vor den Augen aller. Die drei Rossi-Jungen und Ernesto Sensi, das war mein Vater.«

»Mamma, du fängst nur wieder zu weinen an.« Donatella machte sich nicht die Mühe, sich zu uns umzudrehen.

Bianca wischte sich mit dem Arm übers Gesicht. »Oreste war nicht in der Resistenza!«

Am liebsten hätte ich sie tröstend in den Arm genommen, aber die Theke war zwischen uns, und ich war nicht aufdringlich genug, um einfach außen herum zu gehen. Statt dessen hielt ich ihr meine Hand hin.

Bianca schüttelte den Kopf. »Ich habe schmutzige Hände.«

Ihre Tochter schaltete verlegen das Radio an und sang stumm die Texte eines italienischen Popsongs mit, den ich nicht kannte.

»Der Metzgerberuf macht mir Spaß«, sagte Bianca. Ihre Wangen waren übersät von roten, geplatzten Äderchen, ihre Augen klein und verschlafen. »Und was unseren großen Helden Oreste anbelangt: Die Schußverletzung im Bein hat er sich nicht im Krieg geholt. Als die Deutschen hier eingefallen sind, ist er desertiert und hat sich in Signora Montis Speicher verkrochen, bis die Amerikaner gekommen sind. Daher hat er die Schußwunde – er ist an einem der Fenster gestanden.«

»Ein deutscher Heckenschütze hat Oreste also angeschossen! Kein Wunder, daß Nonna an kein Fenster mehr geht.«

Bianca lachte. Ihre Tochter sang jetzt laut die Lieder im Radio mit.

Ich bezahlte meine Würste und Gorbis Fleisch. »Wie ist er dem Heckenschützen entwischt?« Ich gab ihr noch zweitausend Lire für ein Lotterielos. Meiner Mutter würde das Ei gefallen. »Die Deutschen sind ihm doch sicher nachgelaufen.«

»*Basta* mit dem Radio!« Bianca schaltete das Gerät ab. »Hol deinen Bruder, Donatella. Steh nicht so rum. Hol ihn.«

Donatella wirbelte herum. »Ich mache gerade die Eier sauber!«

»Er ist sicher in der Bar an der Piazza.«

Donatella warf ihre Schürze über einen Stuhl und rannte hinaus.

»Was für ein Heckenschütze?« flüsterte Bianca. »Ihr Mann. Der hat im Untergrund gekämpft. Er ist nach Hause gekommen und hat ihnen nachspioniert. Sie und Oreste waren« – Bianca verschränkte zwei Finger –, »Sie wissen schon. Er hat Oreste zur Warnung ins Bein geschossen. Signora Monti hat Oreste hier raufgebracht und die Bauern bezahlt, damit sie ihn bei sich aufnahmen. Oreste hat Glück gehabt. Die Deutschen hatten mittlerweile den Rückzug angetreten.« Sie fing an, die restlichen schmutzigen Eier sauberzumachen.

317

»Und jetzt revanchiert Oreste sich, indem er ihr die Lebensmittel gratis liefert.« Die Romantik dieser Geschichte beeindruckte mich sehr.

»Das überrascht mich aber«, sagte Bianca. »Der Mann ist geizig. Er läßt mich am Monatsende zahlen, weil er weiß, daß ich anderswo einkaufen kann. Das würde ich auch, weil ich Lügner nicht leiden kann, besonders solche, die über den Krieg Unwahrheiten verbreiten. Aber ich bin gut mit seiner Frau befreundet. Nein, wenn Oreste den Montis irgend etwas kostenlos überläßt, dann verspricht er sich davon auch einen Vorteil für sich selbst.«

»Nonna hat ihm das Leben gerettet!«

Ein Motorroller mit frisiertem Auspuff knatterte die Straße herunter. Bianca warf einen wütenden Blick in Richtung Tür. »Ich traue einem Lügner nichts Gutes zu.«

Donatella rannte herein und nahm ihren Platz hinter der Theke wieder ein. Sie brauchte nichts zu sagen, denn das Geräusch draußen schwoll zu ohrenbetäubendem Lärm an. Als ich mich umdrehte, sah ich einen *bullo*, einen grobgesichtigen Kerl, dessen Mutter ich keinesfalls hätte sein wollen. Vielleicht schlummerte tief in seinem Innern eine verlorene Seele, die ein bißchen Bemuttern vertragen hätte, aber an jenem Morgen war davon nichts zu spüren.

Biancas Sohn grinste mich mit ausgestreckten Beinen von seinem Motorroller aus an. Mit den Händen, die unter einer schmutzigen Jeansjacke hervorlugten, drehte er an den Griffen des Rollers, um den größtmöglichen Lärm zu produzieren. Lange, dichte Haare reichten ihm bis auf die Schultern. Die Erinnerung an flatternde Haare und Tamars nachdenkliches Gesicht flackerte in mir

318

auf. War er der Mann auf dem Motorroller gewesen? Und wenn ja, wie sollte ich es beweisen?

»Sind Sie ein Freund von Aldo?« fragte ich, als ich mit meinem rosafarbenen Fleischpaket auf den Gehsteig hinaustrat.

»*Vieni qui*, Ernesto!« rief Bianca von innen.

Ernesto strich sich mit der Hand über den Kopf, den Blick auf den Rückspiegel geheftet. »Aldo hält sich für den Besten, weil er für einen Prinzen arbeitet.«

»Ernesto! Hol mir eine Rinderseite aus der Kühlzelle.«

Nachdem er sein eigenes Aussehen im Rückspiegel überprüft hatte, starrte er meinen Busen an. »Überlassen Sie meiner Mutter die Titten da zum Verkaufen?«

»Komm sofort hier rein, sonst hol ich dich mit dem Hackbeil runter von deinem Motorroller!«

Etwas flog an mir vorbei.

Ernesto duckte sich.

Ein Hühnchenhals mit Kopf landete mitten auf der Straße. Gorbi fing an, im Wagen bellend auf den Rücksitzen herumzuspringen. Ich bedankte mich hastig bei Bianca und schlüpfte hinaus, bevor sie anfangen konnte, mit Eingeweiden zu werfen.

Ich fuhr zur Piazza hinauf. In der Bar bestellte ich mir eine heiße Milch für meinen Hals und erkundigte mich nach Aldo.

»Der ist in Rom und arbeitet«, sagte der Barmann hinter seinen aufgestapelten Osterkuchenschachteln. Über ihm hingen in Geschenkpapier eingewickelte Schokoladeneier wie grelle Weihnachtslichter. Alte Männer mit roten Gesichtern hielten Gläser mit rotem Wein in der Hand. Sie spielten Karten oder schauten durch die Glastüren hinaus auf eine fast leere Piazza, auf der immer noch die weißen und gelben Banner vom Papstbesuch vor zwei Monaten flatterten. Nirgendwo Frauen. Es war Mittag. Ich mußte wieder nach Rom zurück, weil Mirella den Wagen vielleicht brauchte. Oder meine Mutter mich. Oder ich sie.

Ich putzte mir die Nase, und einen Moment lang roch ich Knoblauch, der in Öl vor sich hinbrutzelte. Ich stellte mir vor, wie eine Dose Tomaten geöffnet und vorsichtig in eine heiße Pfanne geleert wurde. Meine Mutter, die frisch gestärkte Schürze um den Bauch, zerdrückte die Tomaten mit dem Rücken ihres Holzlöffels. Ernestos Bemerkung hatte mich zornig gemacht, nicht wegen ihrer Anzüglichkeit, sondern deswegen, weil sie mich an den Brustkrebs meiner Mutter erinnerte, eine Tatsache, die ich in einen finsteren Winkel meines Gehirns verbannen wollte.

Eines mußte ich noch erledigen, bevor ich wieder nach Hause brauste. Die Idee war mir gekommen, als Bianca mir ihre Zweifel über Oreste mitgeteilt hatte. Das versuchte ich mir zumindest einzureden. Im nachhinein betrachtet, habe ich eher das Gefühl, daß ich meine Rückkehr nach Rom bewußt verzögerte. Ich fühlte mich hilflos und hatte Angst davor, meine Mutter zu verlieren. Das machte mich egoistisch. Ich hätte mir gewünscht, daß ich an ihrer Stelle gewesen wäre, aber gleichzeitig war mir klar, daß ich das nicht wirklich wollte. Ich versuchte mir vorzustellen, wie ich mich an ihrer Stelle verhalten würde, aber irgendwie wollte mir das nicht gelingen. Ich hatte einfach zuviel Angst. Ich versuchte, mich mit dem Gedanken zu beruhigen, daß man letztlich mit niemandem Platz tauschen kann. Es war ihr Leben. Und ihre Brust.

»Wo ist das Rathaus?«

Ich brauchte zu Fuß kaum zwei Minuten dorthin.

»Ich möchte die Grundbucheintragungen für Matilde Montis Besitz an der Staatsstraße nach Calvi einsehen. Ich spiele mit dem Gedanken, den Bauernhof zu kaufen.« Ich lächelte und fragte mich dabei, ob ich schon ein Kinngrübchen bekam.

Die Frau lächelte zurück und hörte auf, auf einer Schreibmaschine herumzuhacken, die wohl schon die Zeiten der Depression erlebt hatte. Hinter ihr hing ein Poster mit einer Ausschreibung von zweiundzwanzig Beamtenstellen im Standesamt in Rom. Tausende würden sich bewerben.

Sie reichte mir ein Formular zum Ausfüllen.

»Ich weiß die Flurnummer nicht.«

Die Frau zerrte einen Plan heraus, ließ ihn auf einen Aktenschrank fallen und bedeutete mir, daß ich zu ihr kommen solle. Ich konnte mit der Karte nicht viel anfangen. »Ich suche nach dem Hof der Montis.«

Sie nickte und deutete mit dem Finger auf die obere linke Ecke des Blattes. »Flurnummer 865, Parzelle 32.«

»Danke.« Zehn Hektar. Ungefähr fünfundzwanzig Morgen, die für landwirtschaftliche Zwecke ausgewiesen waren.

»Wieviel ist der Grund hier in der Gegend wert?«

Die Frau verzog den Mund. »Mein Cousin hat acht Morgen für vierhundert Millionen verkauft. Das Haus war in gutem Zustand.«

Zweihundertfünfzigtausend Dollar. Ein hübsches Sümmchen, aber nicht übertrieben viel.

Die Frau legte ein dickes Buch neben die Karte. Ich suchte nach der Flurnummer 865, Parzelle 32. Der Grund befand sich seit 1909 im Besitz der Familie von Nonnas Mann.

Dann sah ich den letzten Eintrag, und mir fiel die Kinnlade herunter. Ich war nicht darauf gefaßt gewesen, daß sich meine Ahnung bestätigte.

Mein Gesichtsausdruck veranlaßte die Frau, einen Blick auf die Seite zu werfen. »Scheint fast so, als wollten Sie den Hof dem Falschen abkaufen.«

Der Grund gehörte Oreste Pagani. Bereits seit fünf Jahren.

22

Ich glaubte damals fest, daß ein Römer eine schlaue Komposition aus vollendeter Ehre, Tapferkeit und Tugend sei.

SOPHIA HAWTHORNE,
Notes on England and Italy

Er hat ihr einen Antrag gemacht!« Nonna klapperte triumphierend mit den Zähnen.

»Arthur?« Ich ließ mein Fleischpaket neben ausgelegte Tarotkarten und schmutzige Teller auf den Küchentisch fallen.

»Vor kaum fünf Minuten.«

Mirella sah verblüfft aus.

»Gratuliere.« Ich strich ihr übers Haar und nahm eine Haarnadel weg, die auf ihrem Schlüsselbein gelandet war. Gorbi rannte jaulend um sie herum, als sei sie jahrelang weg gewesen.

Nonna ließ sich wieder auf ihrem Stuhl nieder. »Du gütiger Himmel, wo hat der Hund sich bloß rumgetrieben?«

»Er hat sich nur ein bißchen im Schlamm gewälzt. Mamma? Luca?«

»Deine Mutter ist nach Rocca gefahren.« Hinter Nonna hing ein Gemälde des Bauernhofs, der Nonna nicht mehr gehörte. »Luca kommt morgen heim.«

Mirella hob die Arme. »Nonna, das wissen wir noch nicht.« Sie ließ die Arme sinken.

»Ihr nicht, aber ich.« Nonna zwinkerte mir mit einem schiefen Grinsen zu. Dabei fuchtelte sie mit dem As der Münzen vor mir herum. »Heute morgen habe ich diese Karte gelegt. Gleich zweimal! Das bedeutet Sieg!« Sie knallte sie wieder auf den Stoß mit den anderen Karten. »Außerdem hat Signor Hensen Freunde an hoher Stelle.«

»Das funktioniert heutzutage nicht mehr«, sagte Mirella.

»Heutzutage funktioniert gar nichts mehr. Man verhaftet einfach alle. Die Schuldigen wie die Unschuldigen. Erpressung, Skandale, Korruption. Luca hat sich in dem Sumpf verfangen. Das war nicht seine Schuld. Er war einfach nur zur falschen Zeit am falschen Ort.«

»Hat Luca gesagt, was er auf der Sant'Angelo-Brücke gemacht hat?«

»Er ist spazierengegangen!« Mirellas Gesicht war rot vor Zorn. »Ist das vielleicht ein Verbrechen? Und wo hast *du* gesteckt? Lea hat vom Krankenhaus aus angerufen. Carlo fragt die ganze Zeit nach dir.«

»Ich gehe jetzt.« Ich nahm meinen Mantel. Eigentlich hätte ich wirklich ins Bett gehört, um meine Erkältung auszukurieren, aber mir war jede Ausrede recht, um wieder verschwinden zu können. »Hast du ja gesagt, Mirella?«

»Zu Artuurs Antrag?« Sie schob die Haare mit beiden Händen zurück. Ihre grünen Augen wurden dabei ganz dunkel. »Ich weiß es noch nicht. Ich möchte nicht, daß er es nur aus Mitleid macht. Luca ist immer noch im Gefängnis. Ich weiß nicht, was ich tun soll. Ja, ich würde schon gern ja sagen. Ich werde ja sagen, wenn Luca wieder zu Hause ist.«

»Morgen«, sagte Nonna und legte die Tarotkarten noch einmal, nur um sicherzugehen.

Warum hatte Arthur Mirella den Heiratsantrag jetzt gemacht?

Lea schreckte hoch, als ich ins Zimmer kam. »Carlo schläft«, flüsterte sie. Ich hielt mir ein Taschentuch vors Gesicht, weil ich noch immer Angst hatte, ihn anzustecken. Die Infusion war verschwunden, das gleiche galt für die Schläuche in seiner Nase. Ich war erleichtert. Wir gingen hinaus auf den Flur. Lea wirkte erschöpft, aber glücklich. Sie hatte ihre dichten, blonden Haare mit einem Schnürsenkel zurückgebunden, trug eine Jeans, einen blauen Pullover mit rundem Ausschnitt, der die Farbe ihrer Augen betonte, und ein graues Tweedsakko, das ich Carlo von einer Londonreise mitgebracht hatte.

»Es geht ihm wieder gut«, sagte Lea. »Die Ärzte werden ihn morgen entlassen.«

»Erinnert er sich daran, was passiert ist?«

»Ein Polizist war da, um ihn zu befragen. Ich mußte aus dem Zimmer, aber Carlo hat mir hinterher alles erzählt. Er ist hinuntergegangen, um auf Sie zu warten. Als der Postbote vorbeigekommen ist, hat er Carlo ein paar Briefe und ein Päckchen gegeben. Ein Päckchen, das groß genug für einen Pullover gewesen wäre. Er hat's nicht gleich aufgemacht. Dann ist er zusammen mit dem Postboten wieder aus dem Haus gegangen, um zu sehen, ob Sie kommen. Es waren jede Menge Touristen da, die in das Restaurant im Nebenhaus wollten; die Menschen drängten sich auf dem Gehsteig. Carlo wurde abgelenkt. Als er wieder ins Haus ist, wartete sein Angreifer bereits auf ihn.«

»Hat Carlo gesehen, wer ihn niedergeschlagen hat?«

»Der Mann hat einen schwarzen Schal vor dem Gesicht getragen. Er hat Carlo in den Magen und ins Gesicht geschlagen. Carlo erinnert sich nur noch dran, daß er versucht hat, wieder nach oben zu kommen.« Lea lächelte. »Er weiß noch, daß er zum Telefon wollte, aber er war sich nicht so sicher, wen er anrufen wollte.« Ihr Gesicht war freundlich und strahlend schön.

»Seine Mutter möchte einen Monat lang mit ihm aufs Land fahren«, sagte Lea. »Ich hoffe, daß daraus nichts wird.«

»Mamma Linetti ist eine harte Konkurrentin, aber Sie scheint sie leichter zu akzeptieren, als sie das bei mir je getan hat.«

Lea wirkte plötzlich sehr ernst. »Die harte Konkurrentin sind eher Sie.«

»Ich? Carlo liebt mich nicht mehr. Er verliert nur nicht gern. Haben Sie schon mal Monopoly mit ihm gespielt? Einmal hat er alle Hotels ins Klo geschmissen, weil ich gewonnen habe. Und dann hat er Kirschen gekauft und die an die Stelle der Hotels gelegt. Tja, wenn er verloren hat, konnte er von da an alle Hotels aufessen. Und wenn die Kirschen keine Saison hatten, haben wir nicht gespielt.

»Sie haben ihn einfach verlassen, ohne ihm etwas zu erklären.« Sie sah mich an. Offenbar glaubte sie, ihre Zukunft mit Carlo stehe auf dem Spiel.

»Wenn er was erklärt haben möchte, sollte er sich mal

mit seinem Penis unterhalten. Ich bin eine willkommene Ausrede, Lea. Ein Mann, der die Trennung von seiner Frau noch nicht überwunden hat, kann sich nämlich nicht auf eine andere einlassen.« Ich starrte die kahle Wand im Flur an. Machte ich nicht das gleiche mit Greenhouse, indem ich mich weigerte, bei ihm einzuziehen?

»Er ist nicht berechnend«, sagte Lea. »Sondern unreif. Keiner von euch hat hinterher geredet. Jetzt ist der erste Zorn verraucht. Sprechen Sie mit ihm.«

Greenhouse hatte das gleiche gesagt.

Ich hob die Hand, um ihr zu widersprechen. »Im Augenblick ist ganz schön viel los, und ich bin keine von Ihren Drogensüchtigen, die eine Behand…«

Sie packte meine Hand. »Ich möchte Ihnen keinen Vortrag halten, und vielleicht sind Sie der Meinung, daß mich das alles nichts angeht …«

»Nein, es ist nur …«

»Aber es geht mich etwas an. Ich liebe Carlo. Ich kenne seine Fehler. Und meine. Er sagt, er liebt mich, aber er kann Sie einfach nicht vergessen. Er muß die Sache innerlich abschließen. Sie nicht auch? Carlo hat mir erzählt, daß es in Amerika einen Mann gibt, der Sie liebt. Lieben Sie ihn auch, ohne Vorbehalte?« Sie sah mich an, die Hand immer noch auf der meinen. »Haben Sie die Sache mit Carlo innerlich abgeschlossen?«

»Ich bin dabei.«

»Gehen Sie rein.« Sie schob mich in Richtung Tür. »Carlo hat nach Ihnen gefragt. Reden Sie mit ihm, wenn er aufwacht, lassen Sie los«, ihr schönes Gesicht wirkte jetzt ruhig, »dann sind wir alle glücklicher.«

»Und was ist, wenn wir beide nicht loslassen können?«

»Dann weiß ich, daß ich gehen muß.« Sie ließ mich stehen.

Ich verharrte auf der Schwelle zu Carlos Zimmer. Er schlief mit dem Rücken zu mir. Auf den Fenstersimsen standen noch immer Blumen. Der Geschenkkorb war nicht angetastet; das gelbe Zellophan umhüllte Früchte, die auf kleinen, glänzenden Papierschiffchen ruhten. Durchs Fenster schien grell die Sonne.

Ich zögerte. Eine Scheidung gibt den Betroffenen keine Rituale an die Hand, die die Trennung erleichtern. Freunde und Kollegen versammeln sich nicht, um mit ihnen zu weinen, es gibt keinen Sarg als greifbaren Beweis dafür, daß es kein Zurück mehr gibt, daß man wieder allein ist. Man muß demütigende Papiere unterschreiben und teilt die Besitztümer, manchmal sogar die Kinder, auf. Die Gesellschaft sanktioniert den Kummer der Betroffenen nicht einstimmig.

Ich warf einen Blick auf meine Uhr. Es waren noch zwei Stunden, bevor ich zum Bahnhof mußte, um meinen Vater abzuholen. Ich betrachtete den frisch rasierten Hinterkopf von Carlo. Er war voller blauer Flecken, gelb vom Jod, und schwarze Stiche zierten seine Wunde.

Warum nicht? fragte ich mich. Die Sonne fiel auf den Holzstuhl am Fuß seines Betts. Ich setzte mich. Warum sollten wir nicht unser eigenes Ritual erfinden?

Carlo und ich hatten uns auf einer von Daisys vierteljährlichen Dividendenpartys kennengelernt. Daisy war eine gute Freundin von mir, verwaltete einen Trustfonds, trug Cowboystiefel und war äußerst aktiv. Sie schenkte uns damals auf einer riesigen Blumenterrasse mit Blick aufs Forum Romanum Champagner ein und stellte uns einander vor. Es gab brasilianische Musik. Gar keine schlechte Kulisse für eine Liebesgeschichte. Nach der Party hatte Carlo mich mit einer solchen Hartnäckigkeit verfolgt, daß ich mich irgendwann überreden ließ. Am Morgen wartete er in der Eckkneipe auf mich oder in dem Aufnahmestudio, in dem ich arbeitete. Wenn ich zum Einkaufen ging, tauchte er plötzlich in der gleichen Straße auf wie ich. Jedesmal tat er so, als sei dies ein Zufall.

Ich war entzückt. Er war so romantisch; einfach süß. Er schien nur für mich zu leben. Ich hielt das für die wahre Liebe.

Sobald wir verheiratet waren, ging er wieder zurück zu Daisy.

Greenhouse hatte ich bei einer Leiche kennengelernt. Vielleicht war das ein sichererer Anfang.

Als Carlo aufwachte, machten wir den Obstkorb auf und erinnerten uns zusammen an die Höhepunkte unserer Ehe. Eine Reise nach Paris. Eine andere nach London. Unsere Abendessen auf einer engen Terrasse mit Blick auf den Tiber. Über die Bettgeschichten schwiegen wir tunlichst.

Wir erinnerten uns auch an die schlechten Zeiten. An seine Weigerung, Kinder zu bekommen. Daran, daß seine Mutter darauf bestanden hatte, die Sonntage mit uns zu verbringen. An sein Bedürfnis, mich ständig zu kontrollieren. Daran, daß ich mir von ihm mehr Verantwortung für seine Karriere erwartet hätte. Daran, daß seine Mutter uns eine Wohnung zur Verfügung stellte und darauf bestand, daß wir sie, vollgestopft, wie sie war, nicht veränderten. Daran, daß ich mich in die Arbeit – die Synchronisation von Filmen – stürzte und darüber vergaß, anzurufen und zu sagen, daß ich später nach Hause kommen würde. Daran, daß ich alle möglichen Freunde mit in unsere Wohnung schleppte, obwohl er mich für sich allein gewollt hätte.

Fast hätten wir wieder zu streiten angefangen, doch als ich in eine trockene Gewächshausbirne biß, mußte ich an Leas gelassenen Gesichtsausdruck denken und brachte das Gespräch auf ein anderes Thema.

»Das Tweedsakko steht Lea prima.«

»Also macht's dir nichts aus, daß ich es ihr gegeben habe?«

»Nein.« Ich lachte.

»Ich habe ein schlechtes Gewissen, weil ich sie liebe.«

»Warum?«

»Weil ich immer noch dich lieben sollte. Schließlich bist du die Frau, die ich geheiratet habe.«

»Aber jetzt sind wir geschieden.«

Er sah mich schwermütig an. »Hab ich alle Hotels verloren?«

»Keine Angst, Kirschen haben auch irgendwann wieder Saison. Tamar war Freitag nacht bei dir, stimmt's?«

Carlo nickte schwach und wandte den Blick zum Fenster.

»Sie muß doch erwähnt haben, daß sie dir was geschickt hatte.«

Er sah mich wieder an. »Nein. Sie hatte Angst vor den Prüfungen, hat sie gesagt. Das hab ich ihr nicht geglaubt, aber ich hab nicht weiter nachgefragt.«

»Warum hast du gelogen?«

»Du hast ja schon geahnt, daß ich mit ihr geschlafen habe. Und ich wollte nicht, daß Lea was davon erfährt.«
Jetzt machte mir das alles nichts mehr aus, plötzlich sah ich die Unehrlichkeit in diesem ach so aufrichtigen Gesicht.
»Ich hab dir neulich abend gesagt, daß ich dich liebe«, sagte Carlo. »Und ich wollte, daß das auch stimmt.« Er wandte blinzelnd den Kopf ab. Die Sonne schien ihm ins Gesicht. »Es tut mir leid, Simona.« Diesmal meinte er es tatsächlich ehrlich. Auch das erkannte ich jetzt.
»Danke.« Ich rückte meinen Stuhl ein wenig zur Seite, so daß mein Körper einen Schatten auf ihn warf. Er wandte sich mir wieder zu, die Augen hinter dichten, lächerlich langen Wimpern verborgen. Die waren mir damals als erstes an ihm aufgefallen. Die Wimpern, um die ich ihn beneidete. »Mir tut's auch leid.«
Seine Untreue hatte mir das Gefühl gegeben, nichts wert zu sein, erklärte ich ihm. Es war mir nichts anderes übriggeblieben, als wegzulaufen von dem schwarzen Loch, in das er mich manövriert hatte. In New York, dem unbelasteten New York, war ich in der Lage, zu erkennen, daß ich noch immer ich selbst war. Jetzt war ich dabei, meine Einzelteile wieder zusammenzusetzen.
Ich beugte mich ein wenig vor und küßte ihn auf die Lippen. Er schmeckte nach Orangen. »Du mußt zugeben, daß wir beide *un culo d'oro* haben.« Ein goldener Arsch ist das größte Glück, das man haben kann.
»Ja?« Er sah mich hoffnungsvoll an.
»Wir dürfen's noch mal versuchen.« Ich nahm die letzte Mandarine in die Hand. »Könnte auch sein, daß ich dich gerade mit meiner Erkältung angesteckt habe.«

»Das werde ich überleben.«

War ich gefühlsduselig? Ja. Hatte ich ihm ganz und gar vergeben? Nein. So großzügig bin ich nicht. Aber es hatte keinen Sinn, ihn weiter festzuhalten. Mit meinem Kuß gelang es mir, das Gefühl, betrogen worden zu sein, loszulassen.

Ich hielt Carlo die halbe Frucht hin. Er lächelte wie ein kleiner Junge,. der, froh darüber, daß man ihn nicht gescholten hat, weil er mit dem Ball eine Fensterscheibe eingeworfen hat, so schnell wie möglich hinaus und wieder weiterspielen möchte.

»Sich zu, daß Lea dir nicht wegrennt«, sagte ich. »Die verzeiht dir wahrscheinlich jeden Seitensprung. Sie muß von Berufs wegen geduldig sein.«

»Ich werde nie mehr untreu sein.« Er hatte den Mund voller Mandarinenstückchen.

»Natürlich nicht.« Ich sah zum Fenster hinaus. Die frischen Blätter der Platane draußen sahen größer und grüner aus. Das hatte zweifelsohne mit dem Regen von Montag nacht und der Sonne jetzt zu tun. Vielleicht auch mit meinem Gefühl, losgelassen zu haben.

Carlo und ich hatten einen Schlußstrich gezogen. Der Geschenkkorb war fast leer. Wir hatten vier Orangen gegessen. Und zwei Birnen. Und drei Mandarinen. Wir schlossen eine Ehe ab. Die Nüsse ließen wir übrig, Samen, aus denen ein anderer etwas züchten konnte.

»Ich suche nach dem Videorecorder«, sagte ich zu einer zierlichen, dunkelhaarigen Frau, die sich mit einem großen Gemälde abmühte. »Ich bin eine Freundin von Mirella Monti. Moment mal, ich helfe Ihnen.« Ich ließ meine Tasche zu Boden sinken – Carlos Video hatte ich in der Hosentasche – und half ihr dabei, den Haken an der Wand der Schule zu finden. Carlo hatte mir die Schlüssel zu seiner Wohnung gegeben und mir gesagt, ich solle mir das Video in der Schule ansehen, weil sein Recorder schon seit über einem Monat kaputt sei.

»Danke«, sagte die Frau in breitem Amerikanisch und betrachtete das Gemälde mit zusammengekniffenen Augen – eine strahlend blaue und orangefarbene Leinwand mit zwei massigen Pferden, die mich an Paolo Uccello erinnerte.

»Haben Sie das gemalt? Das ist gut.«

»Danke. Ja, es ist von mir. Ich muß vor morgen noch drei aufhängen.« Sie trug orangefarbene Leggings und einen braunen, übergroßen Pullover und wippte beim Sprechen mit dem Kopf. An den Füßen hatte sie ockerfarbene Stiefeletten, die sie mit Sicherheit ein paar Dollar gekostet hatten.

»Ich stelle zehn Tage lang hier in La Casa aus und unterrichte auch hier.« Sie ließ den Blick über den Raum schweifen, der blendend weiß war, als sei ein Schneesturm darüber hinweggefegt. Dies war der erste von mehreren schachtelförmigen Räumen, die durch Trennwände mit Reißnagellöchern entstanden. Die Spanplatten waren – abgesehen von ihren beiden Pferden – leer.

»Meine Farben machen sich gut vor Weiß, auch wenn es für die Augen ein ziemlicher Schock ist. Was meinen Sie? Werde ich's schaffen?« Ihre Stimme klang tief und schwer.

»Was schaffen?«

Sie lachte. Dabei kamen wunderbar ebenmäßige, weiße

amerikanische Zähne zum Vorschein. Sie war attraktiv, knapp über Vierzig, hatte hohe, kantige Wangenknochen und tiefliegende, körnige, braune Augen. »Meine fünfzehn Minuten. Sie brauchen den Videorecorder? Sie müssen entschuldigen. Ich bin Susan. Nicht Susie und auch nicht Sue, sondern einfach Susan.«

»Ich heiße Simona.«

»Der Videorecorder ist hinten, beim Klo. Das heißt, *falls* er noch da ist. Der letzte ist zwei Tage, nachdem wir ihn gekauft hatten, verschwunden. Was haben Sie denn für einen Film?«

»Eine Aufnahme von der Dokumentarfilmparty.«

»Die hab ich nie gesehen. Haben Sie von der Stu…«, sie schüttelte die schmalen, anmutigen Hände; Hände, wie man sie oft auf Porträts sah, »aber natürlich, Sie sind ja eine Freundin von Mirella.«

Sie führte mich einen weißen Flur zu einer Tür hinunter, auf die die amerikanische Flagge gemalt war. »Da ist das Klo, falls Sie es brauchen. Ich habe gerade frisches Klopapier reingetan. Das verschwindet hier auch immer. Daneben … hier, Sie brauchen zwei Schlüssel, um reinzukommen.« Sie öffnete die Tür. »Die Schule ist offiziell ab heute wegen der Osterferien geschlossen.« Sie drehte an einem angeschlagenen Porzellanschalter. Neonlichter gingen an.

Bei dem Raum handelte es sich um ein großes Lager mit zwei Bücherregalen, auf denen sich vertikal gestapelte Reihen von Leinwänden befanden, Bilder der letzten Kursteilnehmer, die hier einen Abschluß gemacht hatten, und mit Aktenschränken aus Metall. Auf einem Schränkchen stand ein Schaukelstuhl aus Korbgeflecht.

Terpentindämpfe reizten meine Augen. Vielleicht lag das allerdings auch an meiner Erkältung. Mittlerweile roch ich überhaupt nichts mehr. Ich wollte die Frau loswerden.

Susan schaltete den Videorecorder und den Fernseher für mich an. »Tut mir leid, ich muß wieder zurück.« Von der Tür aus lachte sie mir zu. »Auf der Party hab ich einen handgewebten Flickenrock getragen. Sie erkennen mich gleich. Weben ist mein Hobby.« Dann ging sie.

Ich holte den Schaukelstuhl von dem Schränkchen und ließ den Mantel an, weil es kalt war. Dann steckte ich das Band in den Recorder, drückte auf »Play« und setzte mich. Carlos Abschiedsbemerkung hatte mich veranlaßt, hierherzukommen.

»Mir ist gerade was eingefallen«, hatte er gesagt, als die blaugewandete Schwester mich in Richtung Tür dirigiert hatte. »Ich habe das Päckchen geschüttelt, das der Postbote mir gegeben hat. Es hat gescheppert.«

23

Je porterebbe l'acqua co' l'orecchie.
*Er würde ihr noch mit den Ohren Wasser
bringen.* RÖMISCHES SPRICHWORT

Susan entdeckte es. Sie war noch einmal zurückgekommen, um zu sehen, »wie dick der Rock
mich macht«.

Ich war gerade dabei, mir das Band zum zweiten Mal
anzusehen. Beim ersten Mal hatte ich mich zu sehr darauf konzentriert, meine Eltern in der tanzenden Menge
zu finden. Ich hatte gesehen, wie Carlo immer wieder
auftauchte, lachend, das Gesicht vor Erregung glänzend.
Der Principe wirkte gequält. Er hatte den Dokumentarfilm oben in seinem großen Ballsaal zeigen lassen, erklärte mir Susan. Die Studenten waren hinaufgegangen, um
Popcorn zu verteilen.

»Er hatte noch Wochen später Popcorn auf dem Boden.
Geschieht ihm recht. Wir durften ja nicht rauf und sau-
bermachen.«

Die Party hatte unten in den Räumen der Schule stattgefunden, in denen die Meisterwerke der Studenten hingen. Die *Mona Lisa* hatte sich in einen Punk mit schwar-
zem Lederbüstenhalter, purpurfarbenen Haaren und
einem Nasenring verwandelt. Michelangelos *David* betrachtete zwinkernd seine gewaltige Erektion. Botticellis

Venus trug eine Unterhose von Calvin Klein. Der Vertreter vom Kultusministerium, ein Mann mit Schnurrbart, lächelte gezwungen über solche Schamlosigkeiten. Dann kam Susan mit ihrem grellen Flickenrock, der ihr kaum über den Po reichte, und einem roten Satintop ins Bild. Der Mann schüttelte den Kopf und machte sich auf den Weg zu der Tür mit der aufgemalten Flagge. Susan, Principe Maffeo und die Kamera blieben ihm auf den Fersen. Als er die Tür erreichte, wandte er sich dem Lagerraum zu. Arthur Hensen öffnete die Tür mit beiden Schlüsseln.

»Ich hab den *onorevole* zum Tanzen aufgefordert«, sagte Susan kichernd. »Deswegen ist er geflüchtet. Die nennen sich alle ›ehrenwert‹, obwohl sie alles andere als das sind, wenn man den Zeitungen glauben darf. Die Musik war toll. U2. Ich hab mir schon vorgestellt, daß das Kultusministerium eine meiner Ausstellungen fördert. Aber wahrscheinlich war ich entweder zu aufdringlich, oder meine Titten waren nicht groß genug. Irgendwas war nicht in Ordnung. Hey!« Sie deutete auf den Bildschirm. »Halten Sie das Tape an!«

Ich drückte den roten Knopf auf der Fernbedienung. Der *onorevole* kam gerade aus dem Raum, in dem wir uns befanden, bereits den Mantel übergeworfen, eine Aktentasche unter dem Arm. Er hielt die Hand vor die Kamera. »Der Videorecorder. Das Schwein hat den Videorecorder mitgehen lassen. Ich habe Ihnen doch gesagt, daß das Gerät geklaut worden ist, zwei Tage nachdem wir's gekauft hatten. Da, schauen Sie sich mal seine Aktentasche an! Schauen Sie, wie dick die ist. Da würde der Videorecorder reinpassen.« Sie begann, mit dem ganzen Körper

zu wippen, als tanze sie noch immer zur Musik von U2.
»Mein Gott, wenn ich diesen ehrenwerten Rotzlöffel
erwischen könnte!«

»Vielleicht waren in seiner Aktentasche ja Papiere.«

»Spulen Sie noch mal zu der Stelle zurück, wo er rein-
kommt. Tamar hat das aufgenommen, stimmt's? Bevor
wir alle raufgegangen sind, um uns den Dokumentarfilm
anzusehen?«

»Viel ist da nicht zu sehen.«

»Es war wie die Ankunft eines Königs. Art Hensen war
völlig überdreht. Ich hab versucht, Art dazu zu bringen,
daß er eine Ausstellung von mir sponsert, aber er haßt
Pferde. Halt! Spielen Sie das noch mal ab.«

Tamar hatte lediglich ein paar Sekunden lang die Kamera auf Arthur Hensen gerichtet, der den Arm vor das
Gesicht hielt.

»Er deutet hierher, in dieses Zimmer. Alle anderen haben ihre Mäntel im Büro abgelegt, sogar Art. Aber für
den Ehrenwerten hat Art auf einer eigenen Garderobe
bestanden.«

Carlo hatte den Mantel des *onorevole* über dem Arm, wie
ein perfekter Butler.

»Ein schäbiger Mantel. Man möchte meinen, daß er
Armani trägt oder Versace oder Fendi.« Susan fuchtelte
mit den Händen herum. Sie hatte sich bereits ein paar
italienische Eigenarten zugelegt. »Das war das gleiche
mit der Aktentasche. Die ist mir sofort aufgefallen. Das
Ding war billig. Eine Tasche, wie sie kleine Buchhalter
benutzen. Hat ausgesehen wie Pappe. Und sie war leer.
Verstehen Sie?« Sie deutete mit ihrem spitzen, farbenbe-
fleckten Finger.

Einen Augenblick lang sah ich, wie Carlo die flache, schlaffe Aktentasche nahm. Sie war eindeutig leer. Dann steckte Carlo sie unter den Mantel, und das Band sprang auf eine studentische Darstellung von Michelangelos *Gott und Adam*, auf der die Finger sich fast berührten. Gott hielt ein eingepacktes Kondom in der Hand.

Susan warf mir einen wissenden Blick zu. »Am nächsten Morgen war der Videorecorder verschwunden. Ich bin mir sicher, der Mantel war vom Flohmarkt, und der Mann hat ausgesehen, als hätte er schon wochenlang nichts Richtiges mehr zu essen bekommen.«

»Vielleicht.« Ich stand auf, während das Band zurückspulte, und putzte mir die Nase. Ich mußte zum Bahnhof, um meinen Vater abzuholen.

In Stazione Termini wimmelte es von Somaliern. Hutlose Männer in europäischen Kleidern standen bei Frauen in grünen, orangefarbenen, gelben und roten Tüchern und gefältelten Kopfbedeckungen, ganze Ballen leuchtender Stoffe um die langknochigen Körper geschlungen.

Italien ist für viele Einwanderer zum neuen Amerika geworden. Afrikaner, Albaner, Russen, Jugoslawen. Manchmal ist es der erste Halt auf einer längeren Reise. Doch dann tut die Sonne ihr Werk, das Essen ist gut, und die Regeln fürs Überleben sind ziemlich locker. Hier ist es einfach, Schwarzarbeit zu finden. Anfangs waren die Italiener in dieser Hinsicht nicht besonders streng, doch allmählich machen sich auch dort Rassismus und Fremdenfeindlichkeit breit. Und dennoch lächelten die Somalier an jenem späten Nachmittag des Mittwochs vor

Ostern, als ich mich zu dem Gleis vorarbeitete, auf dem mein Vater ankommen sollte. Sie lachten und plapperten, der ganze Bahnhof ein verglaster Partyraum.

Ich hörte die ersten Takte von *Eine kleine Nachtmusik*, bevor ich ihn auf dem überfüllten Bahnsteig entdeckte. Er hörte mit dem Pfeifen auf, um mich zu umarmen. Er hat nie mit Zeichen der Zuneigung gegeizt. Ich mußte weinen, schrieb das allerdings meiner Erkältung zu. Als wir uns schließlich voneinander lösten, bemerkte ich, daß er geschrumpft war, seit ich ihn das letzte Mal vor über einem Jahr gesehen hatte. Seine Augen wirkten ausgewaschen. Vor Liebe zu ihm preßte es mir das Herz zusammen. Wie hatte ich nur so schreckliche Dinge von ihm denken können?

»Wie hat sie ausgesehen?« fragte er, als wir zum Wagen gingen, den ich ein paar Häuserblocks entfernt in der zweiten Reihe abgestellt hatte. Er ließ sich seine Tasche und ein großes, mit Geschenkpapier eingepacktes Paket nicht abnehmen.

»Ziemlich stark.« Ich hielt mich an der Tasche seines Mantels fest.

»Das ist nichts Neues.« Er klang ein wenig ärgerlich. »Ich würde mir nur wünschen …« Er führte seinen Gedanken nicht zu Ende, aber ich wußte, was er dachte. Wenn sie mir nur einen Platz in ihrem Leben einräumen würde. Das hatte ich auch mein ganzes Leben lang empfunden. Als ich den Wagen aufsperrte, bestand Gigi darauf, dem *»l'omino«* – dem kleinen Mann –, der auf mein Auto aufgepaßt hatte, seinen Obolus zu geben. Er besteht immer darauf, zu zahlen, selbst wenn ich ihn zum Essen eingeladen habe. Mittlerweile habe ich aufgehört, deswegen wütend auf ihn zu sein. Er identifiziert sich einfach zu stark mit seiner Rolle als Brötchenverdiener. Er ließ mich nicht fahren.

»Mamma liebt dich, Gigi, aber sie wollte sich im Augenblick weder über dich noch über mich Gedanken machen. Jetzt möchte sie sich nur mit sich selbst beschäftigen müssen.«

Wir fuhren an Cinecittà vorbei, den Filmstudios, die Fellini auf der ganzen Welt bekannt gemacht hatte. Dahinter lagen die Albaner Berge. Die Sonne war verschwunden und hatte einen irisblauen Himmel zurückgelassen. Ich brachte Gigi nach Hause, nach Rocca di Papa. Hoffentlich wartete meine Mutter auf uns.

»Sie versucht nicht, dir weh zu tun, Gigi.« Ich putzte mir die Nase.

»Ja, das glaube ich.« Er legte mir eine Hand aufs Knie, wie auf so vielen Fahrten – mit dem einzigen Unterschied, daß das Knie früher nicht das meine, sondern das meiner Mutter gewesen war.

»Es ist nur« – er zog die Hand wieder von meinem Knie weg und beugte sich übers Lenkrad, um besser zu sehen –, »merkwürdig und schmerzhaft. Zweiundvierzig Jahre Ehe. Das ist eine lange Zeit.«

Er schaltete in den zweiten Gang und erzählte von seiner Reise nach Florenz. Er war bei Angelino gewesen und hatte dort Leber *crostini* und *finocchiona*, eine dicke Salami mit Fenchelsamenkruste, gegessen. Dreimal hatte er sich riesige Tortelloni mit Butter und Salbei gegönnt. In den Uffizien war er nicht gewesen, weil eine kilometerlange Schlange von Studenten davor gewartet hatte.

»Das Osterwochenende. Da ist es einfach unmöglich.«

Ich fragte ihn nicht, was der befreundete Arzt über den Krebs meiner Mutter gesagt hatte. Er würde es mir schon erzählen, wenn er wollte.

»In den Palazzo Pitti bin ich reingekommen, und die Raffaels haben meine Laune sofort gehoben, aber der Masaccio in der Cappella Brancacci …« Er fuchtelte mit der Hand in der Luft herum und wäre fast mit einem bremsenden Bus zusammengestoßen. Ich habe schon immer gewußt, von wem ich meinen Hang zur Dramatik habe.

»Hohe Kunst. Die Scham des aus dem Paradies vertriebenen Adam, Evas Qualen …« Er wich einem Radfahrer aus. »Auf der Via Tornabuoni habe ich deiner Mutter eine Leinentischdecke gekauft. Du weißt ja, wie sie die liebt.«

Ich entschuldigte mich bei ihm. »Ich dachte, du hättest dich verliebt.«

»Ja, das habe ich vor langer, langer Zeit. In deine Mutter.«

»Und sonst gab es niemanden?«

Er ließ stirnrunzelnd die Kupplung los. Der Motor starb mit einem Ruck ab. Wir standen auf einem kleinen Hügel.

Gigi ließ den Wagen wieder an. Sein Fuß wechselte ständig zwischen Bremse und Kupplung hin und her, damit wir nicht wieder nach Rom hineinrollten.

»Es gibt auch gute Ehen, Simona.«

»So beruhigend klingt das nicht.«

»In deinem Alter kann ich dir keine Märchen mehr erzählen.« Wir hatten nie über die Liebe gesprochen. Er wirkte verlegen.

Genau wie ich. Weil ich kindisch gewesen war.

Ich erzählte ihm von Hensens Vorhaben, Souvenirläden in italienischen Museen einzurichten.

»Ja, Guido Tagliacozzo hat mir davon erzählt. Du erinnerst dich doch an Guido. Ich kenne ihn noch von der Uni. Seine Frau hat dir immer kandierte Veilchen mitgebracht.«

»Die hasse ich.«

»Er hat durch seine Strategie der Neutralität Karriere gemacht. Dazu ist großes Talent nötig. Er ist im Finanzministerium tätig. Mirellas Freund hat grünes Licht bekommen.«

»Das Ministerium hat zugestimmt?«

»Ja, letzten Monat.«

Letzten Monat war ein Vertreter des Kultusministeriums mit einer leeren Aktentasche bei einer Party erschienen und hatte sie mit einer vollen wieder verlassen. Ich hätte gewettet, daß er sich mit dem, was in dieser Tasche war, keine Videos anschaute.

»Ich habe Guido gesagt, daß ich das für eine gute Idee halte«, sagte mein Vater. »Die Amerikaner wissen, wie man solche Dinge anpackt, und sie sind grundsätzlich ehrlich. Das Ministerium braucht diese Einnahmen. Es sind so viele Restaurierungen nötig.«

»Warum weiß dann niemand darüber Bescheid?«

»In diesem revolutionären Klima?« Er hupte ungeduldig den Wagen vor ihm an. Wir befanden uns auf dem Hauptplatz von Frascati. Auch in der Dämmerung wirkte die Villa Aldobrandini noch prächtig. Im Rückspiegel sah ich, daß die Lichter in Rom angegangen waren. Im Vergleich zu dem künstlichen Glitzern, das ich beim Verlas-

343

sen New Yorks vom Flugzeug aus gesehen hatte, wirkte
Rom zurückhaltend und distanziert. Hier war nur ein
fahler Schimmer zu sehen, eine Kuppel über einer Stadt,
die zu überleben versuchte.

»Am besten schweigt man darüber«, sagte mein Vater,
schnitt einem Motorroller den Weg ab und bekam dafür
den Stinkefinger gezeigt. »Bis alles geregelt ist.«

»Nicht mal Mamma weiß davon. Gigi, paß auf!« Er fuhr
unruhig, weil er nervös war. Wir waren fast zu Hause.
Würde sie dort auf uns warten?

»Guido hat's mir auch erst letzte Woche gesagt. Die Sache
war nicht wichtig angesichts …«

Diesmal legte ich die Hand auf sein Knie.

»Hast du schon mal Bestechungsgelder angenommen?«
fragte ich.

»Ich war schon mal versucht. Das System ist so weit
verbreitet; man kommt sich direkt blöd vor, wenn man's
nicht macht.«

»Und was hat dich dran gehindert, Geld zu nehmen?«

»Simona.« Seine Stimme klang tadelnd und überrascht.
Ich sei dumm, sollte das heißen.

»Sì. Certo. Mamma.«

»Olga ist der Meinung, daß Liebe nur durch Respekt
möglich ist. Sie hätte mir nie verziehen.«

Olga, Mamma, war nicht zu Hause. Aber sie hatte Blumen
in alle Zimmer gestellt. Narzissen in einer Deruta-Kera-
mikvase auf dem alten Kieferneßtisch, um den herum
hohe Stühle mit Sprossenrücken und geflochtenen Sitz-
flächen standen. Blau-weiße Iris im Wohnzimmer mit
dem behaglichen blauen Baumwollsofa und den brau-

nen Ledersesseln. Eine Glasschale mit Gänseblümchen und Kornblumen in der Terrakotta-Holz-Küche mit den neuen Balken und einem taillenhohen Kamin, in dem Mamma gern Polenta und Steak briet.

»Sie hat ihre deutliche Handschrift hinterlassen«, sagte ich. Mein Vater bückte sich, um seine Schuhe aufzumachen. Ich schlüpfte aus den meinen. Beide gehorchten wir einer Regel meiner Mutter. Und wir versuchten beide, unsere Enttäuschung zu verbergen.

»Als ob Blumen sie ersetzen könnten«, sagte Gigi und richtete sich, die Schuhe in den Händen wie ein Bettler, auf. »Sie glaubt mir nicht, daß ich sie genug geliebt habe. Aber ohne sie …« Er wandte sich mit beschämtem Gesicht ab. Als mein Vater mit seinen grau-gelben Socken die Treppe hinaufging, hörte man ihn fast nicht.

Ich rief bei Mirella an. Mamma war dort.

»Um halb neun an der Hosteria dell'Archeologia an der Via Appia. Das liegt auf halbem Weg. Ich glaube, das ist fair.« Ich war wütend und fest entschlossen, uns alle wieder zusammenzubringen. »*Siamo una famiglia*« – Wir sind eine Familie.

Sie nahm die Einladung an und bedankte sich sogar bei mir, als habe mein Zorn ihr irgendwie geholfen.

Ich rief Gigi zu, daß wir mit seiner Frau zum Abendessen gehen würden. Ich würde alle einladen. Ich hörte ihn lachend die Dusche aufdrehen.

Ich erledigte noch ein weiteres Telefonat, diesmal mit Fono Roma, dem Aufnahmestudio, in dem Bob Tamars Videoband geschnitten hatte. Ich hatte Glück. Bob war im *sala mix*, dem Raum, in dem alle Soundtracks – Stimmen, Sound Effects und Musik – auf einem Fünfund-

345

dreißig-Millimeter-Magnetband gemischt werden. Er hatte gerade eine Spule fertig und zwei Minuten Zeit zum Reden.

»Was ist los? Ist Carlo okay?« Seine tiefe Stimme klang rauh durchs Telefon.

»Ihm geht's gut. Er hat einen Dickschädel.« Ich fragte ihn nach Tamars Video. Erinnerte er sich noch, was er herausgeschnitten hat?

»Ich erinnere mich kaum noch an die Sachen, die ich letzte Woche gemacht habe.«

Ich erzählte ihm von der Schultoilette mit der amerikanischen Flagge auf der Tür.

»Klar. Hat mich an Jasper Johns erinnert.« Er beantwortete mir ein paar Fragen und wurde dann wieder an die Arbeit gerufen.

Ich ging hinauf ins Gästezimmer, einen zartgelben Raum mit Blick auf die Rosen im Garten und ein kleines Stück Tal unter uns. Es war voller Bücherregale mit meinen alten Schulheften, Taschenbüchern aller Art und Kunstbänden, die Gigi ständig kaufte, für die aber unten kein Platz war.

Ich holte ein Buch heraus, streckte mich auf dem Doppelbett aus und begann, mir Kunstwerke aus dem Palazzo Pitti anzusehen.

24

… all das Treiben im alten Rom,
die Skandale, Verbrechen,
Freuden, Kämpfe, Triumphe …
WILLIAM WETMORE STORY, *Poems*

Meine Eltern küßten einander auf die geröteten Wangen. Ich redete zu viel, sagte, wie berauschend es sei, an der Via Appia zu essen, wo selbst noch die Kiesel geschichtsträchtig waren, und daß ich mich noch an das Mittagessen anläßlich meiner Erstkommunion am selben Ort erinnerte. Nichts habe sich verändert, fügte meine Mutter hinzu.

In dem Restaurant waren immer noch dieselben pompejischroten Wände mit matten Kupfertönen, alte Drukke und Fotos von der Via Appia mit ihren Lokalen, die bis in die neunziger Jahre des vergangenen Jahrhunderts zurückreichten. An der Decke befanden sich, wie fast überall, Balken, am anderen Ende des Hauptraums ein Kamin, der nur darauf wartete, in Betrieb genommen zu werden. Ich erinnerte mich noch an die angsteinflößenden Katakomben, in denen der Besitzer seinen Wein lagerte und »unartige kleine Mädchen« einsperrte. Draußen auf dem Hof bildete eine vierhundert Jahre alte Glyzinie mit ihren Blättern ein breites Dach.

»Ihr habt mich am Kopfende des Tisches sitzen lassen, und ich hatte ein langes weißes Kleid mit Tupfen an …« Meine Mutter strich den Rock ihres braunen Tweedkostüms glatt, bevor sie sich setzte. Gigi rückte ihren Stuhl zurecht. Ich ließ mich auf dem Stuhl zwischen ihnen nieder.

»An dem Tag bin ich mir wunderschön vorgekommen.« Warum ließ ich sie nicht nebeneinander sitzen? Warum verhielt ich mich wie das achtjährige Mädchen damals bei der Erstkommunion, das alle für sich vereinnahmen wollte?

»Ich hab gedacht, ihr zwei wolltet euch trennen«, sagte ich, nachdem mein Vater die Bestellung beim Inhaber des Restaurants aufgegeben hatte. Meine Mutter preßte die Lippen zusammen. Gigi wischte sich das Kinn mit der Handfläche ab.

»Das war schrecklich. Ich möchte das sagen, bevor ich Wein trinke oder zuviel esse und sentimental werde. Du, Mamma, hast mich gebeten, herauszufinden, wer Tamar umgebracht hat. Vielleicht hast du mich abgelenkt, vielleicht wolltest du aber auch wirklich wissen, wer sie ermordet hat …«

»Ja.«

»… und ich habe es versucht, halbherzig zwar, aber immerhin habe ich es versucht. Das, was ich herausgefunden habe, wird dich verletzen, aber es hat mir geholfen, zu begreifen, wieviel Glück ich habe und wie egoistisch ich gewesen bin. Tamar ist umgebracht worden, weil sie sich selbst Eltern schaffen wollte, die sie nicht hatte. Ich habe wunderbare Eltern, aber ich habe euch die ganze Zeit vor den Kopf gestoßen. Ich weiß nicht, wieso ich das gemacht habe, und es tut mir leid. Ich liebe euch beide.«

Meine Mutter zupfte nickend die Serviette auf ihrem Schoß zurecht. Gigi drückte mein Knie und bat den Inhaber des Restaurants, eine Flasche unseres Lieblingsweins zu bringen – einen Pinot Grigio Santa Margherita.

»Deine Mutter und ich, wir können uns nie trennen«, sagte er mit einem Blick auf sie, und seine Augen füllten sich eher mit Hoffnung als mit Überzeugung. »Ich möchte noch sagen, daß ich deine Mutter seit jenem Tag, an dem wir uns begegnet sind – das ist vierundvierzig Jahre her –, liebe und achte. Ich mag's nicht, wenn meine Tochter mich vor den Kopf stößt, aber ich gehe davon aus, daß das ziemlich normal ist. Ich habe schon vor langem meine Starrolle in deinem Leben aufgegeben, auch wenn mir das nicht gefallen hat. Als du Carlo mit nach Hause gebracht hast, hätte ich ihm am liebsten eins auf die Nase gegeben.«

Ich lachte. »Das wäre auch besser gewesen.«

Ein Kellner schenkte den Wein ein. Der Blick meines Vaters huschte von meiner Mutter zu seinem Weinglas. Der Kellner verschwand wieder.

»Allerdings habe ich nicht vor, meine Frau aufzugeben. Ich kann begreifen, daß du Zeit für dich brauchst, Olga, aber das, was du durchmachst mit … mit dieser Krankheit …«

»Krebs, Gigi«, sagte meine Mutter. »Drück dich nicht um die Realität herum.«

»Krebs.« Er flüsterte das Wort, und seine Augen füllten sich mit Tränen. »Schließ uns nicht aus, Olga. Wir leiden auch.«

Ich drückte ihnen beiden die Knie.

Meine Mutter nippte an ihrem Wein und zupfte wieder an ihrer Serviette herum. Gigi putzte sich die Nase. Ich zwang mich, nicht zu weinen. Wenn ich das täte, würde meine Mutter vielleicht einfach das Lokal verlassen. Während sie darauf wartete, daß mein Vater seine Gefühle wieder unter Kontrolle bekam, wurde mir klar, daß sie vor seinem und meinem Schmerz davonlief. Sie schämte sich für ihren Krebs, dafür, daß er ihrer Familie so große Leiden zufügen konnte. Ich begriff auch, daß die Härte, die sie manchmal an den Tag legte, nichts mit mir zu tun hatte. Sie war gegen sie selbst gerichtet.

»Ich hab in New York angerufen, in meinem Büro«, sagte ich. »Ich kann einen Monat Urlaub bekommen.« Meine Stimme klang fest. Ich hatte vor, meinen Arbeitgeber am nächsten Tag anzurufen. Wenn mein Chef nicht einverstanden war, würde ich kündigen.

»Nein.« Mamma lehnte sich ein wenig zurück, damit der Kellner einen Teller mit rotem Carpaccio vor sie hinstellen konnte.

Ich bekam frischen Artischockensalat mit Parmesanstückchen. »Ich brauche neue Kleider. Wir können vor der Operation einkaufen gehen. Ich kriege fünfzehn Prozent Rabatt in Moniques Boutique!« Ich fuchtelte ihr mit der Karte, die Monica mir gegeben hatte, vor der Nase herum.

Mamma brach ein Stück Brot ab und betrachtete meinen Rock. »Du könntest wirklich einen neuen grauen Rock brauchen.«

»Und einen blauen.« Ich hatte gewonnen.

Gigi aß Muscheln mit Öl, Knoblauch und Petersilie

und machte ein großes Theater wegen der Schalen. Da fiel mir eine Szene wieder ein, ein kleiner, vergilbender Schnappschuß mit weißen, gebogenen Fotoecken auf einer schwarzen Albumseite: Gigi am Strand im Alter von fünf Jahren, wie er gerade aus Muscheln ein Haus baute. Seine braunen Wangen waren tränenverschmiert. Er kann sich nicht erinnern, warum er damals weinte.

»Wieso wird uns das, was du herausgefunden hast, verletzen?« fragte Mamma.

»Meine Kochkünste sind nicht so gut wie deine.«

Sie sagte ungeduldig: »Was hast du über Tamars Tod herausgefunden?«

»Ich glaube nicht, daß sie wegen eines Leonardo umgebracht wurde.« Ich erklärte, was ich auf Tamars Video gesehen hatte.

»Sonderlich viel ist das nicht«, sagte Gigi. Sein Kinn war fettig von den Muscheln.

»Ich hab Bob im Fono Roma angerufen. Er hat das Video geschnitten und kopiert. Er erinnert sich, daß Tamar ihn gebeten hat, eine Aufnahme von Arthur Hensen herauszuschneiden, in der er ganz allein den Flur zur Toilette entlangging. Aber statt die Toilette zu betreten, ist er ins Lager. Er hatte die Schlüssel. Niemand sonst hatte seinen Mantel dort abgelegt. Abgesehen vom *onorevole* des Kultusministeriums. Als der Mann gegangen ist, hatte er keine leere Aktentasche mehr dabei, sondern eine volle. Eine der Lehrerinnen, die sich das Video zusammen mit mir angesehen hat, glaubt, er hat den fehlenden Videorecorder gestohlen. Ich persönlich meine, daß die Aktentasche voll mit Arthur Hensens Geld war.«

Gigi nickte. »So, so, der Museumsdeal. Kein Wunder, daß die Sache genehmigt wurde.«

»Sie wurde genehmigt?« Meine Mutter tippte sich aufs Kinn, um Gigi zu zeigen, daß er sich abwischen solle. Er folgte ihren Anweisungen.

»Sie halten die Sache unter Verschluß, bis die schlimmsten Korruptionsskandale vorbei sind.«

»Gut! Das Schlimmste ist nie vorbei.« Der Kellner brachte meiner Mutter *saltimbocca alla romana*, Kalbsschnitzel mit Schinken und Salbei. »Dann hat Tamar also Arthur Hensen erpreßt!«

»Genau«, sagte ich, als der Kellner meine hauchdünne Mittelmeerseezunge mit den Rücken zweier Löffel entgrätete. »Arthur wollte keine Schwierigkeiten bekommen mit den italienischen Behörden. Er wollte seinen Museumsdeal nicht aufs Spiel setzen. Außerdem wollte er nicht, daß seine Tochter von der Sache erfährt und ihn aus dem Beirat rausdrückt.«

»Und deshalb hat er Tamar umbringen lassen!« Fast hätte meine Mutter ihr Messer fallen lassen.

Mit geschickten Bewegungen ließ der Kellner drei feuchte, weiße Filets auf meinen Teller gleiten. Ich nahm eine Gabel davon und wich dem Blick meiner Mutter aus. Die Seezunge war süß und gleichzeitig salzig, wie Meeresluft.

»Hm.« Mein Vater betrachtete seinen Lammbraten mit Kartoffeln, ein traditionelles Ostergericht. »Die amerikanische Securities and Exchange Commission würde sich sicher für den Fall interessieren. Der Foreign Corrupt Practices Act, den die idealistische Regierung unter Carter eingeführt hat, verbietet es Angestellten von Unternehmen, ausländischen Beamten zum Zweck der Beeinflussung von Entscheidungen Geld anzubieten, et cetera, et cetera. Freunde haben mir erzählt, daß dadurch einige Geschäfte nicht mehr so gut laufen, wie sie eigentlich sollten.«

»Nenn solche Leute nicht Freunde«, sagte meine Mutter.

»Außerdem läßt sich niemand durch solche Vorschriften aufhalten. Die amerikanische Regierung selbst zahlt die höchsten Bestechungsgelder. Sie sorgte dafür, daß Leute wie Andreotti und seine Democrazia Cristiana an der Macht blieben, obwohl sie korrupter waren als die Sozialisten. Im übrigen begreife ich nicht, warum du heute Lamm ißt, Gigi. Du weißt doch, daß ich das immer am Ostersonntag koche!«

»Ich war mir nicht so sicher, ob ich diesmal dazu eingeladen sein würde.«

»Aber natürlich.« Sie tat so, als sei sie wütend, doch ihr Blick verriet sie. Sie freute sich, mit uns zusammenzusein.

Gigi zwinkerte mir triumphierend zu. »Was wollte Tamar als Gegenleistung für ihr Video von Signor Hensen?«

»Ich habe das Gefühl, daß sie anfangs gar nicht so recht wußte, was sie da hatte. Warum hätte sie sonst einen Monat mit ihrem Erpressungsversuch gewartet? Wahrscheinlich hat sie in der Zeit, als sie Hensens Bad mit Fresken bemalt hat, herausgefunden, daß er sich nicht mit seiner Tochter versteht. Sie könnte ein Telefongespräch in der Bibliothek belauscht oder sich ein Fax unter den Nagel gerissen haben wie Nonna. Vielleicht stand auf dem Fax etwas von dem Museumsdeal, gegen den Deborah so große Bedenken hat. Dann hat sich

Tamar daran erinnert, daß die Aktentasche zuerst dünn und dann dick war, und plötzlich war ihr klar, daß sie Forderungen stellen konnte.«

»Geld.« Gigi ließ das Lamm auf seinem Teller liegen und aß nur die Bratkartoffeln. Meine Nase war immer noch verstopft, so daß ich den Rosmarin nicht roch.

»Nein, ich glaube, es ging ihr eher um eine Adoption. Sie hat sich eine Familie gewünscht.«

Meine Mutter runzelte die Stirn. »Wie kann man jemanden adoptieren, der einen erpreßt?«

»Sie hat gedacht, sie schafft's. Zwei Tage vor ihrem Tod hat sie ihrer Freundin Linda erzählt, sie würde ihren Namen ändern. Am Freitag hast du gehört, wie sie sich mit Hensen über die Party unterhalten hat. Sie hat ihm angeboten, ihm etwas zu zeigen.«

»Was wollte sie ihm zeigen?« fragte Gigi.

»Das Original. Die Version ohne Schnitte. Mit der Szene, in der Hensen den Lagerraum aufschließt, in dem sich die Aktentasche befand.«

»Carlo hat beim Abendessen nach dem Original gefragt«, sagte meine Mutter.

»Da bin ich ins Grübeln gekommen. Warum hatte Tamar Arthur nicht das Original gegeben? Schließlich hatte er sie dafür bezahlt.«

Gigi sah nicht gerade überzeugt aus. »Ein schlüssiger Beweis ist deine Vermutung aber nicht.«

»Sie würde genügen, Deborah Hensen dazu zu veranlassen, daß sie Ermittlungen in die Wege leitet. Sie hat eine Menge Haß und eine Menge Geld. Außerdem hat sie bereits einen bezahlten Informanten in Rom.«

Mamma ließ langsam die Gabel sinken. »Maffeo.«

Mein Vater rutschte unruhig auf seinem Stuhl hin und her.

Ich nickte. »So wußte er eine Woche vor Arthur Hensen darüber Bescheid, daß die Schule geschlossen werden sollte. So erfuhr Deborah Hensen von dem verloren geglaubten Leonardo. Als ich ihn um ihre Telefonnummer gebeten habe, wußte er sie auswendig.«

Meine Mutter wirkte erleichtert, als bestätigten diese Neuigkeiten sie in der Wahl ihres Mannes. »Ich hatte mich schon gefragt, woher er das Geld für die Restaurierungsarbeiten hatte und wieso er sie nicht einstellen ließ, als er wußte, daß die Schule schließen müßte. Er ist von Anfang an bezahlt worden. Signorina Hensen hat ihm vermutlich ein hübsches Sümmchen als Ausgleich dafür gegeben, daß sie ihm das Geld für die Miete abgegraben hat.«

»Vielleicht wollte er deswegen nicht, daß Tamar im Palazzo herumschnüffelt. Sie hätte das alles herausgefunden und ihn wahrscheinlich verpfiffen.«

»Wogegen Luca zu vertrauensselig ist. Er hat romantische Vorstellungen. Mit ihm hatte Maffeo keine Probleme.«

»Mamma, er ist kein Junge mehr! Und weißt du, was ich noch glaube?«

Mamma wischte sich die Lippen ab. »Das wirst du uns sicher gleich sagen.«

»Ich glaube, Tamar hat das Original in der Bibliothek des Prinzen gelassen. Als sie gemerkt hat, daß sie geeignetes Material für eine Erpressung besaß, mußte sie Luca die Schlüssel stehlen, um das Video zurückzubekommen. Warum hätte sie sonst wieder hingehen sollen? Die Bi-

355

bliothek war schließlich bereits nach der Zeichnung durchsucht worden. Mittwoch nacht hat sie sich das Tape geholt, und am Donnerstag hat sie's Carlo geschickt. Am Freitag hat sie Arthur angerufen.«

»Allzuviel Sinn ergibt das, was du sagst, nicht, meine Liebe«, sagte meine Mutter. »Was wollte sie denn Signor Hensen zeigen, wenn sie das Original an Carlo geschickt hat?«

»Am Donnerstag morgen ist Tamar wieder zurück ins Fono Roma und hat Bob gebeten, noch eine Kopie zu machen. Diesmal vom Original. Arthur sollte eine Kopie vom Original sehen. Und Tamar wollte auf Nummer Sicher gehen, indem sie das Original an Carlo schickte.«
Gigi lachte. »Sie wollte sich versichern? Wogegen? Gegen das Chaos?«

»Sie hat es mit der vatikanischen Post verschickt.«

»Die ist zuverlässig!«

Mamma lehnte das Angebot einer Nachspeise ab und schien plötzlich ziemlich erpicht darauf, zu gehen. Sie wirkte müde.

Mein Vater trank noch einen Kaffee. Ich sagte, ich wolle zur Toilette gehen, doch statt dessen bezahlte ich die Rechnung und freute mich darüber, alles unter Kontrolle zu haben. Als Gigi das herausfand, senkte er traurig den Blick.

»Tja, nun muß ich schon wieder eine Rolle aufgeben.« Dann lächelte er.

Als wir aufstanden, um zu gehen, sagte Mamma: »Simona, fahr du deinen Vater zurück nach Rocca.«

Gigi machte ein langes Gesicht, als er ihr in den Burberry half.

356

Sie schlüpfte hinein und nahm Gigis Hände. »Ich folge euch in Mirellas Wagen.«

»Nein. Fahr du mit Gigi. Ich bringe den Wagen zurück. Wahrscheinlich braucht Mirella ihn am Morgen.«

Gigi deutete auf das Kunstbuch, das ich mir unter den Arm geklemmt hatte. »Nimmst du das mit?«

»Keine Sorge, ich bring's schon wieder zurück.«

Meine Mutter zog am Gürtel ihres Regenmantels. »Dein Zimmer wartet auf dich.«

»Ich weiß.« Doch ich wollte, daß sie in dieser Nacht allein miteinander waren. Gigi sah erfreut aus.

Sie errötete. »Ist es heiß hier drin?« Sie versuchte, ihre Verlegenheit als Hitzewallung zu verkaufen.

Ich nahm sie in den Arm. »Furchtbar heiß.«

Sie sah mich und meinen Vater an. »Die Sache mit Principe Maffeo tut mir nicht weh. Das sollt ihr wissen.«

Soll sie gut schlafen mit meinem Vater, in jenem Haus voller Blumen, dachte ich. Die Verletzungen konnten noch bis zum nächsten Tag warten.

25

Chi appicca foco e nun conosce er
vento,
o s'arruvina o cerca spavento.
Wer ein Feuer anzündet, ohne die Wind-
richtung zu kennen, beschwört Zerstörung
oder Schrecken herauf.

RÖMISCHES SPRICHWORT

Er stammt von einer Familie von
Wollwebern ab, die in der florentinischen Geschichte
schon im dreizehnten Jahrhundert eine Rolle spielten.«
Der Kunstband meines Vaters lag aufgeschlagen auf Mirellas Bett. »Er war ein Mann, der die Kunst liebte, aber
nach Aussage von Vasari nicht allzuviel dafür zahlen
wollte.« Gorbi schnüffelte an dem Buch herum. Nonna
lag im Nebenzimmer im Bett.
»Er hat anläßlich seiner Hochzeit mit der fünfzehnjähri-
gen Maddalena Giovanni Strozzi Michelangelos Tondo
der Heiligen Familie in Auftrag gegeben.«
Mirella machte die Augen zu und sank in die Kissen
zurück. »Du hast deine Hausaufgaben gemacht!«
»Danach hab ich nicht mal gesucht!« Ich spürte, wie Zorn
in mir aufstieg – auf sie. Und über meine eigene Dummheit. »Ich wollte mehr erfahren über das Gemälde, das
du kopiert hast. Es war eines von den ganz großen Renais-

sance-Bildern, das wußte ich. Dann hab ich's gefunden, auf Seite dreizehn des Bandes *Meister der Farbe*. Du hast einen Raffael kopiert. Ich hab das Gemälde nicht lange genug gesehen, um beurteilen zu können, wie gut deine Kopie ist, aber für Oreste und seine Familie ist es sicher das schönste Bild der Welt. Ein Porträt von Aldo mit seinem Grübchenkinn, eine schwarze Mütze auf dem Kopf, fließende rote Ärmel, eine schwarze Weste.« Ich deutete auf das Gemälde, das die ganze Buchseite einnahm. Das Porträt gehörte zu Raffaels bekanntesten Werken. Eigentlich hätte mir das gleich einfallen müssen, aber ich war als Schülerin immer faul gewesen.

»Du hast Aldos Porträt so gemalt, daß es aussieht wie das von Raffaels und Michelangelos sparsamem Mäzen Agnolo Doni. ›Doni‹ wie in dem *Doni Tondo* von Michelangelo. ›Doni‹ wie das letzte Wort, das Tamar gesagt hat.«

Mirella hob die Hände. Ihre Arme waren nackt. »Ich habe hart an diesem Porträt gearbeitet, weil ich wollte, daß jedes Detail stimmt. Aldo sieht aus wie Doni, das Kinn, der Mund …« Sie bedeckte das Gesicht mit den Händen.

Ich nahm die Füße vom Bett, weil ich fast erwartete, daß Mirella mich aus dem Fenster werfen würde. »Am besten ist mir der Gesichtsausdruck Tamars unmittelbar vor ihrem Tod in Erinnerung. Sie war nicht schockiert, überrascht oder erschreckt. Nein, sie dachte nach. Denselben Ausdruck habe ich auf Melzis Porträt von Caterina gesehen.«

»Beide Frauen wurden ermordet«, flüsterte Mirella.

»Ich weiß nicht, was Melzi zeigen wollte, aber Tamar

versuchte, sich daran zu erinnern, wo sie das Gesicht des Motorrollerfahrers schon einmal gesehen hatte. Vielleicht kannte sie Aldo von der Schule, aber sie wußte seinen Namen nicht. Allerdings fiel ihr als Kunststudentin sofort die Ähnlichkeit mit Raffaels Doni auf.«

»Ich war stolz auf mein Porträt und habe es ihr gezeigt, ohne dabei Aldos Namen zu erwähnen. Ihr hat es nicht gefallen. Sie wollte, daß ich mit der Kopiererei aufhöre und meine eigenen Ideen male. Sie hatte so großes Talent; sie hat einfach nicht verstanden, daß ich nicht gut genug dazu war. Und jetzt ist sie tot, und ich bin noch am Leben.«

»Aldo hat sie nicht umgebracht. Das konnte er nicht, weil er den Motorroller lenken mußte.«

Mirella ließ die Hände sinken. »Er hat den Motorroller gefahren?« Gorbi leckte ihr Handgelenk.

»Die Metzgerin oben in Magliano Sabino hat mir gesagt, daß Aldo kurze, lockige Haare hat. Ich erinnere mich, eine Menge schwarzer Haare bei dem Mann auf dem Rücksitz gesehen zu haben. Als die Polizei deine Perücken gefunden hat, habe ich gedacht, der Mörder könnte eine Perücke getragen haben, aber dann habe ich Ernesto gesehen. Er kennt Aldo, und er hat schulterlange schwarze Haare. Außerdem ist er der Sohn einer Metzgerin und weiß, wie man mit einem Messer umgeht. Wenn man von einem stehenden Motorroller aus jemandem ein Messer zwischen die Rippen rammen will, setzt das Fachwissen voraus.«

Mirella setzte sich auf. »Aldo brauchte einen Partner. Er hatte noch nie jemanden ausgeraubt. Und Ernesto kannte sich auf diesem Gebiet anscheinend aus. Ich bete, daß nicht Aldo sie umgebracht hat. Ich würde gern glauben, daß er sich nur bereit erklärt hat, mitzuhelfen, weil es um einen einfachen Diebstahl ging, wie sie hier tagtäglich zu Hunderten passieren. Ich habe ihn heranwachsen sehen.« Ihre Augen wirkten fast durchsichtig, zerbrechlich. »Oreste hat ihn gut erzogen. Er ist nicht sonderlich intelligent, aber er ist ein guter Kerl. Er gehorcht.«

»Tja, er hat die Befehle eines anderen befolgt.«

Mirella streckte die Hand nach Nonnas Pall-Mall-Zigaretten aus und zündete sich eine an. »Jede Sekunde, seit du mir im Hundepark erzählt hast … erinnerst du dich noch, daß du's mir erzählt hast? Wir haben uns ein bißchen ausgeruht, uns unterhalten. Paolo war gerade mit seinem Hund gegangen. Und dann hast du mir gesagt, was Tamar unmittelbar vor ihrem Tod gesagt hat. Danach hatte ich ständig das Gefühl, als zerschneide mir ein scharfes Pendel das Herz. Doni ist ein so berühmter Name!« Sie hustete. Ich hatte sie noch nie rauchen sehen.

»Dieser Polizist, der aussieht wie Bacchus, der ist schon mal in den Uffizien gewesen, vielleicht auch im Palazzo Pitti, und er hat auch schon mal eine Kunstzeitschrift oder zwei durchgeblättert. Ich habe Angst bekommen, meine Kunststudenten könnten Aldo sehen und ihn mit dem Doni-Porträt in Verbindung bringen, also habe ich ihn gezwungen, bei Maffeo zu kündigen.«

»Ich hatte gedacht, das hätte Oreste getan.«

»Nein, ich!« Sie klopfte sich auf die Brust. »Aldo mag Heroin. Ich hab ihm gedroht, seinem Vater davon zu erzählen. Er verehrt seinen Vater und erzählt allen, was für ein Held er im Krieg gewesen ist.« Wieder hustete sie.

»Ich hab Oreste gesagt, er soll das Gemälde vernichten. Warum hat er's nicht gemacht?« Rauchschwaden trieben auf mein Gesicht zu. Gorbi schnüffelte und schlüpfte vom Bett.

Ich erzählte ihr nicht, daß sich jetzt die Kunstexperten der Polizei mit dem Fall beschäftigten, die bei dem Wort *doni* sofort an Raffaels Porträt denken würden.

»Meine Mutter muß die Verbindung hergestellt haben.« Plötzlich wurde mir klar, daß meine Mutter von Anfang an Bescheid gewußt haben mußte. Ich schützte sie also vor nichts.

»Ja.« Mirella traten die Tränen in die Augen. Vielleicht vom Rauch. »Sie hat nichts gesagt. Darauf kann ich mich verlassen.«

Mirella wandte sich mir mit gerunzelter Stirn und angespanntem, unglücklichem Gesicht zu. Ein Gesicht, das ich liebte.

»Mamma hat mich gebeten, Tamars Mörder zu finden«, sagte ich.

»Sie hat das gesagt, um dich von ihrem Krebs abzulenken.«

»Nein. Heute abend habe ich sie gefragt, ob ich den Mörder wirklich suchen soll. Und sie hat ja gesagt. Ich glaube, sie will Gerechtigkeit. Aber *sie* kann die Geschichte nicht aufdecken. Dazu ist sie zu loyal. Ich hingegen werde bald wieder in New York sein. Sie glaubt, daß es für mich einfacher ist. Mamma hat sich immer eine Menge über mich zusammengereimt.«

»Ich will auch Gerechtigkeit. Tamar hätte nicht sterben sollen. Kannst du mir das glauben?«

Ich bedeckte Mirellas nackte Schultern mit der Decke.

»Ja. Aber ich glaube nicht, daß Gerechtigkeit geschehen wird, wenn du den Mund hältst.«

»Die werden nie Beweise finden.«

»Sie werden Aldo früher oder später verhaften.«

»Aldo wird nichts sagen. Sein Vater verbietet ihm zu reden. Aldo ist zurückgeblieben. Er ist so gehorsam!«

»Und was ist mit Ernesto?«

Mirella ergriff die Decke. »Er weiß nichts. Aldo hat ihm nur gesagt, er soll Tamar die Tasche wegreißen, weil sie eine Menge Geld drin hat.«

»Denk an Luca!«

»Sie lassen ihn morgen frei. Es gibt keine Beweise!«

»Luca wußte Bescheid über Aldo. Er hat gewußt, daß er versuchen würde, Carlo das Video abzunehmen. Deshalb hat Linda ihn auf der Sant'Angelo-Brücke gesehen. Er hat Ausschau gehalten nach dem Postboten und Aldo, stimmt's?«

»Es waren so viele Touristen da.« Mirella wischte sich mit der Hand über Haare und Gesicht. Dann zupfte sie an ihrem Nachthemd und zog die Decke höher. »Luca wollte nicht zu nahe ran. Er hatte Angst, daß Aldo ihn sehen und wegrennen würde, bevor er eine Chance hätte, das Video zu stehlen. Luca wollte es vernichten! Er haßt Arthur. Er wollte das Video vernichten. Dann würde Arthur die Geschichte mit dem Heiratsantrag vergessen.«

Mirella begann zu zittern. Ich beugte mich vor und nahm sie in den Arm.

»Mein ganzes Leben« – sie hatte den Kopf an meine Schulter gelehnt – »habe ich bei meiner Familie gelebt. Und für meine Familie. Ich liebe Arthur nicht, aber ich hätte gern einen Mann in meinem Bett. Und ich wünsche mir einen Mann, der mir beim Geldverdienen hilft.« Sie roch jetzt nach Rauch, nicht nach dem Granatapfelparfüm, das ich so liebte.

»Weißt du, Luca wird's nie zu was bringen«, sagte sie. »Das ist meine Schuld und die von Nonna. Er war der einzige Mann im Haus. Wir haben ihm zu viel Liebe gegeben.«

Halt dich raus, laß ihn sein eigenes Leben leben, hätte ich ihr gern gesagt, aber dazu war nicht der richtige Augenblick.

»Nonna ist schon vor Jahren das Geld ausgegangen«, sagte Mirella. »Meine Schule macht zu. Wir haben nicht mal mehr den Bauernhof. Nonna hat drauf bestanden, ihn Oreste zu verkaufen. Er konnte nicht den ganzen Preis auf einmal bezahlen, also gibt er uns monatlich Geld und Lebensmittel, damit wir nichts sagen können. In einem Jahr hat er den Hof abbezahlt.« Ihre Hände krallten sich um meine Arme.

»Nonna liebt ihn immer noch. Sie haben ihre Beziehung auch nicht aufgegeben, nachdem mein Vater aus dem Krieg heimgekommen war. Papa muß furchtbar darunter gelitten haben, er hat ihr so schöne Liebesbriefe geschrieben. An dem Tag, als mein Vater beerdigt wurde, hat Nonna sie weggeworfen. Ich hab sie im Küchenabfall gefunden, ganz naß, weil Kaffeesatz darauf gefallen war. Das habe ich ihr nie verziehen, aber sie ist meine Mutter. Ich werde sie immer lieben. Oreste ist zu der Beerdigung gekommen. Ich war damals mit Luca schwanger und bin mit meinem dicken Bauch in der Kirche auf Oreste zumarschiert. Ich habe ihm gesagt, daß er dort nichts verloren hat. Nonna hat nichts dazu gesagt. Und Oreste ist nicht gegangen.«

Gorbi schlängelte sich mit triumphierendem Blick zwischen uns hindurch auf Mirellas Schoß. Sie gab dem Hund einen Kuß. »Ich bin jetzt vierundsechzig Jahre alt, und ich sollte eigentlich klug und ohne Angst sein. Aber das bin ich nicht. Ich bin müde, und ich weiß nicht, was ich tun soll.«

Ich bot ihr Perillos dummen Rat: *la notte porta consiglio.* Die Nacht bringt Rat.

Doch die Nacht brachte Nonnas Tod. Natürlich hatte sie unser Gespräch belauscht. Ich hatte das so geplant und damit gerechnet, daß sie hereinmarschieren und sich einmischen würde. Alles beichten. Doch statt dessen war sie gestorben.

Als ich aufwachte, hatte der Arzt sie bereits untersucht und als Todesursache »Herzinfarkt« in die Sterbeurkunde eingetragen. Ich rief meine Eltern an. Meine Mutter flüsterte nur »Gott sei Dank«, als ich es ihr sagte.

Mirella ließ mich erst zu Nonna, nachdem sie ihre Hände über einem Rosenkranz gefaltet hatte, den sie im Leben nie benutzt hätte. Luca half ihr dabei. Er war im Morgengrauen nach Hause gekommen, als ich noch tief und traumlos schlief.

Nonnas Profil war hart und kantig, die Nase spitz und fast durchsichtig im Morgenlicht, das durchs Fenster drang. Ihre Ohrläppchen waren nackt, beinahe obszön in dieser Nacktheit. Dieses Detail ihres Todes brannte sich mir unauslöschlich ins Gedächtnis ein. Ihre Korallenohrringe lagen in einem Aschenbecher auf dem Nachttisch.

Neben dem Aschenbecher befanden sich ihre Tarotkarten. Ich suchte das As der Münzen heraus und steckte es ihr mit der richtigen Seite nach oben zwischen die Finger. Das bedeutete Erfolg und Glück. Umgedreht deutete die Karte auf die böse Seite des Reichtums hin.

Die Ärzte sind menschlich in Italien. Um eine katholische Beisetzung zu ermöglichen, schreiben sie nur selten etwas von einem Selbstmord. Einer von ihnen, der Arzt, Luca oder auch Mirella, hatte den Beweis versteckt, allerdings nicht gut genug. Gorbi brachte ihn mir genauso stolz wie seinerzeit das blutige Messer.

Eine Plastiktüte.

Ich bin mir sicher, daß Nonna ein Geständnis hinterlassen hat. Schließlich war ihr daran gelegen, ihre Familie zu schützen. Genauso sicher bin ich mir, daß Mirella diesen Brief versteckt, wenn auch nicht vernichtet hat, damit Luca nie in Mißkredit gerät. Aber ich kenne sie: Wahrscheinlich hat sie ihn mittlerweile unter den Tausenden von Papieren und Büchern in ihrer Wohnung verloren. Ich glaube auch nicht, daß sie ihn je brauchen wird.

»Ich kann Nonna verstehen«, sagte Mamma nach der Beerdigung am Ostermontag – *Pasquetta*, ein Tag, an dem die Römer normalerweise ein Picknick auf dem Land machen, Salami und hartgekochte Eier essen. »Sie hat sich aus Liebe Sorgen gemacht. Aus Liebe war sie auch bereit zu stehlen. Ihrer Tochter und ihrem Enkel hatte sie sonst nichts zu bieten. Nach dem Herzanfall vom letzten Sommer wußte sie, daß ihr nicht mehr viel Zeit bleiben würde.«

Mamma hatte gedacht, Nonna stecke wegen des Leonardo hinter Tamars Tod. Nonna hatte die Idee in die Welt gesetzt, daß Tamar die Zeichnung gefunden hatte. Meine pragmatische Mutter jedoch glaubte diese Geschichte nicht. Sie wußte, daß Principe Maffeo den ganzen Palazzo bereits durchsucht hatte, und eine Zeichnung war dabei nicht aufgetaucht. Trotzdem war Nonna nicht von ihrer Theorie abgewichen. Warum?

Um uns von der richtigen Spur abzulenken.

Die Spritze und das Heroin in Tamars Schublade hatten mich zu Nonna geführt. Beides war dort verstaut worden an dem Tag, nachdem meine Mutter Tamars mysteriöses Telefongespräch mit Arthur belauscht hatte. Ich war mir sicher, daß Nonna das gesamte Gespräch verfolgt hatte. Nur Nonna hatte mit Aldos Hilfe das Heroin in Tamars Schublade legen können. Luca war zu loyal, und Mirella hatte zu große Angst vor Drogen. Nonna hatte eine Möglichkeit gefunden, Tamar loszuwerden.

Nonna verschob die Verabredung mit den Tarelli-Schwestern auf den Samstag, um Luca ein Alibi zu geben. Sie bat ihn, sie an jenem Nachmittag hinauf zum Bauernhof zu fahren, weil sie unbedingt das Video von Aldo haben wollte.

Aldo tauchte nicht auf, aber sie machte sich keine Sorgen, denn sie würde ihn ja am Sonntag sehen. Nonna plante das sonntägliche Mittagessen, weil sie Arthur persönlich sagen wollte, er müsse Mirella heiraten, wenn er das Video wolle.

Als ich Nonna zu ihrem Schlafzimmer im Bauernhof hinaufbegleitet hatte, war sie glücklich gewesen. Aldo war nicht aufgetaucht, aber sie war dennoch zuversicht-

367

lich. Sie hatte ihre Familie beschützt. Ihrer Ansicht nach sprach sie das von der Schuld an Tamars Tod frei.

Arthur lud uns dann alle am Sonntag für den nächsten Abend zum Essen in seine Wohnung ein. »Ich werde etwas ankündigen«, hatte er meiner Mutter gesagt.

Am Montag abend kündigte er dann doch nichts an, weil Nonna das Video noch nicht hatte. Und ohne Video keine Heirat. Nonna stand immer wieder vom Essen auf und ging zur Toilette, wahrscheinlich, um Aldo zu erreichen. Arthur machte Mirella dann am Dienstag nachmittag einen Heiratsantrag, *nachdem* Aldo Carlo angegriffen und endlich das Video beschafft hatte.

Aldo hatte Panik bekommen, als sein Freund Tamar erstach, und er war mit billigem Öl zu Nonnas Wohnung zurückgefahren, das er in einem Laden gekauft hatte. Er brauchte eine Ausrede, um Nonna zu treffen und ihr die leere Tasche zeigen zu können, damit sie ihm auch wirklich glaubte.

Doch Nonna war zusammen mit Luca oben in Magliano Sabino. Und ein Polizeibeamter saß im Wohnzimmer. Ihm fiel nichts Besseres ein, als die Tasche hinter der Glyzinie zu verstecken.

Aldo bekam noch einmal Panik, als Perillo in Principe Maffeos Palazzo auftauchte. Er glaubte, daß vielleicht einer der Kunststudenten von La Casa gesehen hatte, wie er das Messer aus dem Klassenzimmer holte, in dem Luca es am Vorabend gelassen hatte. Er beschuldigte Luca, es genommen zu haben, ohne zu wissen, daß das Messer aus Nonnas Küche stammte.

Am Karfreitag, dem Tag, nachdem Nonna gestorben war, besuchte Mirella Aldo im Gefängnis der Himmelskönigin. »Luca behandelt mich wie den letzten Dreck«, erzählte Aldo ihr und fing zu weinen an.

Meine Mutter glaubt, Oreste habe Aldo dazu gebracht, sich zu stellen, als Nonna starb. Denn Aldo ist, wie Mirella sagt, ein gehorsamer Junge. Er bleibt bei der Geschichte, die er Ernesto erzählt hat. Er hatte gedacht, Tamar habe Geld. Niemand habe ihn zu der Tat angestiftet. Mirella sagte sogar, er scheine stolz, die Polizei irrezuführen zu haben. Aldo hatte Tamar die Tasche in der Nähe der Schule wegreißen wollen, aber er hatte Probleme mit dem Motorroller gehabt, und sie war schneller gewesen als er und hatte den Bus genommen. Der richtige Moment hatte sich erst vor Nonnas Haus ergeben. Aldo schwört, daß er Tamar nicht umbringen wollte – mit dem Messer wollte er nur den Trageriemen der Tasche durchtrennen –, aber er weigert sich zu sagen, wer sein Partner gewesen war.

Um Ernesto haben sich Unbekannte gekümmert. Er wurde durch einen Kopfschuß niedergestreckt, genau wie sein Namensvetter, Biancas Vater. In einem Kastanienwäldchen oben in den Sabiner Bergen. Diesmal waren es nicht die Nazis.

Vielleicht war's Oreste, aber das ist nur eine Vermutung. Ich fragte mich, warum Nonna sich nicht Oreste als Helfer ausgesucht hatte, aber Mamma sagt, Oreste ist zu alt, um ganz allein und ohne Hilfe Frauen die Handtasche zu entreißen. Schade, daß sie ihm nichts davon gesagt hatte. Er hätte verstanden, daß Aldo nicht klug genug war, so etwas allein zu machen; und wenn noch eine weitere Person verwickelt werden mußte, waren die Risiken für seinen Sohn zu hoch.

All das ist das Resultat von Mutmaßungen, aber das erscheint mir nur angemessen für ein Land, das von Andeutungen und Vagheit lebt. Ich habe mir auch so meine Gedanken über die Sache mit der Polizei gemacht – warum man Perillo den Fall entzogen hat. Tja, man kommt immer ins Grübeln, wenn der Ruf eines *onorevole* von der Regierung auf dem Spiel steht.

»Nonna wollte Tamar nicht umbringen«, sagte meine Mutter, als wir nach der Beerdigung aus der kleinen Kirche an der Lungotevere traten. Ich weiß noch, daß ich hinauf zum klaren Himmel schaute und die ersten Stare des Jahres sah, ein gutes Omen für Mamma.

»Sie muß Aldo gebeten haben, ihr nur die Tasche wegzureißen.« Mamma hakte sich bei meinem Vater unter.

»Nonna hat sich das wahrscheinlich ganz leicht vorgestellt. Für sie haben sich solche Probleme immer aus dem Handgelenk lösen lassen.« Mamma drehte ihre behandschuhte Hand herum. »Voilà, da war auch schon das As der Münzen.«

Mein Vater nickte. »Und von Oreste hat sie dasselbe erwartet.«

Ich blieb ein bißchen hinter den beiden zurück, um mir noch einmal das Bild einzuprägen, das ich von meinen Eltern mit nach Amerika genommen hatte. Sie trugen andere Kleidung, aber im wesentlichen stimmte es mit meiner Erinnerung überein.

Mamma geht untergehakt bei Gigi, die Handtasche an einem Arm. Er richtete sich so hoch auf, wie er kann, um die Tatsache zu kaschieren, daß sie größer ist. Er trägt seine Hose ein bißchen zu weit oben, und sein Tweedsakko verbirgt seine eingefallene Brust. Er wird allmählich alt, aber er scheint stolz darüber zu sein, daß er an ihrer Seite gehen darf. Sie sieht wie immer ein bißchen streng aus, aber zufrieden, sogar glücklich. Sie lösen die Arme nicht voneinander, und obwohl ich jetzt zu alt bin, um mich auf sie zu stützen, werde ich sie immer lieben.

Epilog

Ich kann guten Gewissens zusammen mit
dem hakennasigen Mann aus Rom sagen:
»Ich kam, sah und siegte.«
WILLIAM SHAKESPEARE, *Heinrich IV.*

Obwohl nur eine Brust betroffen war, bestand meine Mutter auf einer Abnahme beider Brüste. Die Spezialisten, unter ihnen auch der florentinische Freund meines Vaters, versicherten ihr, daß eine teilweise Entfernung der linken Brust genügen würde, doch sie sagte, sie wolle sich keiner Chemotherapie unterziehen und sich keine Gedanken über weitere Geschwülste machen müssen. Außerdem wehrte sie sich gegen schönheitschirurgische Eingriffe und behauptete, sie sei es satt, ihre Brüste mit sich herumzutragen, durch sie definiert zu werden. Ich kann mir eigentlich nur vorstellen, daß sie schreckliche Angst hatte.

HH&H, die Werbefirma, für die ich arbeite, hat großes Verständnis gezeigt. Ich konnte einen vollen Monat in Rom bleiben. Vier Tage vor meinem Rückflug bekamen wir telefonisch die medizinischen Befunde. Ihre Lymphknoten sind nicht betroffen. Der Krebs hat sich nicht ausgebreitet. Sie wird sich wieder erholen.

Meine Mutter nickte zufrieden. Mein Vater weinte. Und mein erster Gedanke war, in den Garten zu laufen und die schreckliche Perücke zu vergraben, die meine Mutter sich gekauft hatte. Doch sie ließ mich nicht. »Wir wollen das Schicksal nicht herausfordern.« Schließlich landete ich in der Küche und kochte zur Feier des Tages ein fettarmes Pastagericht. Meine Tränen sparte ich mir fürs Flugzeug auf.

Mamma ist wieder zu Hause in Rocca und trainiert ihren Arm mit Teigkneten. Außerdem kümmert sie sich um die Rosen, die jetzt in voller Blüte stehen. Und sie hat eine neue Decke begonnen. Wenn ich einmal pro Woche anrufe, klingt meine Mutter gehetzt, besorgt über mich. Sie spricht nicht mehr von Carlo. Ich gebe ihr Ratschläge zur Ernährung. Sie sagt darauf: »Alles mit Maß und Ziel.« Gestern hat sie mich gebeten, ihr das Rezept für »Pasta Allegria« zu schicken. Der Kreis schließt sich – jetzt bin ich diejenige, die ihr Liebe übers Essen gibt. Heute habe ich das Gefühl, Mamma so nahe wie noch nie zuvor zu sein. Ich habe mir ihren Namenstag im Kalender notiert, den elften Juli – die heilige Olga.

Mein Vater gibt sich größte Mühe, fröhlich zu klingen, aber der Schock über Mammas Krebs hat ihn ziemlich aus dem Gleichgewicht gebracht. Ich weiß, daß sie ihm wieder auf die Beine helfen wird.

Mirella hat sich eine neue Arbeitsstelle gesucht. Im September beginnt sie, an der Internationalen Schule in Rom zu unterrichten. Meine Mutter besucht sie oft. In ihrem letzten Brief hat sie sich darüber beklagt, daß ihr beigefarbenes Leinenkostüm mit langen, dunklen Hundehaaren bedeckt war, als sie wieder nach Hause fuhr. Offenbar kommt Paolo, der Anwalt, ziemlich oft mit seinem Hund Nikki vorbei.

Luca bereitet sich auf seine nächsten Prüfungen vor. Die Arbeit für Principe Maffeo ist abgeschlossen, aber er schaut oft bei ihm vorbei. Er weigert sich zu glauben, daß der Prinz Deborah Hensens Informant gewesen ist. Der Prinz hat seine Suche nach dem Leonardo aufgegeben.

Arthur Hensen hat seine Wohnung in Trastevere aufgegeben und ist nach Minneapolis zurückgegangen. Da ganz Italien von Bestechungsskandalen erschüttert wird, bleiben alle Verträge mit der Regierung »bis auf weiteres« in der Schwebe. Vermutlich hat er das belastende Video, das Nonna ihm gegeben hat, vernichtet. Allerdings weiß er nicht, daß Aldo eine Kopie davon gemacht hatte, die er Nonna nach der Eheschließung aushändigen wollte.

Mirella will nichts mehr mit Arthur zu tun haben. Meine Mutter hat sich selbst zur Hüterin der Videokopie ernannt, nur für den Fall, daß Arthur jemals wieder auf die Idee kommen sollte, Italiens Kunsterbe »verunglimpfen« zu wollen.

Am Tag vor meiner Abreise traf ich mich tatsächlich noch mit Perillo auf ein Sorbet bei Giolitti. Ich erkannte seine Mutter sofort, die Frau, die Augenzeugin von Tamars Tod geworden war und den Notarzt gerufen hatte, die Frau mit der Fendi-Tasche, die die Diebe nicht gewollt hatten, die Frau mit dem sizilianischen Akzent und den runden Wangen ihres Sohnes. Deswegen war er mir so bekannt vorgekommen.

Wir unterhielten uns über New York. Sie möchte noch einmal hinfahren und sich auch den Grand Canyon ansehen. Ich habe den beiden meine Visitenkarte gegeben und sie eingeladen. Diesmal fragte Perillo mich

nicht, warum ich mir die phantastische Eiscreme verkniff. Aber als wir uns vor dem Café voneinander verab-
schiedeten, sagte er: »Ich glaube, so war's am besten für
die alte Dame, finden Sie nicht auch?« Dabei tippte er
auf das Notizbuch in seiner Brusttasche. »*La mamma
italiana*, sie kann auch die rücksichtsloseste auf der Welt
sein.«

Wie gesagt, man muß sich Gedanken machen, wenn der
Ruf eines *onorevole* betroffen ist.

Beruflich bereite ich mich mit meinem Chef auf eine
neue Werbekampagne vor. Diesmal versuchen wir, Wow-
Chow-Hundefutter zu verkaufen. Bis jetzt habe ich hun-
dertdreiunddreißig Hunde aller Größen und Formen
interviewt. Wenn Gorbi hier wäre, würde er die Rolle
sofort bekommen.

Willy und Greenhouse haben mich stürmisch empfan-
gen. Greenhouse hat mich vom Flughafen abgeholt und
mit zu sich genommen. Dort war Willy damit beschäftigt,
den Tisch zu decken. Meine Postkarte von der *Pietà*
lehnte am Salzstreuer. Während ich ihnen das Ende der
Geschichte erzählte, kochte Willy Chickenburger. Greenhouse machte den Salat. Draußen heulten die Sirenen,
und ein Funkgerät tönte herauf. Ein Teil von mir hatte
das Gefühl, daß ich New York nie verlassen hatte. Zum
ersten Mal verbrachten Willy und ich die Nacht in einer
Wohnung.

Ich habe viel über Nonna nachgedacht. Manchmal habe
ich ein schlechtes Gewissen, weil ich sie nicht direkt
konfrontiert habe. Vielleicht hätte sie dann nicht Selbstmord begangen. Dann sehe ich Tamars Skizze, jede Linie
davon wunderschön. Und ich werde wütend. Egal, ob

Tamar begabt war oder nicht – sie hätte es verdient gehabt, am Leben zu bleiben.

Ich bin zu sentimental, um mich nur an Nonnas schlechte Seiten zu erinnern. Ich lasse meine Gedanken zurückwandern zu ihrer Geburtstagsparty, zu dem Bild, wie sie den Raum beherrschte, ihre Geschichte erzählte, sich über den schlechten Champagner beschwerte und über Pia Tarellis Stimme, wie sie mit Neunzig immer noch Lust aufs Leben hatte.

Ich denke noch weiter zurück, zu dem Zeitpunkt, als Nonna mich dazu gedrängt hatte, Rom zu verlassen und den Ozean zu überqueren.

Genau das habe ich mittlerweile getan. Ich werde ihr immer für ihre Hilfe dankbar sein. Jetzt ist mir klar, daß ich zwei Zuhause habe. Manchmal bin ich mir sicher, daß mich das auch weiterhin verwirren wird. Doch meistens komme ich mir wie ein Glückspilz vor.

Das Geburtstagsgeschenk meiner Mutter an mich war die Häkeldecke, die sie am Tag von Tamars Tod fertiggestellt hatte. Sie ist schön und warm, aber nicht groß genug für ein Doppelbett. Greenhouse möchte, daß im Juni jemand bei ihm einzieht, das heißt, jetzt. Ich habe mich für Oktober entschieden. Nicht zuletzt deswegen, weil dann mein Mietvertrag ausläuft.

Und zum Schluß noch ein Zitat von Mark Twain: »Die sicherste Methode, mit dem Schreiben über Rom aufzuhören, besteht darin, aufzuhören.«

Pasta Allegria

(für vier Personen)

4 kleine, feste Zucchini
1 große japanische Aubergine
(lang und dünn, helle Purpurfarbe,
sie ist süßer als die gängige
italienische Aubergine)
2 große gelbe Paprika
2 Pfund reife Pflaumentomaten
Salz und Pfeffer
2 Knoblauchzehen, zerhackt
10 große Blätter frisches Basilikum
2 Eßlöffel Extra-Vergine-Olivenöl
koscheres Salz fürs Nudelwasser
1 Pfund kurze, röhrenförmige Pasta
 (Penne oder Rigatoni)

Zubereitung vier bis sechs Stunden vor dem Servieren: Rost aus dem Ofen nehmen und mit Aluminiumfolie bedecken. Ofen anschalten. Zucchini und Aubergine in schmale Streifen schneiden. Paprika schneiden, Kerne entfernen, in etwas dickere Streifen schneiden. Tomaten halbieren.
Zucchini auf alufolienbedecktem Rost ausbreiten, mit Salz und Pfeffer würzen, ganz oben in den Backofen schieben und 4 Minuten auf jeder Seite anbraten. Danach in eine große Servierschüssel geben.

Vorgang mit Auberginen und Paprika wiederholen (dickere Paprikastücke dauern möglicherweise etwas länger). Die Gemüse müssen goldbraun sein, an den Kanten ein bißchen dunkler. Tomaten mit aufgeschnittener Seite nach oben 10 bis 12 Minuten grillen. Gemüse mischen, in einer Schale in kleinere Stücke schneiden. Zerhackten Knoblauch und zerrupfte Basilikumblätter hinzugeben. Bei Bedarf nachwürzen. Olivenöl hinzufügen. Gemüse bei Raumtemperatur 4 bis 6 Stunden in einer Schüssel durchziehen lassen. (Wenn es heiß ist, in den Kühlschrank geben, jedoch mindestens eine Stunde vor dem Servieren wieder herausnehmen.)

Einen großen Topf mit Salzwasser zum Kochen bringen. Pasta hineingeben. Al dente kochen (10 bis 12 Minuten, je nach Qualität der Pasta). Abtropfen lassen und in der Schüssel gut mit den Gemüsen vermischen. Servieren. Guten Appetit!

Anmerkung der Autorin

Eine Adelsfamilie des Namens Brandeschi gibt es meines Wissens nicht. Der Palazzo Brandeschi ist meine Erfindung, Rom und seine Umgebung jedoch sind real.

Rom hat sich verändert, seit Simona wieder nach New York zurückgefahren ist. Michelangelos Jüngstes Gericht in der Sixtinischen Kapelle ist mittlerweile restauriert und wieder zu besichtigen. Auch die Carafa-Kapelle in Santa Maria sopra Minerva, die Simonas Mutter so gerne hat, ist wieder in ihrer ursprünglichen Pracht zu bewundern. Mirella kann ihren Studenten die ägyptischen Granitwannen wieder zeigen, die auf der Piazza Farnese als Brunnen dienen. Andere Kirchen und Monumente sind dafür verhüllt und werden gerade gereinigt. Die Museen haben inzwischen länger geöffnet, doch nur der Vatikan, schon immer ein kluger Vermarkter, hat es bisher zu einem richtigen Museumsladen gebracht. Nationale Wahlen haben neue Politiker mit klugen Gesichtern an die Macht gebracht, die alle schwören, sie seien aufrichtig.

Die Schönheit der Ewigen Stadt hat sich nicht verändert.

Knaur

Eiskalt und bittersüß

Hochspannung von Frauen – (nicht nur) für Frauen

PATRICIA MACDONALD
Familienkiller

(67080)

PIEKE BIERMANN, DORIS GERKE, P. D. JAMES, RUTH RENDELL, AGATHA CHRISTIE, CHRISTINE GRÄN, MAJ SJÖWALL, MARGRIET DE MOOR UND ANDERE
Einen Tod muß man sterben

(67084)

ABIGAIL PADGETT
Bo Bradley und das Strohmädchen

(67039)

EVE ZAREMBA
Bedroht

(67095)

ABIGAIL PADGETT
Der schweigsame Zeuge

(67038)